CU00900766

Inhalt

Vorwort

Das Quellenheft zur Geschichte der Bundesrepublik Deutschland 1966–1990 konzentriert sich auf vier zentrale Abschnitte in der historischen Entwicklung: erstens auf die Zeit der Großen Koalition 1966–1969, zweitens auf die sozialliberale Ära 1969–1982, drittens auf die Wende zu Beginn der achtziger Jahre und die Koalition von CDU/CSU und FDP unter Bundeskanzler Kohl sowie viertens auf den Wandel des internationalen Systems von den sechziger Jahren bis zum Ende des Kalten Krieges und bis zur Wiederherstellung der staatlichen Einheit Deutschlands im Jahre 1990. Der Epochenwechsel von 1989/90 markiert zugleich das Ende der alten Bonner Republik, deren Gesamtentwicklung von 1949 bis 1990 in Verbindung mit dem Quellenheft zur Ära Adenauer (Klettbuch 49032) nunmehr zusammenhängend bearbeitet werden kann.

In der vorliegenden Quellensammlung wird versucht, entscheidende Wendepunkte, Neuanfänge von Entwicklungen und grundlegende Strukturen im wirtschaftlichen, gesellschaftlichen und politischen System der Bundesrepublik durch charakteristische Texte, Tabellen, Graphiken und Bilder exemplarisch zu dokumentieren. Wo immer möglich, sollen zugleich auch die kontroversen Diskussionen aufgezeigt werden, die im Zusammenhang mit neu entstandenen Problemlagen geführt wurden. Wesentliche Elemente des Modernisierungsprozesses seit den sechziger Jahren sowie die in dieser Zeit sichtbar gewordenen neuen Anforderungen an die Umwelt-, Entwicklungs- und Gesellschaftspolitik sind in einem eigenen Abschnitt dargestellt.

Ein besonderes Gewicht wird schließlich auf die Dokumentation des internationalen Systemwechsels seit 1989/90 gelegt. Dabei wird neben dem innenpolitischen Aspekt des deutschen Einigungsprozesses vor allem der außenpolitische bzw. internationale Problemzusammenhang beleuchtet. Besonders interessant erschienen solche Texte, in denen entweder die sich aus dem Wandel ergebenden zukünftigen Probleme und Herausforderungen markant angesprochen oder in denen auf der Grundlage der neuen Situation aufschlußreiche Analysen zur Vergangenheit formuliert wurden.

Die relativ ausführliche Zeittafel, die Einleitungen zu den einzelnen Abschnitten und die im Anhang zusammengestellten Grunddaten zur politischen und wirtschaftlichen Entwicklung der Bundesrepublik sollen es dem Leser ermöglichen, sich rasch über die Geschichte dieser Epoche im ganzen bzw. über diejenigen historischen Zusammenhänge zu informieren, innerhalb derer die einzelnen Texte stehen und zu interpretieren sind.

Zeittafel

7. 12.	Unterzeichnung des Deutsch-Polnischen Vertrages (Warschauer Vertrag), durch den die Unverletzlichkeit der Oder-Neiße-Grenze anerkannt wird

1971

3. 9.	Unterzeichnung des Viermächteabkommens über Berlin

1972

28. 1.	Verabschiedung des Extremistenbeschlusses (Radikalen-Erlaß)
27. 4.	Der Antrag der CDU/CSU-Opposition auf ein konstruktives Mißtrauensvotum gegen Bundeskanzler Brandt durch Wahl von Rainer Barzel zum neuen Bundeskanzler scheitert
22.–30. 5.	Präsident Nixon und Parteichef Breschnew unterzeichnen in Moskau das SALT I-Abkommen (Strategic Arms Limitations Talks), das eine zahlenmäßige Begrenzung strategischer Atomwaffen vorsieht
17. 5.	Der Bundestag ratifiziert den Moskauer und den Warschauer Vertrag
19. 11.	Vorgezogene Wahlen zum 7. Deutschen Bundestag. Die SPD wird erstmals stärkste Partei und erneuert die sozialliberale Koalition
21. 12.	Unterzeichnung des „Vertrag(es) über die Grundlagen der Beziehungen zwischen der Bundesrepublik und der DDR" (Grundlagenvertrag)

1973

1. 1.	Erweiterung der Sechser-Gemeinschaft der EG durch die Aufnahme Englands, Dänemarks und Irlands
16. 3.	Freigabe der Wecheselkurse der EG-Länder gegenüber dem Dollar. De-facto-Ende des Bretton-Woods-Systems von 1944, d. h. eines Systems fester Wechselkurse mit dem US-Dollar als Leitwährung und der Verpflichtung der USA, Devisen-Dollars ausländischer Notenbanken zum festen Preis gegen Gold einzutauschen
18. 9.	Aufnahme der Bundesrepublik und der DDR in die UNO
Okt.	Ölembargo und anschließende Preiserhöhungen der OPEC im Zusammenhang mit dem 4. israelisch-arabischen Krieg
11. 12.	Vertrag über die Normalisierung der Beziehungen zur CSSR

1974

7. 10.	Novellierung der DDR-Verfassung von 1968 und dabei Tilgung aller gesamtdeutschen Zielsetzungen und Hinweise aus der bisherigen Verfassung der DDR
15. 5.	Der FDP-Vorsitzende Walter Scheel wird zum neuen Bundespräsidenten gewählt
16. 5.	Der amtierende Bundesfinanzminister Helmut Schmidt (SPD) wird zum Kanzler gewählt, nachdem Willy Brandt am 6. 5. wegen des Spionagefalls Guillaume (DDR-Spion im Kanzleramt) zurückgetreten war

1975

27. 2.	Entführung des Berliner CDU-Vorsitzenden Peter Lorenz durch die RAF
1. 8.	Vertreter von 35 Staaten (aus Europa sowie den USA und Kanadas) unterzeichnen in Helsinki die Schlußakte der „Konferenz für Sicherheit und Zusammenarbeit in Europa" (KSZE)

1976

Beginn der Stationierung der gegen Westeuropa gerichteten SS-20-Raketen durch die Sowjetunion

3. 10.   Bei den Wahlen zum 8. Deutschen Bundestag wird die sozialliberale Koalition bei leichten Verlusten bestätigt. Am 15. 12. wird Helmut Schmidt erneut zum Bundeskanzler gewählt

1977

1. 1.   Gründung der tschechoslowakischen Bürgerrechtsbewegung Charta '77

5. 9.   Nach voraufgegangenen Morden an Generalbundesanwalt Buback und dem Vorstandssprecher der Dresdner Bank Ponto wird der Präsident der Arbeitgeber- und Industrieverbände, Martin Schleyer, entführt

18. 10.   Erstürmung einer nach Mogadischu (Somalia) entführten Lufthansamaschine. Selbstmord führender in Stuttgart-Stammheim einsitzender RAF-Terroristen. Mord an Martin Schleyer

1979

13. 3.   Das Europäische Währungssystem (EWS) tritt in Kraft und schafft einen festen Währungsverbund mit festen Wechselkursen zwischen den EG-Ländern mit Ausnahme Englands

23. 5.   Karl Carstens (CDU) wird zum neuen Bundespräsidenten gewählt

18. 6.   Der sowjetische Partei- und Regierungschef Breschnew und der US-Präsident Carter unterzeichnen in Wien den SALT II-Vertrag

12. 12.   Die Mitgliedstaaten der NATO verabschieden den sogenannten NATO-Doppelbeschluß über die Aufstellung atomarer Mittelstreckenraketen in Europa

31. 12.   Einmarsch sowjetischer Truppen in Afghanistan

1980

13. 1.   Gründung der Partei „Die Grünen" als Bundespartei

14. 8.   Ein Streik auf der Danziger Lenin-Werft wird zum Ausgangspunkt der Gründung der unabhängigen polnischen Gewerkschaft „Solidarność"

5. 10.   Bei den Wahlen zum 9. Deutschen Bundestag behauptet sich Helmut Schmidt gegen seinen Herausforderer Franz Josef Strauß (CSU).

4. 11.   Der Republikaner Ronald Reagan siegt bei den amerikanischen Präsidentschaftswahlen mit 51% über seinen demokratischen Vorgänger Jimmy Carter

1981

1. 1.   Griechenland wird zehntes Mitglied der EG

Nov.   In Genf beginnen die INF-Verhandlungen zwischen den USA und der SU, im Jahr darauf die START-Verhandlungen

11.–13. 12.   Treffen zwischen Bundeskanzler Schmidt und DDR-Staats- und Parteichef Honecker am Werbellinsee in der DDR

1982

10. 6.   Während der NATO-Gipfelkonferenz in Bonn demonstrieren 350 000 Anhänger der Friedensbewegung gegen die Aufrüstung in Ost und West

1. 10.	Durch ein konstruktives Mißtrauensvotum gegen Bundeskanzler Helmut Schmidt wählt der Bundestag den Vorsitzenden der CDU/ CSU-Franktion, Helmut Kohl, zum neuen Bundeskanzler
4. 10.	Bildung einer christlich-liberalen Koalition mit Hans-Dietrich Genscher als Außenminister und Vizekanzler

1983

6. 3.	Die vorgezogenen Wahlen zum 10. Deutschen Bundestag bestätigen die christlich-liberale Koalition unter Bundeskanzler Kohl. Den Grünen gelingt mit 5,6 % erstmals der Einzug in den Bundestag
22. 11.	Der Bundestag billigt gegen die Stimmen der SPD und der Grünen die Aufstellung von US-Nuklearraketen in der Bundesrepublik gemäß dem NATO-Doppelbeschluß von 1979
7. 11.	Gründung der rechtsextremen Partei der „Republikaner" in Bayern

1984

6. 1.	US-Präsident Reagan gibt den Beginn des SDI-Programms bekannt
23. 5.	Richard von Weizsäcker (CDU) wird auch mit den (meisten) Stimmen der SPD zum Bundespräsidenten gewählt
26. 6.	Bundeswirtschaftsminister Otto Graf Lambsdorff (FDP) tritt wegen seiner Verwicklung in die Flick-Parteispendenaffäre zurück

1985

1. 2.	Die Arbeitslosenquote steigt auf 10,6 Prozent an, dem höchsten Stand seit Gründung der Bundesrepublik (1950: 10,4 %)
11. 3.	Michail Gorbatschow wird Generalsekretär der KPdSU
3. 12.	Der Europäische Rat, die Konferenz der Staats- und Regierungschefs der EG, beschließt die „Einheitliche Europäische Akte", die bis Ende 1992 die Schaffung eines einheitlichen europäischen Binnenmarktes vorsieht

1986

1. 1.	Erweiterung der Zehner-Gemeinschaft der EG zur Zwölfer-Gemeinschaft durch den Beitritt Spaniens und Portugals
26. 4.	Im Atomkraftwerk Tschernobyl (UdSSR) kommt es zum Gau (größter anzunehmender Unfall). Große Teile Europas werden durch radioaktiven Fall-out belastet

1987

25. 1.	Die Wahlen zum 11. Deutschen Bundestag bestätigen unter leichten Verlusten die christlich-liberale Koalition
7. 9.	Erich Honecker besucht als erster Staatsratsvorsitzender der DDR die Bundesrepublik und wird in Bonn mit allen protokollarischen Ehren empfangen
3. 12.	Der amerikanische Präsident Reagan und der sowjetische Generalsekretär Gorbatschow vereinbaren in Washington die Doppel-Null-Lösung zum Abbau ihrer nuklearen Mittelstreckenraketen kürzerer und längerer Reichweite in Europa. Am 1. 9. 1989 werden die ersten der in der Bundesrepublik stationierten Pershing II–Raketen abgezogen.

1988

14. 4.   Die Außenminister der USA, der Sowjetunion, Pakistans und Afghanistans unterzeichnen in Genf das Abkommen zur Lösung des Afghanistankonflikts. Am 15. 2. 1989 verlassen die letzten sowjetischen Truppen Afghanistan

3. 10.   Der CSU-Vorsitzende und Bayerische Ministerpräsident Franz Josef Strauß gestorben

8. 11.   Der Republikaner George Bush wird als Nachfolger Ronald Reagans zum 41. Präsidenten der USA gewählt

1989

17. 4.   Die polnische Gewerkschaft „Solidarität" wird nach jahrelanger Untergrundtätigkeit legalisiert

2. 5.   Ungarn beginnt mit dem Abbau des „Eisernen Vorhangs" an der Grenze zu Österreich

23. 5.   Wiederwahl Richard v. Weizsäckers zum Bundespräsidenten

6. 6.   Die Bundesregierung beschließt die Einstellung des Baus der Wiederaufbereitungsanlage in Wackersdorf

10.–13. 6.   Gorbatschow wird bei einem Staatsbesuch in Bonn von der Bevölkerung mit großem Jubel empfangen

7. 7.   Auf der ersten Ostblock-Gipfelkonferenz seit 1968 in Bukarest räumt Gorbatschow jedem sozialistischen Staat das Recht auf eine eigene Entwicklung ein (Rücknahme der Breschnew-Doktrin)

Aug.   Beginn von Botschaftsbesetzungen durch ausreisewillige DDR-Bürger in Ost-Berlin, Budapest und Prag

11. 9.   Die ungarische Regierung öffnet entgegen bestehenden Verträgen mit der DDR die Grenzen für alle DDR-Bürger nach Westen

30. 9.–4. 10.   Massenausreise von DDR-Flüchtlingen aus der Prager Botschaft in Sonderzügen der DDR-Reichsbahn

7. 10.   Während der Feiern zum 40. Jahrestag der Gründung der DDR bemerkt Gorbatschow als Gast der DDR-Führung: „Wer zu spät kommt, den bestraft das Leben." Spontane Demonstrationen gegen das SED-Regime in Berlin werden niedergeknüppelt

9. 10.   Leipziger Montagsdemonstration von 50 000 bis 70 000 Teilnehmern wird von der DDR-Regierung erstmals geduldet

18. 10.   DDR-Staats- und Parteichef Erich Honecker wird durch Egon Krenz abgelöst

9. 11.   Die DDR öffnet die Mauer nach West-Berlin und die Grenzen zur Bundesrepublik

13. 11.   Hans Modrow (SED) wird neuer DDR-Ministerpräsident

28. 11.   Bundeskanzler Kohl trägt vor dem Bundestag ein Zehn-Punkte-Programm zur schrittweisen Bildung einer Föderation aus beiden deutschen Staaten vor

4. 12.   Rücktritt des Politbüros der SED. Danach Umwandlung der SED in „SED-Partei des demokratischen Sozialismus" (SED-PDS)

19. 12.   Bundeskanzler Kohl in Dresden. Wiedervereinigung wird zum konkreten politischen Programm Kohls

29. 12.   Der Schriftsteller Vaclav Havel wird neuer Staatspräsident der Tschechoslowakei

1990

10. 2.	Gorbatschow sichert Bundeskanzler Kohl und Außenminister Genscher bei ihrem Besuch in Moskau das Recht des deutschen Volkes auf staatliche Einheit zu
13. 2.	Die Außenminister der vier Hauptsiegermächte des Zweiten Weltkriegs sowie der beiden deutschen Staaten beschließen in Ottawa die Regelung der äußeren Aspekte der deutschen Einheit auf dem Wege gemeinsamer Konferenzen (2 + 4-Gespräche)
18. 3.	Bei den ersten freien Wahlen zur Volkskammer der DDR erringt die konservative „Allianz für Deutschland" mit 48,15 % der abgegebenen Stimmen einen überwältigenden Wahlsieg
12. 4.	Wahl des CDU-Vorsitzenden Lothar de Maizière zum Ministerpräsidenten der DDR
5. 5.	Eröffnung der 2 + 4-Konferenzen in Bonn
1. 7.	Der Staatsvertrag über die Währungs-, Wirtschafts- und Sozialunion der DDR mit der Bundesrepublik tritt in Kraft. Die D-Mark wird alleiniges Zahlungsmittel in der DDR
14.–16. 7.	Gorbatschow billigt bei einem Besuch von Helmut Kohl in Schelesnowodsk im Kaukasus Deutschland die volle Souveränität und Bündnisfreiheit zu
31. 8.	Unterzeichnung des innerdeutschen „Vertrag(es) über die Herstellung der staatlichen Einheit Deutschlands" (Einheitsvertrag)
12. 9.	Abschluß der 2 + 4-Verhandlungen in Moskau und Unterzeichnung des Vertrages über die außenpolitischen Aspekte der deutschen Einheit
3. 10.	Neuer Nationalfeiertag: Die DDR tritt nach Art. 23 GG der Bundesrepublik Deutschland bei
4. 10.	Landtagswahl in den neu gegründeten Ländern der ehemaligen DDR. Die CDU wird außer in Brandenburg jeweils stärkste Partei
9.–10. 11.	Besuch des sowjetischen Präsidenten Gorbatschow in Bonn und Oggersheim. Unterzeichnung des deutsch-sowjetischen Vertrages über gute Nachbarschaft, Partnerschaft und Zusammenarbeit
14. 11.	In Warschau unterzeichnen Deutschland und Polen das Abkommen über die Endgültigkeit der Oder-Neiße-Grenze
19.–21. 11.	KSZE-Gipfelkonferenz in Paris. Gemeinsame Erklärung von NATO und Warschauer Pakt über die Beendigung des Kalten Krieges (19. 11.) sowie Unterzeichnung einer „Charta von Paris für ein neues Europa" durch die 34 KSZE-Staaten (21. 11.)
2. 12.	Bei den ersten gesamtdeutschen Bundestagswahlen erreichen die Parteien der christlich-liberalen Koalition eine Mehrheit von 54,1 % der abgegebenen Stimmen. Die Sozialdemokraten kommen nur auf 33,5 %, während die westdeutschen Grünen unter 5 % bleiben und aus dem Bundestag ausscheiden. Am 17. 1. 91 wird Helmut Kohl (CDU) erneut zum Bundeskanzler gewählt

1991

17. 1. – 28. 2.	Golfkrieg: Eine multinationale Streitmacht unter Führung der USA erzwingt den Rückzug der irakischen Truppen aus dem von Saddam Hussein seit August 1990 besetzten Kuwait

4. 3.	Der Oberste Sowjet der UdSSR ratifiziert den 2+4 Vertrag. Am 15. 3. hinterlegt die Sowjetunion als letzte der vier Siegermächte des Zweiten Weltkrieges in Bonn die Ratifizierungsurkunde. Damit ist Deutschland auch formell ein souveräner Staat
20. 6.	Der Bundestag entscheidet sich mit 338 zu 320 Stimmen für Berlin als zukünftigen Sitz von Parlament und Regierung der Bundesrepublik
28. 6.	Der im Januar 1949 gegründete Rat für Gegenseitige Wirtschaftshilfe (RGW) löst sich auf seiner Sitzung in Budapest offiziell auf
1. 7.	Protokoll über die Auflösung des Warschauer Paktes wird in Prag unterzeichnet. Dem im Mai 1955 gegründeten Militärbündnis der sozialistischen Staaten gehörten an: die Sowjetunion, Bulgarien, die CSFR, Polen, Rumänien und Ungarn. Die DDR war bereits am 3. 10. 1990 mit dem Beitritt zur Bundesrepublik ausgeschieden
19. 8. – 21. 8.	Putschversuch konservativer Politiker und Militärs in der Sowjetunion scheitert am Widerstand der von dem russischen Präsidenten Boris Jelzin angeführten Reformkräfte
7. 10.	Paraphierung des deutsch-tschechoslowakischen Vertrages über „gute Nachbarschaft und freundschaftliche Zusammenarbeit". Das Abkommen wird von Bundeskanzler Kohl und dem Staatspräsidenten der Tschechoslowakei, Václav Havel, am 27. 2. 1992 in Prag endgültig unterzeichnet
17./18. 10.	Der Deutsche Bundestag und der polnische Sejm ratifizieren den polnisch-deutschen Freundschafts- und Nachbarschaftsvertrag
8. 11.	Auf dem NATO-Gipfel in Rom erklären die Verbündeten den Ost-West-Konflikt offiziell für beendet: Ablösung der seit 1967 geltenden Doktrin der „flexiblen Erwiderung" durch eine „neue Sicherheitsarchitektur", in der NATO, KSZE, EG und WEU einander ergänzen sollen
11./12. 12.	In Maastricht beschließen die Staats- und Regierungschefs der zwölf EG-Länder einen „Vertrag über die Europäische Union", der die weitreichendste Reform der EG seit ihrer Gründung im Jahre 1957 beinhaltet. Kern des am 7. 2. 1992 rechtsgültig unterzeichneten Vertrags von Maastricht ist die Errichtung einer Wirtschafts- und Währungsunion (WWU) mit der Einführung einer gemeinsamen europäischen Währung (ECU) bis spätestens 1999
17. 12.	Gorbatschow und Jelzin vereinbaren die Auflösung der „Union der sozialistischen Sowjetrepubliken" zum 31. 12. 1991. Die „Gemeinschaft Unabhängiger Staaten" (GUS) ist Rechtsnachfolger des 1922 gegründeten sowjetischen Zentralstaates
25. 12.	Rücktritt Gorbatschows vom Amt des Staatspräsidenten und als Oberbefehlshaber der Streitkräfte der Sowjetunion

Abb. 1: Das vereinte Deutschland in den Grenzen von 1990.

I. Die Große Koalition 1966–1969

1. Rezession und keynesianische Konjunkturpolitik

Das zweite Kabinett Erhard war am Ausbruch der ersten Nachkriegsrezession in der Bundesrepublik gescheitert. Bis dahin hatte die Überzeugung vorgeherrscht, daß die soziale Marktwirtschaft das Problem der Arbeitslosigkeit als Folge von Konjunktureinbrüchen dauerhaft gelöst habe. Entsprechend heftig waren die Reaktionen auf den wirtschaftlichen Abschwung 1966/67. Neue Formen staatlicher Wirtschaftspolitik schienen geboten. Im neuen Kabinett der Großen Koalition unter Bundeskanzler Kiesinger übernahmen mit Schiller (SPD) und Strauß (CDU) zwei Politiker das Wirtschafts- und Finanzministerium, die anders als Erhard entschlossen waren, die Rezession mit den Mitteln einer keynesianischen Politik[1] der staatlichen Beeinflussung der volkswirtschaftlichen Gesamtnachfrage zu überwinden (Politik der Globalsteuerung). Tatsächlich gelang es in kaum mehr als einem Jahr die Konjunkturbewegung – die 1966/67 zum Verlust von mehr als 900 000 Arbeitsplätzen führte – wieder umzukehren, wenn auch, wie die weitere Entwicklung zeigte, nicht zu verstetigen. Im einzelnen trugen mehrere Faktoren zu dieser raschen Krisenüberwindung bei.

1. Die sofort eingeleiteten Maßnahmen der Regierung zur Gegensteuerung, die zwar überwiegend erst 1968 wirksam wurden, die aber das notwendige Vertrauen der Wirtschaft in die zukünftige Entwicklung wiederherzustellen halfen. Zu diesen Maßnahmen zählten vor allem:
   – zwei Konjunkturprogramme, zur Verbesserung der besonders nachfragewirksamen öffentlichen und privaten Investitionen;
   – die Verabschiedung eines „Gesetz(es) zur Förderung der Stabilität und des Wachstums der Wirtschaft", das der Regierung neue Möglichkeiten einräumte, durch steuerliche und ausgabenpolitische Maßnahmen auf den Konjunkturverlauf einzuwirken;
   – die Einberufung einer „Konzertierten Aktion", d. h. eines „Runden Tisches", an dem Vertreter der Bundesregierung, der Bundesbank, der Arbeitgeber und der Gewerkschaften (später noch weitere Gruppen) sich auf eine gemeinsame wirtschaftspolitische Strategie abzustimmen versuchen sollten, indem sie sich auf gemeinsame Orientierungsdaten für die jeweils eigenverantwortlichen Entscheidungen einigten.

---

[1] John Maynard Keynes, 1883–1946, englischer Nationalökonom, entwickelte die nach ihm benannte Theorie, wonach in einer sich selbst überlassenen Marktwirtschaft eine dauerhafte Unterbeschäftigung eintreten kann. Es sei dann die Aufgabe des Staates und der Zentralbank durch fiskalische (die Staatsausgaben und die Steuern betreffende) und geldpolitische Maßnahmen für eine größere, die Vollbeschäftigung sichernde Gesamtnachfrage zu sorgen.

2. Der mit der Bundesregierung abgestimmte Übergang der Bundesbank zu einer expansiven Geldpolitik.[1]

3. Der Ausgleich fehlender Binnennachfrage durch vermehrten Export aufgrund einer verbesserten Wettbewerbsfähigkeit (gebremster inländischer Preisanstieg) und ungleichartiger nationaler Konjunkturverläufe (die wichtigsten Exportländer wiesen anders als die Bundesrepublik weiterhin positive Wachstumsraten auf).

Die aufgezählten Faktoren waren in ihrer Verbindung so wirksam, daß sich aus dem Abschwung der Jahre 1966/67 schon 1968 ein neuer Konjunkturboom entwickelte, der alle Erwartungen übertraf. Bis 1970 stieg die Zahl der Erwerbstätigen wieder um mehr als eine Million an. Doch noch während der Großen Koalition – zunehmend aber in den Jahren danach – entwickelte sich ein heftiger Streit darüber, ob der Konjunkturumschwung sich tatsächlich der Globalsteuerung verdanke und ob diese überhaupt das geeignete Mittel sei, um das Konjunkturproblem in den Griff zu bekommen.

1 **Karl Schiller über Inhalt und Aufgaben der Globalsteuerung.** Auszug aus einem Vortrag des Bundesministers für Wirtschaft im National Press Club in Washington am 20. Juni 1967

Die neue Bundesregierung hat in ihrer Regierungserklärung vom 13. Dezember 1966 erstmals die kritische Lage realistisch dargestellt und unverzüglich eine entsprechende Politik der konjunkturpolitischen Gegensteuerung eingeleitet. Dieses Programm, in dessen Mittelpunkt eine bewußte Politik des
5   Deficit-spending[2] steht, hat eine neue Ära in der deutschen Wirtschaftspolitik eingeleitet. Die Grundlage dieser neuen Wirtschaftspolitik möchte ich zusammenfassen in der Formel, die ich bereits im Jahre 1965 einmal in einem Aufsatz in „Foreign Affairs" (Juli 1965, Seite 677) benutzt habe: the combination of the market economy, monetary and financial guidance and welfare
10   policy.
Ich halte diese Synthese der neoliberalen marktwirtschaftlichen Konzeption (für die Regelung der mikroökonomischen Beziehungen) mit der keynesianischen Politik (der Steuerung der makroökonomischen Größen), verbunden

---

[1] Expansive Geldpolitik: Maßnahmen, die den Umfang der umlaufenden Geldmenge dadurch vergrößern, daß der Kreditspielraum der Banken erweitert und die Zinssätze gesenkt werden. Zu den dazu angewandten Mitteln gehören insbesondere: die Senkung des Diskontsatzes (Zinssatz der Zentralbank für eingereichte Handelswechsel), Herabsetzung der Mindestreservesätze (Zwangseinlagen der Geschäftsbanken bei der Zentralbank), Offenmarktpolitik (hier: Ankauf von Wertpapieren der Geschäftsbanken durch die Zentralbank).

[2] Deficit-Spending: Eine Haushaltspolitik des Staates, die aus konjunkturellen Gründen zur Belebung der Nachfrage die staatlichen Ausgaben über den Steuereinnahmenzuwachs hinaus (stark) erhöht.

mit einer modernen welfare policy[1], für die einzige überzeugende Antwort auf den wirtschaftlichen und sozialen Wandel in unserer Zeit. Nur mit dieser Kombination können unter den heutigen und künftigen Bedingungen der modernen Volkswirtschaft die zentralen Ziele der Wirtschaftspolitik: Stabilität des Preisniveaus, Vollbeschäftigung, außenwirtschaftliches Gleichgewicht und angemessenes Wachstum gleichzeitig erreicht werden. Wir können und dürfen die Entwicklung der Gesamtwirtschaft nicht einfach sich selbst überlassen und nur mit gelegentlichen Ad-hoc-Interventionen und Einzeldirigismen den Wirtschaftsprozeß beeinflussen wollen. Nur so wird die Marktwirtschaft gerettet und in die zweite Phase hinübergeführt, wenn sie ergänzt wird durch eine systematische, die Marktkräfte fördernde kurz- und längerfristige Steuerung des makroökonomischen Prozesses.

Um diese neue Politik zu ermöglichen, haben die parlamentarischen Gremien in der Bundesrepublik Anfang dieses Monats mit dem „Gesetz zur Förderung der Stabilität und des Wachstums der Wirtschaft" ein erweitertes und verbessertes wirtschaftspolitisches Instrumentarium geschaffen. Dieses Gesetz bietet den staatlichen Instanzen die rechtliche Grundlage für eine wirksame wirtschaftspolitische Globalsteuerung, die weit über die traditionelle Geld- und Kreditpolitik hinausgeht. Ich möchte sagen, daß es heute weit mehr darstellt, als der amerikanische employment act von 1946. Wesentlicher Anwendungsbereich dieses neuen Instrumentariums ist die Einführung moderner Fiskalpolitik, die in einem föderalistischen Staat wie der Bundesrepublik naturgemäß besondere Schwierigkeiten bereitet. Daher verfügen wir heute über ein neues Gremium: den Konjunkturrat der öffentlichen Hände (zwei Bundesminister, elf Länderminister, vier Gemeindevertreter). Das Gesetz bietet vor allem die Möglichkeit, je nach Konjunkturlage die öffentlichen Ausgaben oder Einnahmen kurzfristig und antizyklisch auf der Grundlage einer längerfristigen Finanzplanung zu erhöhen und zu vermindern. Ich will hier nur zwei Beispiel erwähnen:

- Der Bundesfinanzminister kann bei einem Schrumpfen der Nachfrage nach § 6 Abs. 3 des Gesetzes zusätzliche Kredite bis zur Höhe von 5 Mrd. DM aufnehmen.

- Nach § 26 kann die Bundesregierung mit einem verkürzten parlamentarischen Zustimmungsverfahren die Einkommen- und Lohnsteuer um 10 v. H. nach oben oder unten variieren.

Damit haben endlich– wenn auch mit einem deutlichen time-lag hinter den USA – der Keynes der „general theory" von 1936 und die nachfolgende moderne neoklassische Synthese in Deutschland ihren Einzug gehalten.

Bulletin des Presse- und Informationsamtes der Bundesregierung Nr. 66, 23. Juni 1967, S. 563 f.

---

[1] Welfare-policy: Eine staatliche Politik zur Mehrung der allgemeinen Wohlfahrt durch Vollbeschäftigungspolitik, sozialen Ausgleich und Ausbau der sozialen Sicherheit.

2 Rückblick auf fünf Jahre Globalsteuerung. Kritische Bewertung durch den Wirtschaftswissenschaftler Egon Tuchfeldt (1973)

Selten ist eine grundlegende Änderung des wirtschaftspolitischen Kurses (nach Verabschiedung des Stabilitätsgesetzes, R.K.) mit so vielen Vorschußlorbeeren bedacht worden ... Vielfach konnte man lesen, die Bundesrepublik Deutschland sei nun mit dem besten konjunkturpolitischen Instrumenta-
5 rium der Welt ausgestattet. Man sprach sogar vom „prozeßpolitischen Grundgesetz der Marktwirtschaft", ferner davon, daß man es jetzt mit einer „aufgeklärten" Marktwirtschaft zu tun habe – im Gegensatz zur „naiven" Marktwirtschaft vorher. Zunächst schien allerdings die Entwicklung der Jahre 1967 und 1968 die Vorschußlorbeeren zu bestätigen. Binnen Jahresfrist gelang es aus
10 der Talsohle wieder herauszukommen, und zwar durch eine sehr massive Kombination finanzpolitischer Investitionsanreize- und -programme mit einer entsprechenden Politik des billigen Geldes. ...
Heute sind wir jedoch in der Lage, die Wirksamkeit dieses Gesetzes über einen längeren Zeitraum beurteilen zu können. Generell läßt sich feststellen,
15 daß die Globalsteuerung ihre Bewährungsprobe nicht bestanden hat. ...
Zwar funktioniert die Globalsteuerung in einer kurzen expansiven Phase, als es darum ging, wieder eine Vollauslastung der Kapazitäten zu erreichen. Vor die selbst herbeigeführten Probleme der Hochkonjunktur gestellt, hat die neue Politik jedoch die in sie gesetzten Hoffnungen nicht erfüllt. Schon Ende
20 1968 begannen sich die Schwierigkeiten der außenwirtschaftlichen Absicherung[1] bemerkbar zu machen, die seitdem schubweise immer wieder aufgetreten sind. Die sachlich notwendige Aufwertung im Frühjahr 1969 wurde bis nach der Bundestagswahl 1969 verzögert, als es schon zu spät und die Anpassungsinflation bereits erfolgt war.
25 Die weitere Entwicklung läßt sich, wenn auch etwas vergröbert, charakterisieren als ein hektisches Hin und Her von Maßnahmen, bedingt durch den Tatbestand, daß der böse Geist der Zielabweichung bald an dieser, bald an jener Ecke des „magischen Viereckes"[2] auftauchte, was zu immer neuen Kurskorrekturen in der Wirtschaftspolitik führte. Dieses hektische Hin und Her war
30 aber auch bedingt durch erhebliche Divergenzen bei den Konjunkturprognosen und durch eine Unter- oder Überschätzung der Wirksamkeit vieler Instrumente. So kam es zu Inflationsraten, Ungleichgewichten auf dem Arbeitsmarkt und bei der Zahlungsbilanz, die bei einem wirtschaftspolitischen Effizienzvergleich mit der vorausgegangenen Sozialen Marktwirtschaft relativ

---

[1] Schwierigkeiten der außenwirtschaftlichen Absicherung: Die Forcierung der Binnennachfrage durch Konjunkturprogramme führt tendenziell zu einem im Vergleich zu den Exporten rascheren Anstieg der Importe. Der Saldo der Handelsbilanz verschlechtert sich daher.
[2] Magisches Viereck: Als schwer gleichzeitig erreichbare Ziele der Wirtschaftspolitik gelten: Vollbeschäftigung, Geldwertstabilität, außenwirtschaftliches Gleichgewicht, angemessenes wirtschaftliches Wachstum.

ungünstig abschneiden. Das Stabilisierungsgesetz zeigte insgesamt eine 35
asymmetrische Wirksamkeit. Man kann mit Hilfe dieses Gesetzes und der
dadurch geschaffenen Möglichkeiten leicht Gas geben. Die Bremsen des
Konjunkturautos funktionieren dagegen nicht befriedigend.

Egon Tuchfeldt, Soziale Marktwirtschaft und Globalsteuerung, in: ders. (Hg.), Soziale
Marktwirtschaft im Wandel, Freiburg i. Br. 1973, S. 166 ff.

2. Außerparlamentarische Opposition und Studenten-bewegung

In die Zeit der Großen Koalition fällt die Entstehung einer breiten studentischen
Protestbewegung und einer öffentlichkeitswirksamen außerparlamentarischen
Opposition aus Teilen der Gewerkschaft, der linken Intelligenz und der politisier-
ten Jugend. Kristallisationspunkte der außerparlamentarischen Opposition
waren die Marginalisierung der innerparlamentarischen Opposition sowie die
abschließende Behandlung der Notstandsgesetzgebung im Bundestag (1967/
68). Durch diese wurde einerseits im Verteidigungsfall oder bei inneren Unruhen
die Möglichkeit zur Einschränkung von Grundrechten und zum Einsatz der Bundeswehr auch im Inneren geschaffen, falls Polizei und Bundesgrenzschutz zur
Verteidigung der freiheitlich-demokratischen Grundordnung nicht ausreichen
sollten, andererseits beseitigten die Notstandsgesetze die bestehenden alliier-
ten Eingriffsrechte bei inneren Notlagen.

Die Studentenbewegung hatte zunächst ihre Wurzeln in den Strukturen des Bildungswesens, insbesondere an Universitäten und Hochschulen. Der anfangs
auf bildungspolitische Probleme fixierte studentische Protest eskalierte in den
Jahren der Großen Koalition jedoch zu einer grundsätzlichen Rebellion erheblicher Teile der Studentenschaft gegen Staat und Gesellschaft. Diese Entwicklung wurde von mehreren Ursachen bestimmt: Hierzu gehörten die Studenten-
unruhen in den USA im Zusammenhang des Vietnamkrieges und der Bürgerrechtsbewegung, der sich anbahnende Wertewandel der jungen Generation, die
in Frieden und Wohlstand und unter dem Vorzeichen demokratischer Ideale auf-
gewachsen war und in der sich eine antiautoritäre und kritische Einstellung
gegenüber den überkommenen Strukturen in Staat und Gesellschaft auszubrei-
ten begann, und auch Einflüsse, die von einer verstärkten Propagierung neomar-
xistischer Theorien ausgingen (Herbert Marcuse, Horkheimer, Adorno, Frankfurter Schule).

Nach dem Attentat auf Rudi Dutschke (April 1968), der Verabschiedung der Notstandsgesetze (Mai 1968) und der Ablösung der Großen Koalition durch die
sozialliberale Koalition (Oktober 1969) verebbte jedoch die studentische Pro-
testwelle, und mit dem neuen Regierungsprogramm der inneren Reformen und
den Sozialdemokraten als Regierungspartner der Gewerkschaften löste sich
auch die außerparlamentarische Opposition weitgehend auf. Übrig blieben die
nachwirkenden Politisierungserfahrungen der 68er Generation, eine Erschütte-
rung autoritärer Verhaltensmuster in Staat und Gesellschaft, und Ansätze zu
einer Demokratisierung der Hochschulen sowie eine Spektrum eher sektenhaf-

ter kommunistischer Gruppen und Grüppchen und das Abgleiten eines radikalen Teils der studentischen Bewegung und der außerparlamentarischen Opposition in den Terrorismus.

3 Studentenproteste gegen den Bildungsnotstand an den Universitäten und Schulen im Sommer 1965

Studenten aller Universitäten und Hochschulen der Bundesrepublik und West-Berlins demonstrieren am Donnerstag mit Kundgebungen und Protestmärschen gegen den „wachsenden Bildungsnotstand" in der Bundesrepublik. Der Verband deutscher Studentenschaften (VdS) hatte dazu 330 000 Studen-
5 ten in 120 Städten aufgerufen. Die Demonstrationen standen unter dem Motto „Aktion 1. Juli – Bildung in Deutschland".
Bundeskanzler Erhard bezichtigte die Studenten des Unfugs, weil sie in der letzten Zeit vielfach vom Bildungsnotstand sprechen würden. Auf dem Deutschen Handwerkertag 1965 in der Bonner Beethovenhalle sagte er, früher
10 habe man es als Privileg betrachtet, studieren zu dürfen, und die Familien hätten dafür Opfer gebracht, aber heute solle der Staat für alles aufkommen. Er als Kanzler hoffe nur, daß die Forderung der Studentenverbände nicht der Ausdruck der Haltung aller Studenten sei.

Frankfurter Rundschau, 21. Jg., Nr. 150, 2. Juli 1965

4 Aktionsvorschläge Rudi Dutschkes zur verstärkten Politisierung der Studenten und der Öffentlichkeit. Auszug aus einer Rede des führenden Kopfes der Studentenbewegung auf einem Studentenkongreß in Hannover im Juni 1967

Wir hatten in monatelanger Diskussion theoretisch herausgearbeitet, daß die bürgerliche Demokratie, in der wir leben, sich gerade dadurch auszeichnet, daß sie es dem Lord gestattet, mit seinem Hund spazierenzugehen und so auch den Vietnam-Protesten den Weg zur Verfügung stellte und die Kanali-
5 sierung des Protestes durchführt. Aus dieser theoretischen Einschätzung der Integrationsmechanismen der bestehenden Gesellschaft ist es für uns klar geworden, daß die etablierten Spielregeln dieser unvernünftigen Demokratie nicht unsere Spielregeln sind, daß Ausgangspunkt der Politisierung der Studentenschaft die bewußte Durchbrechung dieser etablierten Spielregeln
10 durch uns sein müßte. Diese theoretische Diskussion über die Möglichkeiten, den Protest zu integrieren und die direkte und richtige, weil historisch mögliche Solidarisierung mit den kämpfenden Völkern zu verhindern, war Ausgangspunkt von praktischen Aktionen auf der Straße, die allerdings noch andere Faktoren mitbedingten, daß wir es zu einer Politisierung an der FU
15 brachten. ...
Ich fordere alle westdeutschen Studenten auf, umgehend Aktionszentren in den Universitäten der BRD aufzubauen:

Abb. 2: Wortführer der Studentischen Rebellion. Rudi Dutschke vom SDS (Sozialistischer Deutscher Studentenbund), 1968.

a) für die Expandierung der Politisierung in Universität und Stadt durch Aufklärung und direkte Aktion; sei es gegen Notstand, NPD, Vietnam oder hoffentlich bald auch Lateinamerika. Ich fordere die Aktionszentren auf, daß sie   20
koordinierte politische Aktionen in der ganzen Bundesrepublik und Westberlin in den nächsten Tagen und Wochen mobilisieren, denn es geht darum, daß wir für Dienstag in Westberlin eine Demonstration beantragt haben zur Aufhebung des Demonstrationsverbotes. Sollte diese einberufene Demonstration nicht gestattet werden, so haben wir bei uns beschlossen, daß unmittel-   25
bar nach Verbot der Demonstration über Kampfaktionen gegen dieses Demonstrationsverbot beraten wird und darüber entschieden wird, und wir wären sehr froh darüber, wenn Dienstag westdeutsche Aktionszentren in Westberlin wären, um dort gemeinsame Aktionen zu beschließen und im ganzen Bundesgebiet durchzuführen. ...   30

Bedingungen und Organisation des Widerstandes. Der Kongreß in Hannover. Protokolle, Flugblätter, Resolutionen. o.O. o.J. (Berlin 1967), S. 79 f., S. 81 f.

5 Stellungnahme des DGB zur Notstandsgesetzgebung aus Anlaß ihrer bevorstehenden Behandlung im Bundesrat am 14. Juni 1968

Wir haben mit Bedauern festgestellt, daß die Beschlüsse des Bundestages in zweiter und dritter Beratung zur Notstandsgesetzgebung die in unserer letzten Entschließung nochmals zum Ausdruck gebrachten schwerwiegenden Bedenken unberücksichtigt ließen. Wir sind der Auffassung, daß dieses
5 Gesetzeswerk in seiner Gesamtheit die Gefahren in sich trägt, den demokratischen, rechtsstaatlichen und föderativen Gehalt des Grundgesetzes und damit unabänderliche Grundwerte unserer Rechtsordnung abzubauen und zu verfälschen. Das trifft insbesondere auf die Artikel 11 (Freizügigkeit), 12 (Freiheit der Berufswahl) und 12a (Dienstverpflichtungen) zu. Alle Ein-
10 schränkungen dieser Artikel treffen besonders die Arbeitnehmer und damit den weitaus größten Teil der Bevölkerung. Diese Einschränkungen können auch das Koalitions- und Streikrecht beeinträchtigen, gleichfalls stellen die Artikel 10 (Brief-, Post- und Fernmeldegeheimnis), 35 (Rechts- und Amtshilfe), 80a Abs. 3 (Bündnisverpflichtungen) und 87a GG (Einsatz der Streit-
15 kräfte im Innern) Eingriffe in die Grundrechte dar. Besonders der Artikel 87a erfüllt die Gewerkschaften mit großer Besorgnis, denn es bleibt fraglich, ob nicht in den Fällen des zivilen Objektschutzes ein Einsatz der Streitkräfte gegen Streikende im Spannungs- und Verteidigungsfall möglich wäre. Der Bundesvorstand des Deutschen Gewerkschaftsbundes appelliert daher in
20 letzter Stunde und nochmals in aller Eindringlichkeit den Notstandsgesetzen nicht zuzustimmen und die von uns mehrfach zum Ausdruck gebrachten Argumente einer umfassenden Prüfung zu unterziehen. ...

Weltgeschehen, 1968, S. 197

6 Rede des SDS-Bundesvorstandsmitgliedes Hans-Jürgen Krahl gegen die Notstandsgesetzgebung auf einer vom DGB-Hessen veranstalteten Kundgebung auf dem Römerberg in Frankfurt am 27. Mai 1968

Die Demokratie in Deutschland ist am Ende, die Notstandsgesetze stehen vor ihrer endgültiger Verabschiedung. Trotz der massenhaften Proteste aus der Reihen der Arbeiter, Studenten und Schüler, trotz der massiven Demonstrationen der APO in den letzten Jahren sind dieser Staat und seine Bundes-
5 tagsabgeordneten entschlossen, unsere letzten spärlichen demokratischen Rechtsansprüche in diesem Land auszulöschen. Gegen alle diejenigen – Arbeiter oder Studenten –, die es künftig wagen werden, ihre Interessen selbst zu vertreten, werden Zwang und Terror das legale Gesetz des Handelns der Staatsgewalt bestimmen. Angesichts dieser Drohung hat sich in den
10 Betrieben, an den Universitäten und Schulen seit dem Tag der Zweiten Lesung vor mehr als einer Woche eine erste Streikwelle manifestiert, die den Widerstandswillen der Bevölkerung demonstriert.

Für uns ergeben sich daraus die Fragen. Welchen politischen Zweck muß dieser Widerstand verfolgen, wenn die Notstandsgesetze doch schon eine nahezu beschlossene Sache sind? Welchen Erfolg können unsere Streiks und Demonstrationen der letzten Zeit aufweisen und wie können sie wirkungsvoll fortgesetzt werden? Um diese Frage angemessen beantworten zu können, müssen wir wissen, welche Fehler in der Notstandsopposition in der letzten Jahre begangen wurden.

Zu Beginn dieses Opposition hat man die Frage der Notstandsgesetze nur nach ihrer verfassungsrechtlichen Seite behandelt. Um sie zu verhindern, wurde lediglich mit den SPD-Abgeordneten und Gewerkschaftsfunktionären verhandelt. Aufklärungsarbeit in der Öffentlichkeit war wenig wirksam. Der eigentliche Fehler bestand darin, daß dadurch die Problematik der Notstandsgesetzgebung aus der wirklichen Entwicklung der bundesrepublikanischen Gesellschaft herausgelöst wurde. Vor allem die Gewerkschaften reagierten, als sei die Substanz der Demokratie in Westdeutschland unversehrt, und sie wollten nicht sehen, daß der Prozeß der inneren Zersetzung demokratischer Rechte längst begonnen hatte. Spätestens mit der Bildung der Großen Koalition und ihrer Wirtschaftspolitik der Konzertierten Aktion des Ministers Schiller lag diese Entwicklung offen zutage. Daß im Programm der Formierten Gesellschaft[1] zwischen der Gewalt der Notstandsgesetze und der Konzertierten Aktion ein Zusammenhang bestehen könnte, ist den wenigsten Gewerkschaftsfunktionären, am wenigsten der Spitze einsichtig geworden. Die Rededisposition, die der DGB zum 1. Mai dieses Jahres herausgegeben hat, feiert die Konzertierte Aktion als Mittel des wirtschaftlichen Aufschwungs und Wachstums, ohne allerdings zu fragen, wem er zugute gekommen ist.

Die Konzertierte Aktion liefert einer starken, keineswegs demokratischen Staatsgewalt die Mittel, die Wirtschaftskrise 1966/67 – zur Zeit der Bildung der Großen Koalition – zu regulieren, nachdem Erhards Wirtschaftswunder in sich zusammengefallen war. In wessen Interesse Schillers Konzert gespielt wird, darüber geben nüchterne Zahlen Auskunft: dieses Jahr soll den Arbeitern eine Lohnerhöhung von 3 bis 4 Prozent bringen, den Unternehmern hingegen eine Gewinnsteigerung von 20 Prozent. Der DGB hat verschwiegen, daß er ein Spiel mitspielt, daß auf dem Rücken der Arbeiter ausgetragen wird. Es war allerdings voraussehbar, daß die Konzertierte Aktion auf die Dauer nicht ausreichen würde, die Krisenentwicklung in der Wirtschaft zu bremsen und die Arbeiter zum Streikverzicht anzuhalten. Dazu bedurfte es stärkere Zwangsmittel; die Große Koalition entschloß sich also, die Notstandsgesetz-

---

[1] Formierte Gesellschaft: Ein von Bundeskanzler Erhard seinerzeit propagiertes gesellschaftspolitisches Leitbild, das die Notwendigkeit der Zurückdrängung überwuchernder Gruppeninteressen durch eine kooperative Zusammenarbeit aller gesellschaftlichen Kräften bei Stärkung der staatlichen Autorität zum Zwecke gemeinschaftlicher Zukunftssicherung postulierte.

gebung beschleunigt zu betreiben. Sie liefert das terroristische Instrument für eine offene Wirtschaftskrise, in der die Arbeiter notfalls mit brutaler Gewalt niedergehalten werden und die aufbegehrenden Studenten einer von oben betriebenen Hochschulreform unterworfen werden, in der die Universi-
55 tät zu einer Ausbildungskaserne für Fachidioten wird. Die Konzertierte Aktion war der Anfang, die Notstandsgesetze bilden das Ende einer vorläufi-gen Entwicklung, in der sich eine undemokratische Staatsgewalt die Mittel schuf, die Bedürfnisse der Massen zu unterdrücken. Die Geschichte, nicht zuletzt die der Deutschen, hat uns mehrfach gelehrt, daß der einzige Ausweg
60 der kapitalistischen Wirtschaftsordnung aus der Krise in der offenen Gewalt des Faschismus besteht. ...
Worauf kommt es in dieser Situation für uns an? Unsere Aktionen, unsere Streiks und Demonstrationen haben *einen* Sinn, wir müssen eine neue Phase unserer Politik eröffnen; unsere Demonstrationen sind längst kein bloßes
65 Protestieren mehr, wir müssen durch gemeinsame Aktionen eine breite kämpferische Basis des Widerstandes gegen die Entwicklung schaffen, an deren Ende sonst wieder Krieg und KZ stehen können. Unser Kampf gegen den autoritärbevormundenden Staat von heute verhindert den Faschismus von morgen. Wir haben nur eine einzige Antwort auf die Notstandsgesetze
70 zu geben: wenn Staat und Bundestag die Demokratie vernichten, dann hat das Volk das Recht und die Pflicht, auf die Straße zu gehen und für die Demo-kratie zu kämpfen. ...

Hans-Jürgen Krahl, „links", Mai 1968, S. 17 f.

7 Studentischer Widerstand und demokratischer Verfassungsstaat. Stellung-nahme des Politikwissenschaftlers Dolf Sternberger in einem Leitartikel der Frankfurter Allgemeinen Zeitung vom 6. Juni 1968

Die Bundesrepublik muß es büßen, daß Hitler zwölf Jahre lang über die Deutschen herrschen und nicht von Deutschen gestürzt werden konnte. Hit-ler herrschte mit Hilfe seiner verschworenen Gefolgschaft und mit Hilfe derer, welche die Sprache der nachmaligen Entnazifizierung treffend als Mit-
5 läufer bezeichnet hat. Fanatismus, Terror und Anpassung griffen ineinander. Der innere Widerstand blieb schwach, organisierte Verschwörung kam spät und endete glücklos. Die nachgeborene Generation scheint die eine Lehre gezogen zu haben, daß gegen Herrschaft immer Widerstand geboten sei. Die Söhne rächen sich für die Schwäche der Väter. Und die Bundesrepublik muß
10 es entgelten. Obgleich dieser Staat in liberalem Geiste von denen errichtet worden ist, die an jenem Fanatismus keinen Teil hatten, die jenem Terror ent-ronnen waren und die drinnen oder draußen je für sich dem Druck und der Versuchung widerstanden, die also auch ihre moralische Haut einigermaßen hatten retten können. Diese setzten ihren Eifer an die Erneuerung des Staa-
15 tes; die Söhne – oder doch ein Teil von ihnen – ereifern sich nicht für den

Staat, sie ereifern sich für den Widerstand, und sie treffen gerade auf diesen
Staat, der doch als Gegenbild der Tyrannei entworfen worden ist – von Leu-
ten, welche die Tyrannei erlitten, aber ihr freilich wenig aktiven und jedenfalls keinen erfolgreichen Widerstand entgegengesetzt hatten. Nun treibt es
die Söhne, den Widerstand nachzuholen.   20
So nimmt sich die studentische Unruhe im speziellen Zusammenhang der
jüngsten deutschen Geschichte aus. Zwar gab und gibt es studentische
Unruhe und Unruhen auch anderwärts, in Verfassungsstaaten, wie zumal in
Amerika, und in Diktaturen und in solchen von ganz entgegengesetzer Prä-
gung – zum Beispiel in Spanien, zum Beispiel in Polen. Die unsrigen began-   25
nen mit Forderungen zur Hochschulreform, insoweit sie sich einheimischen
Problemen zuwandten; aber in den radikalen Gruppen hat sich alsbald ein
Abscheu gegen das gesellschaftliche und politische System schlechthin ausgebreitet. Es geistern schwärmerische Vorstellungen von reiner Demokratie
und vom Rätesystem. Vor allem jedoch wird Widerstand gefühlt, gepredigt   30
und geübt. Hier scheint ein spezifischer Affekt im Spiel zu sein, der aus jenen
deutschen Erfahrungen herrührt.
Damals gab es einen Tyrannen und wenig Widerstand. Heute gibt es viel
Widerstand oder doch Widerstandsbedürfnis und keinen Tyrannen. Rudi
Dutschke hat seinerzeit (bei einer Diskussion in Bad Boll) den Tyrannen-   35
mord gutgeheißen, worin ihm zuzustimmen ist, aber sogleich hinzugefügt,
unsere jetzigen Regenten seien nur „auswechselbare Charaktermasken" und
lohnten solchen Aufwand nicht. In einem gewissen Sinn ist ihm übrigens
auch hierin zuzustimmen: Eben daß sie tatsächlich „auswechselbar" sind,
unterscheidet diese Regenten von tyrannischen. Es kennzeichnet den Verfas-   40
sungsstaat, daß die Regierungsämter auf Zeit anvertraut werden. Aber so hat
Dutschke es wohl nicht gemeint. Fast schien es, er zöge den Tyrannen vor –
dann sind die Fronten klar, man weiß, woran man ist. Aber ist darum, wo er
fehlt, der Staat und der Staatsmann verächtlich?
Der heutige Widerstand, der mit einer sonderbaren und verwirrenden histo-   45
rischen Phasenverschiebung auftritt, trifft auf Verhältnisse, die ihn einesteils
nicht verdienen, anderenteils unnötig machen. So sucht sich der Abscheu
seine Objekte. Der Verleger von Massenblättern wird ihm, als eine Art
Ersatztyrann, zur Zielscheibe. Zugleich hilft den Unmutigen ein zwar ehr-
würdiger, aber dennoch absurder Sprachgebrauch der Sozialwissenschaft,   50
auch den Verfassungsstaat, auch die Bundesrepublik als ein „Herrschaftssystem" anzusehen und ins Dämonische zu stilisieren. Die relative Undurch-
sichtigkeit der Verwaltungsvorgänge, die Umständlichkeit der Gesetzgebung,
die Vielfalt der Einflüsse, die in politische Entscheidungen eingehen, die
Anonymität der Bürokratie – das alles verschmilzt dem ungeduldigen Sinn   55
und dem argwöhnischen Blick zu einem einzigen finsteren Ungetüm, welches totale Negation herausfordert. Sie bricht jetzt aus, nachdem der Glanz
der Erfolge Adenauers verblichen, das Bedürfnis nach Geltung in der Welt
notdürftig saturiert, der Wohlstand langweilig geworden ist. Aufstieg ist

60   kaum noch zu erwarten, nationale Wiedervereinigung so wenig in Sicht wie
zuvor. Die Luft steht still, die Verhältnisse sind stationär, wenngleich innere
Reformen drängen. Obendrein mangelt es an kräftiger parlamentarischer
Opposition.
In Wahrheit ist derjenige Verfassungsstaat, den wir den demokratischen nen-
65   nen, gerade kein „Herrschaftssystem". Hier herrschen gerade nicht Menschen
über Menschen wie in altertümlichen Despotien oder neueren Parteidiktaturen. Unser Staat ist vor allem anderen eine Verfassungsgemeinschaft. Die
Unterscheidung ist handgreiflich und elementar, zudem uralt. Aristoteles hat
sie zuerst getroffen. Unsere deutsche Gesellschaftswissenschaft hat sie frei-
70   lich von langer Hand verdunkelt. Auch dieses Verhängnis kommt jetzt an den
Tag. Der unzeitige Widerstand bedient sich der Wörter, die geschlummert
hatten, und schafft sich mit ihrer Hilfe seinen Popanz, vor allem den vom
„Herrschaftssystem". Freilich eignet auch demokratisch vereinbarten Geset-
zen der Charakter des Befehls, nicht bloß „autoritären" oder gar „faschisti-
75   schen". Die Formel „Du sollst" kommt schon in den Zehn Geboten vor. Und
was wären Gesetze wert, deren Geltung nicht erzwungen werden könnte!

Dolf Sternberger, Widerstand ohne Tyrannen, Frankfurter Allgemeine Zeitung vom 6. 6.
1968

3. „Friedliche Koexistenz" und Ansätze zu einer neuen Deutschlandpolitik

Bis zur Bildung der Großen Koalition war es die Linie der deutschen Außenpolitik
gewesen, die DDR außenpolitisch zu isolieren und auf den Zusammenbruch des
zweiten deutschen Staates zu warten. Seit der inneren Stabilisierung der DDR
mit dem Mauerbau und seit den mit der Beilegung des Kubakonflikts einherge-
henden Entspannungsbemühungen zwischen den beiden Supermächten stand
auch die Bundesregierung vor der Aufgabe, ein neues Verhältnis zu Osteuropa
suchen und ihre bisherige Leitlinie, die Hallstein-Doktrin[1], überdenken zu müssen. Noch unter der letzten Regierung Adenauer hatte Außenminister Schröder
(CDU) eine sogenannte „Politik der Bewegung" eingeleitet und während der Ära
Erhard fortgesetzt. Unterstützt wurde diese Politik zur Herstellung verbesserter
Beziehungen zu Osteuropa durch einen zunehmenden weltpolitischen Entspan-
nungsprozeß, der im Rahmen der NATO 1967 zur Annahme des „Harmel-
Berichts"[2] führte und 1968 zum „Signal von Reykjavik", dem Vorschlag einer bei-
derseitigen und ausgewogenen Truppenverminderung in Mitteleuropa.

---

[1] Hallstein-Doktrin: Eine nach dem damaligen Staatssekretär im Auswärtigen Amt,
Walter Hallstein, benannte Doktrin der Bundesrepublik (1955), die den Abbruch
diplomatischer Beziehungen mit jenen Staaten – ausgenommen die Sowjetunion –
vorsah, die die DDR völkerrechtlich anerkannten.
[2] Harmel-Bericht: s. S. 255. Dok. Nr. 10

Eine Modifizierung der Hallstein-Doktrin nach der Bildung der Großen Koalition erleichterte Fortschritte in der deutschen Ostpolitik. Diplomatische Beziehungen der Ostblockstaaten zur DDR sollten aufgrund der Abhängigkeit dieser Staaten von Moskau nicht mehr als Ausdruck einer gegen die Bundesrepublik gerichteten Politik gelten. Das ermöglichte die Aufnahme diplomatischer Beziehungen zu Rumänien und die Wiederaufnahme solcher Beziehungen zu Jugoslawien. Doch auch jetzt stand der Aufnahme diplomatischer Beziehungen mit anderen osteuropäischen Staaten sowie dem Abschluß eines Gewaltverzichtsabkommens mit der Sowjetunion neben Maximalforderungen der östlichen Seite (völkerrechtliche Anerkennung der DDR und Umwandlung West-Berlins in eine selbständige politische Einheit) das westdeutsche Festhalten an der Nichtanerkennung eines zweiten deutschen Staates (in Verbindung mit einem Alleinvertretungsanspruch) und der Oder-Neiße-Linie als endgültiger polnischer Westgrenze entgegen.

Einen Rückschlag in der Entspannungspolitik und beim Ausbau der ostpolitischen Beziehungen brachte der Einmarsch von Truppen der Warschauer Paktstaaten in die CSSR im August 1968 zur Niederschlagung des „Prager Frühlings" und die aus diesem Anlaß verkündete „Breschnew-Doktrin"[3].

Gleichwohl blieb das Streben nach Entspannung und die Politik der „friedlichen Koexistenz" zwischen Ost und West auf der Tagesordnung der internationalen Politik, insbesondere nach dem Wechsel in der amerikanischen Administration zu Präsident Nixon und Außenminister Kissinger (ab Januar 1969). Auch von der Bundesrepublik wurde der Entspannungskurs beibehalten. Sie unterstützte den 1968 von der östlichen Seite aufgeworfenen Gedanken einer europäischen Sicherheitskonferenz und setzte während des ganzen Jahres 1969 den Meinungsaustausch mit der Sowjetunion über einen Gewaltverzichtsvertrag fort, wobei die verschärften sowjetisch-chinesischen Spannungen offenbar die Verhandlungsbereitschaft der Sowjetunion vergrößert hatten. Ein erfolgreicher Abschluß dieser Initiativen wurde allerdings erst nach dem politischen Machtwechsel in Bonn im Herbst 1969 möglich.

Bundeskanzler Kiesinger zu den Grundsätzen der Deutschland- und Ostpolitik der Großen Koalition in seiner Regierungserklärung vom 13. 12. 1966   **8**

Deutschland war jahrhundertelang die Brücke zwischen West- und Osteuropa. Wir möchten diese Aufgabe auch in unserer Zeit gern erfüllen. Es liegt uns daran, das Verhältnis zu unserem östlichen Nachbarn, die denselben Wunsch haben, auf allen Gebieten des wirtschaftlichen, kulturellen und politischen Lebens zu verbessern und, wo immer dies nach den Umständen möglich ist, auch diplomatische Beziehungen aufzunehmen. In weiten Schichten des deutschen Volkes besteht der lebhafte Wunsch nach einer Aussöhnung   5

---

[3] Breschnew-Doktrin: Ein 1968 von der Sowjetunion formuliertes außenpolitisches Prinzip, wonach bei Gefährdung des Sozialismus in einem sozialistischen Staat die sozialistische Staatengemeinschaft das Recht bzw. die Pflicht zur auch militärischen Intervention habe (eingeschränkte Souveränität sozialistischer Staaten).

mit Polen, dessen leidvolle Geschichte wir nicht vergessen haben und dessen
Verlangen, endlich in einem Staatsgebiet mit gesicherten Grenzen zu leben,
10 wir im Blick auf das gegenwärtige Schicksal unseres eigenen geteilten Volkes
besser als in früheren Zeiten begreifen. Aber die Grenzen eines wiederverei-
nigten Deutschlands können nur in einer frei vereinbarten Regelung mit
einer gesamtdeutschen Regierung festgelegt werden, einer Regelung, die die
Voraussetzungen für eine von beiden Völkern gebilligtes, dauerhaftes und
15 friedliches Verhältnis guter Nachbarschaft schaffen soll. Auch mit der Tschechoslowakei möchte sich das deutsche Volk verständigen. Die Bundesregierung verurteilt die Politik Hitlers, die auf die Zerstörung des tschechoslowakischen Staatsverbandes gerichtet war. Sie stimmt der Auffassung zu, daß das
unter Androhung von Gewalt zustandegekommene Münchener Abkommen
20 nicht mehr gültig ist. ...
Auch diese Bundesregierung betrachtet sich als die einzige deutsche Regierung, die frei, rechtmäßig und demokratisch gewählt und daher berechtigt ist,
für das ganze deutsche Volk zu sprechen. Das bedeutet nicht, daß wir unsere
Landsleute im anderen Teil Deutschlands, die sich nicht frei entscheiden kön-
25 nen, bevormunden wollen. Wir wollen, soviel an uns liegt, verhindern, daß
die beiden Teile unseres Volkes sich während der Trennung auseinanderleben. Wir wollen entkrampfen und nicht verhärten, Gräben überwinden und
nicht vertiefen. Deshalb wollen wir die menschlichen, wirtschaftlichen und
geistigen Beziehungen mit unseren Landsleuten im anderen Teil Deutsch-
30 lands mit allen Kräften fördern. Wo dazu die Aufnahme von Kontakten zwischen Behörden der Bundesrepublik und solchen im anderen Teil Deutschlands notwendig ist, bedeutet dies keine Anerkennung eines zweiten deutschen Staates. Wir werden diese Kontakte von Fall zu Fall so handhaben, daß
in der Weltmeinung nicht der Eindruck erweckt werden kann, als rückten wir
35 von unserem Rechtsstandpunkt ab. ...
Die Bundesregierung will alles tun, um die Zugehörigkeit Berlins zur Bundesrepublik zu erhalten, und gemeinsam mit dem Senat und den Schutz-
mächten prüfen, wie die Wirtschaft Berlins und seine Stellung in unserem
Rechtsgefüge gefestigt werden können. Wir wollen, was zum Wohle der Men-
40 schen im gespaltenen Deutschland möglich ist, tun und, was notwendig ist,
möglich machen.

Zit. nach Dokumentation zur Deutschlandfrage, zusammengestellt von Heinrich von
Siegler, Herausgeber des Archivs der Gegenwart, Bonn–Wien–Zürich, 1970 ff., Hauptband
IV, S. 425 f.

**9 Kritik des sowjetischen Partei- und Staatschefs Leonid Breschnew an der
Deutschland- und Ostpolitik der Bundesregierung** in einer Erklärung vom 13. 1.
1967

Wir hören erneut von der Anmaßung der Bundesrepublik, ganz Deutschland
zu vertreten. Das bedeutet aber Fortsetzung der alten Politik der ‚Nichtaner-

kennung' der Deutschen Demokratischen Republik, bedeutet faktisch weiterhin das Bestreben, diesen sozialistischen Staat zu verschlingen. In Bonn
erhebt man erneut Anspruch auf West-Berlin, obwohl es in keiner Beziehung   5
zur Bundesrepublik steht. Die Regierung der Bundesrepublik nimmt nach
wie vor eine gefährliche Einstellung zu den Nachkriegsgrenzen in Europa,
darunter auch zur Grenze zwischen der Bundesrepublik und der Deutschen
Demokratischen Republik, ein. Die Regierung der Bundesrepublik hat auch
nicht darauf verzichtet, sich Zugang zu Kernwaffen zu verschaffen. Die neue   10
Regierung der Bundesrepublik spricht zwar von ihrer Absicht, die Entspannung in Europa zu fördern. Kanzler Kiesinger sagte, seine Regierung werde
bestrebt sein, das gegenseitige Verständnis und Vertrauen zu vertiefen, um
Voraussetzungen für künftige erfolgreiche Gespräche und Verhandlungen zu
schaffen. Doch all das bleibt vorläufig nur Gerede, all das wird von Erklärun-   15
gen widerlegt, die im Programm der neuen Regierung der Bundesrepublik
enthalten sind ...
Die Sowjetunion ist fest davon überzeugt, daß die vorbehaltlose Anerkennung der Deutschen Demokratischen Republik als souveräner unabhängiger
Staat eine der grundlegenden Voraussetzungen für eine wirkliche Normali-   20
sierung der Lage in Europa ist. Niemand vermag unsere Freundschaft mit der
Deutschen Demokratischen Republik, unser festes Bündnis mit ihr zu unter-
graben. Die Deutsche Demokratische Republik ist eine große Errungenschaft
der deutschen Werktätigen und aller Friedenskräfte Europas.

Zit. nach Dokumentation zur Deutschlandfrage, hg. von H. v. Siegler, Bonn–Wien–Zürich
1970 ff., Hauptband IV, S. 447, 455, 491.

**Bericht des Nordatlantikrates über die künftigen Aufgaben der Allianz, vorge-   10
legt im Auftrage der NATO vom belgischen Außenminister Pierre Harmel** am
14. Dezember 1967 (Harmel-Bericht)
...
4.   Seit der Nordatlantikvertrag 1949 unterzeichnet wurde, hat sich die internationale Situation in bedeutsamer Weise geändert, und die politischen Aufgaben der Allianz haben eine neue Dimension angenommen. Unter anderem
hat die Allianz eine wesentliche Rolle gespielt, als es darun ging, die kommunistische Expansion in Europa zum Stehen zu bringen: die UdSSR ist eine   5
der beiden Supermächte der Welt geworden, aber die kommunistische Welt
ist nicht mehr monolithisch; die sowjetische Doktrin der „friedlichen Koexistenz" hat den Charakter der Konfrontation mit dem Westen verändert, nicht
dagegen die grundlegende Problematik. Obwohl zwischen der Macht der Vereinigten Staaten und der der europäischen Ländern immer noch eine Diskre-   10
panz besteht, hat sich Europa erholt und ist auf dem Wege zur Einheit. Der
Prozeß der Dekolonisierung hat die Beziehungen Europas zur übrigen Welt
verwandelt; gleichzeitig sind in den Beziehungen zwischen den entwickelten
und den Entwicklungsländern größere Probleme entstanden.
5.   Die Atlantische Allianz hat zwei Hauptfunktionen. Die erste besteht   15

darin, eine ausreichende militärische Stärke und politische Solidarität aufrechtzuerhalten, um gegenüber Aggression und anderen Formen von Druck-
anwendung abschreckend zu wirken und das Gebiet der Mitgliedstaaten zu
verteidigen, falls es zu einer Aggression kommt. Seit ihrer Gründung hat die
20 Allianz diese Aufgabe erfolgreich erfüllt. Aber die Möglichkeit einer Krise
kann nicht ausgeschlossen werden, solange die zentralen politischen Fragen
in Europa, zuerst und zunächst die Deutschlandfrage, ungelöst bleiben.
Außerdem schließt die Situation mangelnder Stabilität und Ungewißheit
noch immer eine ausgewogene Verminderung der Streitkräfte aus. Unter die-
25 sen Umständen werden die Bündnispartner zur Sicherung des Gleichgewichts der Streitkräfte das erforderliche militärische Potential aufrechterhalten und dadurch ein Klima der Stabilität, der Sicherheit und des Vertrauens
schaffen.
   In diesem Klima kann die Allianz ihre zweite Funktion erfüllen: die weitere
30 Suche nach Fortschritten in Richtung auf dauerhafte Beziehungen, mit deren
Hilfe die grundlegenden politischen Fragen gelöst werden können. Militärische Sicherheit und eine Politik der Entspannung stellen keinen Widerspruch, sondern eine gegenseitige Ergänzung dar. Die kollektive Verteidigung ist ein stabilisierender Faktor in der Weltpolitik. Sie bildet die notwen-
35 digen Voraussetzungen für eine wirksame, auf größere Entspannung gerich-
tete Politik. Der Weg zu Frieden und Stabilität in Europa beruht vor allem auf
dem konstruktiven Einsatz der Allianz im Interesse der Entspannung. Die
Beteiligung der UdSSR und der Vereinigten Staaten wird zur wirksamen
Lösung der politischen Probleme Europas erforderlich sein. ...
40 8. Ohne erhebliche Anstrengungen aller Beteiligten ist keine Friedensordnung in Europa möglich. Die Entwicklung der sowjetischen und osteuropäischen Politik berechtigt zu der Hoffnung, daß diese Regierungen schließlich
die Vorteile erkennen werden, die auch ihnen aus der gemeinsamen Erarbeitung einer friedlichen Regelung erwachsen. Eine endgültige und stabile
45 Regelung in Europa ist jedoch nicht möglich ohne eine Lösung der Deutschlandfrage, die den Kern der gegenwärtigen Spannungen in Europa bildet.
Jede derartige Regelung muß die unnatürlichen Schranken zwischen Ost-
und Westeuropa beseitigen, die sich in der Teilung Deutschlands am deutlich-
sten und grausamsten offenbaren.
50 9. Die Bündnispartner sind daher entschlossen, ihre Bemühungen auf dieses
Ziel zu richten, indem sie realistische Maßnahmen zur Förderung der Entspannung in den Ost-West-Beziehungen treffen. Die Entspannung ist nicht
das Endziel, sondern ein Teil eines langfristigen Prozesses zur Verbesserung
der Beziehungen und zur Förderung einer Regelung der europäischen Fra-
55 gen. Das höchste politische Ziel der Allianz ist es, eine gerechte und dau-
ernde Friedensordnung in Europa mit geeigneten Sicherheitsgarantien zu
erreichen. ...

Curt Gasteyger, Europa zwischen Spaltung und Einigung 1945–1990, Bonn 1990,
S. 244–47

II. Die Sozialliberale Ära 1969–1982

1. Ostpolitik der Regierung Brandt-Scheel

Schon die erste Regierungserklärung von Bundeskanzler Brandt (Okt. 1969) signalisierte die Bereitschaft der Regierung, auf neuer Grundlage in Verhandlungen mit der DDR, der Sowjetunion und Polen einzutreten. Der Vorbereitung förmlicher Vertragsverhandlungen mit der DDR dienten im Frühjahr 1970 zwei Treffen der beiden deutschen Regierungschefs, Ministerpräsident Stoph und Bundeskanzler Brandt, zunächst in Erfurt, dann in Kassel. Bereits hier wurde deutlich, daß die Bundesregierung willens war, eine Anerkennung der Staatlichkeit der DDR nur unterhalb der Ebene völkerrechtlicher Anerkennung zu gewähren, um damit den Verfassungsanspruch auf eine spätere Wiedervereinigung „in freier Selbstbestimmung" nicht zu gefährden. Die Standpunkte der beiden Regierungschefs blieben vor allem in dieser Frage auch nach ihrer zweimaligen Begegnung deutlich verschieden. Erst von einem erfolgreichen Abschluß der Vertragsverhandlungen mit der Sowjetunion und Polen konnte deshalb ein Durchbruch bei den deutsch-deutschen Gesprächen erwartet werden. Da diese Ostverhandlungen zügig vorankamen, konnte schon im August 1970 der Moskauer Vertrag und im Dezember der Warschauer Vertrag unterzeichnet werden. Mit diesen Verträgen war auch die Voraussetzung dafür geschaffen worden, daß die vier Berliner Schutzmächte – die Sowjetunion, die USA, Großbritannien und Frankreich – in einem Vier-Mächte-Abkommen über Berlin im September 1971 „ungeachtet unterschiedlicher Rechtsauffassungen" die besonderen Beziehungen zwischen West-Berlin und der Bundesrepublik und den freien Zugang zu Berlin förmlich bestätigten. Dieses Abkommen schuf zugleich die Grundlage dafür, daß zwischen der Bundesrepublik und der DDR ein Transitabkommen und ein Verkehrsabkommen ausgehandelt werden konnten, die die Bedingungen für den Verkehr zwischen West-Berlin und der Bundesrepublik bzw. zwischen der Bundesrepublik und der DDR regelten.

Der angestrebte Abschluß eines „Vertrag(es) über die Grundlagen der Beziehungen zwischen der Bundesrepublik Deutschland und der Deutschen Demokratischen Republik" (Grundlagenvertrag) setzte die Ratifizierung der beiden Ostverträge (Moskauer und Warschauer Vertrag) durch Bundestag und Bundesrat voraus. Aufgrund einer abbröckelnden Mehrheit der sozialliberalen Koalition suchte die Opposition ihre Vorbehalte gegenüber den Verträgen durch ein Mißtrauensvotum gegen Bundeskanzler Brandt wirksam werden zu lassen, in dem sie ihren Fraktionsvorsitzenden, Rainer Barzel, zum neuen Bundeskanzler vorschlug. Dieser Antrag wurde jedoch mit Stimmengleichheit (247 : 247) abgelehnt. Nach dieser Niederlage und nach der Einigung aller Bundestagsfraktionen auf eine „gemeinsame Entschließung", die die Gesichtspunkte der Vertragsinterpretation der CDU/CSU berücksichtigte, entschloß sich die Opposition, die Verträge – bei empfohlener Stimmenthaltung für ihre Mitglieder – in Bundestag und Bundesrat passieren zu lassen.

Damit war der Weg frei sowohl zur Unterzeichnung (Dez. 1972) wie zur Ratifizierung (Mai 1973) des Grundlagenvertrages zwischen der Bundesrepublik und der DDR. In der Folge des Grundlagenvertrages wurden im September 1973 beide

deutschen Staaten Mitglieder der Vereinten Nationen. Im Dezember 1973 wurde
schließlich auch mit der Tschechoslowakei (CSSR) ein sogenannter „Normali-
sierungsvertrag" abgeschlossen, durch den insbesondere das Münchener
Abkommen vom 29. 9. 1938 „als nichtig" erklärt wurde. Die Aufnahme diplomatischer Beziehungen mit Bulgarien und Ungarn folgten, so daß die Bundesrepublik nunmehr diplomatische Beziehungen mit allen Ostblockstaaten mit Ausnahme Albaniens unterhielt.

11   Bundeskanzler Brandt zu den Grundsätzen der Deutschland- und Ostpolitik der sozialliberalen Koalition in seiner Regierungserklärung vom 28. 10. 1969

Diese Regierung geht davon aus, daß die Fragen, die sich für das deutsche
Volk aus dem Zweiten Weltkrieg und aus dem nationalen Verrat durch das
Hitlerregime ergeben haben, abschließend nur in einer europäischen Friedensordnung beantwortet werden können. Niemand kann uns jedoch ausre-
5   den, daß die Deutschen ein Recht auf Selbstbestimmung haben, wie alle
anderen Völker auch. Aufgabe der praktischen Politik in den jetzt vor uns lie-
genden Jahren ist es, die Einheit der Nation dadurch zu wahren, daß das Verhältnis zwischen den Teilen Deutschlands aus der gegenwärtigen Verkramp-
fung gelöst wird. Die Deutschen sind nicht nur durch ihre Sprache und ihre
10   Geschichte – mit ihrem Glanz und ihrem Elend – verbunden; wir sind alle in
Deutschland zu Haus. Wir haben auch noch gemeinsame Aufgaben und
gemeinsame Verantwortung: für den Frieden unter uns und in Europa.
20 Jahre nach Gründung der Bundesrepublik Deutschland und der DDR
müssen wir ein weiteres Auseinanderleben der deutschen Nation verhindern,
15   also versuchen, über ein geregeltes Nebeneinander zu einem Miteinander zu
kommen. Dies ist nicht nur ein deutsches Interesse, denn es hat seine Bedeutung auch für den Frieden in Europa und für das Ost-West-Verhältnis. Unsere
und unserer Freunde Einstellung zu den internationalen Beziehungen der
DDR hängt nicht zuletzt von der Haltung Ost-Berlins selbst ab. Im übrigen
20   wollen wir unseren Landsleuten die Vorteile des internationalen Handels
und Kulturaustausches nicht schmälern. Die Bundesregierung setzt die im
Dezember 1966 durch Bundeskanzler Kiesinger und seine Regierung einge-
leitete Politik fort und bietet dem Ministerrat der DDR erneut Verhandlungen beiderseits ohne Diskriminierung auf der Ebene der Regierungen an, die
25   zu vertraglich vereinbarter Zusammenarbeit führen sollen. Eine völkerrechtliche Anerkennung der DDR durch die Bundesregierung kann nicht in
Betracht kommen. Auch wenn zwei Staaten in Deutschland existieren, sind
sie doch füreinander nicht Ausland, ihre Beziehungen zueinander können
nur von besonderer Art sein. Anknüpfend an die Politik ihrer Vorgängerin
30   erklärt die Bundesregierung, daß die Bereitschaft zu verbindlichen Abkommen über den gegenseitigen Verzicht auf Anwendung oder Androhung von
Gewalt auch gegenüber der DDR gilt. Die Bundesregierung wird den USA,
Großbritannien und Frankreich raten, die eingeleiteten Besprechungen mit

der Sowjetunion über die Erleichterung und Verbesserung der Lage Berlins
mit Nachdruck fortzusetzen. Der Status der unter der besonderen Verantwor- 35
tung der Vier Mächte stehenden Stadt Berlin muß unangetastet bleiben. Dies
darf nicht daran hindern, Erleichterungen für den Verkehr in und nach Berlin
zu suchen. Die Lebensfähigkeit Berlins werden wir weiterhin sichern. West-
Berlin muß die Möglichkeit bekommen, zur Verbesserung der politischen,
wirtschaftlichen und kulturellen Beziehungen der beiden Teile Deutschlands 40
beizutragen. . . .
Zit. nach Dokumentation zur Deutschlandfrage, a.a.O., Hauptband V, S. 713 ff.

**Vertrag zwischen der Bundesrepublik Deutschland und der Union der Soziali- 12
stischen Sowjetrepubliken (Moskauer Vertrag, unterzeichnet am 12. 8. 1970)**

Artikel 3
In Übereinstimmung mit den vorstehenden Zielen und Prinzipien stimmen
die Bundesrepublik und die Union der Sozialistischen Sowjetrepubliken in
der Erkenntnis überein, daß der Friede in Europa nur erhalten werden kann,
wenn niemand die gegenwärtigen Grenzen antastet.
- Sie verpflichten sich, die territoriale Integrität aller Staaten in Europa in 5
  ihren heutigen Grenzen uneingeschränkt zu achten;
- sie erklären, daß sie keine Gebietsansprüche gegen irgend jemand haben
  und solche in Zukunft auch nicht erheben werden;
- sie betrachten heute und künftig die Grenzen aller Staaten in Europa als
  unverletzlich, wie sie am Tage der Unterzeichnung dieses Vertrages verlau- 10
  fen, einschließlich der Oder-Neiße-Linie, die die Westgrenze der Volksrepublik Polen bildet, und der Grenze zwischen der Bundesrepublik
  Deutschland und der Deutschen Demokratischen Republik.
Europa-Archiv 1970, D 397 f.

**Brief zur deutschen Einheit – aus Anlaß der Vertragsunterzeichnung am 12. 8. 13
1970 im sowjetischen Außenministerium übergeben**

Sehr geehrter Herr Minister,
im Zusammenhang mit der heutigen Unterzeichnung des Vertrages zwischen
der Bundesrepublik Deutschland und der Union der Sozialistischen Sowjet-
repuliken beehrt sich die Regierung der Bundesrepublik Deutschland festzu-
stellen, daß dieser Vertrag nicht im Widerspruch zu dem politischen Ziel der 5
Bundesrepublik Deutschland steht, auf einen Zustand des Friedens in
Europa hinzuwirken, in dem das deutsche Volk in freier Selbstbestimmung
seine Einheit wiedererlangt.
Genehmigen Sie, Herr Minister, die Versicherung meiner ausgezeichnetsten
Hochachtung.   10
Walter Scheel
Europa-Archiv 1970, D 399

14 **Vertrag zwischen der Bundesrepublik Deutschland und der Volksrepublik
Polen über die Grundlagen der Normalisierung ihrer gegenseitigen Beziehungen (Warschauer Vertrag, unterzeichnet am 7. 12. 1970)**

Die Bundesrepublik Deutschland und die Volksrepublik Polen ... sind wie
folgt übereingekommen:

Artikel 1

(1) Die Bundesrepublik Deutschland und die Volksrepublik Polen stellen
5 übereinstimmend fest, daß die bestehende Grenzlinie, deren Verlauf im
Kapital IX der Beschlüsse der Potsdamer Konferenz vom 2. August 1945 von
der Ostsee unmittelbar westlich von Swinemünde und von dort die Oder entlang bis zur Einmündung der Lausitzer Neiße und die Lausitzer Neiße entlang bis zur Grenze mit der Tschechoslowakei festgelegt worden ist, die west-
10 liche Staatsgrenze der Volksrepublik Polen bildet.

(2) Sie bekräftigen die Unverletzlichkeit ihrer bestehenden Grenzen jetzt
und in der Zukunft und verpflichten sich gegenseitig zur uneingeschränkten
Achtung ihrer territorialen Integrität.

(3) Sie erklären, daß sie gegeneinander keinerlei Gebietsansprüche haben
15 und solche auch in Zukunft nicht erheben werden.

Europa-Archiv 1971, D 25 ff.

*Abb. 3: Der Kniefall Bundeskanzler Brandts vor dem Mahnmal im Warschauer Ghetto.
Der Anlaß des Besuchs: Am 7. 12. 1970 unterzeichneten Bundeskanzler Brandt und der
polnische Ministerpräsident Cyrankiewicz den Warschauer Vertrag über die Normalisierung der Beziehungen zwischen der Bundesrepublik Deutschland und Polen.*

**Entschließung des Bundes der Vertriebenen vom 11. 3. 1972 zu den Ostver- 15
trägen**

Auf der Kundgebung am 11. März 1972 in der Beethovenhalle zu Bonn stellen
Vertriebene und Nichtvertriebene solidarisch fest: Der Moskauer und der
Warschauer Vertrag stehen im Widerspruch zu europäischen und deutschen
Interessen, die vor dem Gemeinwohl der Völker vertretbar sind. Durch diese
Verträge handeln wir unseren Verpflichtungen für ganz Deutschland zuwider, 5
gefährden wir die Verantwortung der Verbündeten für Deutschland als Gan-
zes, hindern wir die europäische Einigung, bedrohen wir die Freiheit und
Sicherheit der Bundesrepublik Deutschland und Europas.
Die Versammelten wenden sich gegen den Verzicht auf einen gerechten Frie-
den und auf freie Selbstbestimmung, die Legalisierung von Massenvertrei- 10
bungen und Annexionen, die Anerkennung der Gewaltherrschaft in Mittel-
deutschland, die Minderung des Status von Berlin.
Sie verurteilen die Verletzung des Rechtes auf Freizügigkeit vom und zum
angestammten Wohnsitz und auf freie Entfaltung in der Heimat, der Men-
schen- und Gruppenrechte der Deutschen in der Heimat, der Pflicht zum 15
Schutze der Individualrechte und des Eigentums der Ostdeutschen.
Sie fordern, diese Verträge nicht zu ratifizieren, dafür aber praktisch und
wirksame Fortschritte bei der Vertiefung der wirtschaftlichen, technologischen, kulturellen und menschlichen Beziehungen anzustreben und in einer
sich wandelnden Welt auf einen gerechten Frieden und tragbaren Ausgleich 20
zwischen Deutschland und den östlichen Nachbarn hinzuwirken.
Sie bekennen: „Ja zum Frieden – Nein zur Unfreiheit!"

Zit. nach Dokumentation zur Deutschlandfrage, a.a.O., Hauptband VII, S. 544f.

**Vertrag über die Grundlagen der Beziehungen zwischen der Bundesrepublik 16
Deutschland und der Deutschen Demokratischen Republik (Grundlagenvertrag, unterzeichnet am 21. 12. 1972)**

Die Hohen Vertragschließenden Parteien ... sind wie folgt übereinge-
kommen:
Artikel 1
Die Bundesrepublik Deutschland und die Deutsche Demokratische Republik
entwickeln normale gutnachbarliche Beziehungen zueinander auf der 5
Grundlage der Gleichberechtigung.
Artikel 2
Die Bundesrepublik Deutschland und die Deutsche Demokratische Republik
werden sich von den Zielen und Prinzipien leiten lassen, die in der Charta der
Vereinten Nationen niedergelegt sind, insbesondere der souveränen Gleich- 10
heit aller Staaten, der Achtung der Unabhängigkeit, Selbständigkeit und territorialen Integrität, dem Selbstbestimmungsrecht, der Wahrung der Menschenrechte und Nichtdiskriminierung.

Artikel 3

15 Entsprechend der Charta der Vereinten Nationen werden die Bundesrepublik
Deutschland und die Deutsche Demokratische Republik ihre Streitfragen
ausschließlich mit friedlichen Mitteln lösen und sich der Drohung mit Gewalt
und der Anwendung von Gewalt enthalten. Sie bekräftigen die Unverletzlichkeit der zwischen ihnen bestehenden Grenze jetzt und in der Zukunft und
20 verpflichten sich zur uneingeschränkten Achtung ihrer territorialen Integrität.

Artikel 4

Die Bundesrepublik Deutschland und die Deutsche Demokratische Republik
gehen davon aus, daß keiner der beiden Staaten den anderen international
25 vertreten oder in seinem Namen handeln kann.

Artikel 8

Die Bundesrepublik Deutschland und die Deutsche Demokratische Republik
werden ständige Vertretungen austauschen. Sie werden am Sitz der jeweiligen Regierung errichtet. Die praktischen Fragen, die mit der Einrichtung der
30 Vertretungen zusammenhängen, werden zusätzlich geregelt.

Europa-Archiv 1973, D 443 ff.

2. Politik der inneren Reformen

Die sozialliberale Koalition trat nicht nur mit einem außenpolitischen, sondern
auch mit einem innenpolitischen Reformprogramm an. Unter der Parole „mehr
Demokratie wagen" wurden das aktive und passive Wahlalter auf 18 bzw.
21 Jahre herabgesetzt, das Betriebsverfassungsgesetz novelliert und ein Mitbe-
stimmungsgesetz für Großbetriebe verabschiedet. Im Mittelpunkt einer Reform
der Rechtsordnung standen das Ehe- und Familienrecht sowie die Neufassung
der Strafrechtsbestimmungen über den Schwangerschaftsabbruch. Nach langen parlamentarischen Beratungen und Auseinandersetzungen wurde schließlich 1976 ein neues Ehe- und Scheidungsrecht verabschiedet. An die Stelle des
Schuldprinzips trat das Zerrüttungsprinzip und eine Unterhaltspflicht des
jeweils wirtschaftlich stärkeren Partners.
Einen besonderen Schwerpunkt ihrer Politik sah die Regierung im Ausbau und in
der Reform des Bildungswesens. Zwischen 1970 und 1975 stiegen die Bildungs-
ausgaben real um rd. 50 Prozent an, so daß ihr Anteil am Bruttosozialprodukt von
4,1 auf 5,5 Prozent zunahm. Die Hochschulverfassungen wurden „demokrati-
siert" und die Schulcurricula sprachen – vor allem in den sozialdemokratisch
regierten Ländern – einer „emanzipatorischen Pädagogik" das Wort.
Ähnlich wie im Bildungsbereich wurden auch die Sozialleistungen ausgeweitet
und kräftig angehoben, so daß die Sozialausgaben real um 40 Prozent und ihr
Anteil am Bruttosozialprodukt von 27,7 auf 33,7 Prozent anwuchsen.
Die Kritiker dieser vermehrten Lasten, die dadurch für den Staatshaushalt, den
einzelnen Steuerzahler und für die Unternehmen entstanden, sahen sich bestätigt, als im Zusammenhang mit dem Rückgang der Wachstumsraten und der

wirtschaftlichen Entwicklung Mitte und Ende der siebziger Jahre die Staatsverschuldung beschleunigt anstieg und die volkswirtschaftliche Investitionsquote
stark abnahm. Vor allem die beschleunigte Zunahme der öffentlichen Verschuldung nötigte Bundeskanzler Helmut Schmidt in der zweiten Hälfte der sozial-
liberalen Regierungszeit, den vorprogrammierten weiteren Anstieg der Sozialleistungen durch eine Reihe von Haushaltssanierungsgesetzen nicht nur zu
bremsen, sondern relativ zum Sozialprodukt sogar zu vermindern, wobei die
FDP – vor allem Anfang der achtziger Jahre – noch stärkere Kürzungsschritte
forderte. Gegenüber den hochgespannten Erwartungen, die die Koalition am
Beginn ihrer Regierungszeit geweckt hatte, mußte die Ablösung der ursprüngli-
chen Dynamik durch eine von der wirtschaftlichen Entwicklung erzwungene
Konsolidierung Enttäuschungen hervorrufen, zumal auf dem Hintergrund einer
wachsenden Massenarbeitslosigkeit, für deren Bekämpfung die Regierung kein
wirksames Rezept mehr zu besitzen schien.

**„Mehr Demokratie wagen." Aus der Regierungserklärung von Bundeskanzler 17
Willy Brandt am 28. Oktober 1969**

Unser Volk braucht wie jedes andere seine innere Ordnung. In den 70er Jahren werden wir aber in diesem Lande nur so viel Ordnung haben, wie wir an
Mitverantwortung ermutigen. Solche demokratische Ordnung braucht außerordentliche Geduld im Zuhören und außerordentliche Anstrengung, sich
gegenseitig zu verstehen.   5
Wir wollen mehr Demokratie wagen. Wir werden unsere Arbeitsweise öffnen
und dem kritischen Bedürfnis nach Information Genüge tun. Wir werden
darauf hinwirken, daß nicht nur durch Anhörung im Bundestag, (Abg. Dr.
Barzel: Anhörungen?), sondern auch durch ständige Fühlungnahme mit den
repräsentativen Gruppen unseres Volkes und durch eine umfassende Unter- 10
richtung über die Regierungspolitik jeder Bürger die Möglichkeit erhält, an
der Reform von Staat und Gesellschaft mitzuwirken.
Wir wenden uns an die im Frieden nachgewachsenen Generationen, die nicht
mit den Hypotheken der Älteren belastet sind und belastet werden dürfen;
jene junge Menschen, die uns beim Wort nehmen wollen – und sollen. Diese 15
jungen Menschen müssen aber verstehen, daß auch sie gegenüber Staat und
Gesellschaft Verpflichtungen haben.
Wir werden dem Hohen Hause ein Gesetz unterbreiten, wodurch das aktive
Wahlalter von 21 auf 18, das passive von 25 auf 21 Jahre herabgesetzt wird.
(Beifall bei den Regierungsparteien). Wir werden auch die Volljährigkeits- 20
grenze überprüfen.
Mitbestimmung, Mitverantwortung in den verschiedenen Bereichen unserer
Gesellschaft wird eine bewegende Kraft der kommenden Jahre sein. Wir kön-
nen nicht die perfekte Demokratie schaffen. Wir wollen eine Gesellschaft, die
mehr Freiheit bietet und mehr Mitverantwortung fordert. ...   25
Meine Damen und Herren, in unserer Bundesrepublik stehen wir vor der

Notwendigkeit umfassender Reformen. Die Durchführung der notwendigen Reformen und ein weiteres Steigen des Wohlstandes sind nur möglich bei wachsender Wirtschaft und gesunden Finanzen. ...

30 Meine Damen und Herren, Bildung und Ausbildung, Wissenschaft und Forschung stehen an der Spitze der Reformen, die es bei uns vorzunehmen gilt. Wir haben die Verantwortung, soweit sie von der Bundesregierung zu tragen ist, im Bundesministerium für Bildung und Wissenschaft zusammengefaßt. ...

35 Schwere Störungen des gesamten Bildungssystems ergeben sich daraus, daß es bisher nicht gelungen ist, die vier Hauptbereiche unseres Bildungswesens – Schule, Hochschule, Berufsausbildung und Erwachsenenausbildung – nach einer durchsichtigen und rationalen Konzeption zu koordinieren. Solange aber ein Gesamtplan fehlt, ist es nicht möglich, Menschen und Mittel so ein-
40 zusetzen, daß ein optimaler Effekt erzielt wird.
Die Bundesregierung hat auf Grund des Art. 91b des Grundgesetzes eine klare verfassungsrechtliche Grundlage für eine Bildungsplanung gemeinsam mit den Ländern erhalten. Besonders dringlich ist ein langfristiger Bildungsplan für die Bundesrepublik für die nächsten 15 bis 20 Jahre. Dieser dem Bun-
45 destag und den Länderparlamenten vorzulegende Plan soll gleichzeitig erklären, wie er verwirklicht werden kann. Gleichzeitig muß ein nationales Bildungsbudget für einen Zeitraum von 5 bis 15 Jahren aufgestellt werden. (Beifall bei den Regierungsparteien). Die Bundesregierung wird in den Grenzen ihrer Möglichkeiten zu einem Gesamtbildungsplan beitragen. Das Ziel ist die
50 Erziehung eines kritischen, urteilsfähigen Bürgers, der imstande ist, durch einen permanenten Lernprozeß die Bedingungen seiner sozialen Existenz zu erkennen und sich ihnen entsprechend zu verhalten. Die Schule der Nation ist die Schule. (Lebhafter Beifall bei der SPD und Beifall bei der FDP. – Lachen bei der CDU/CSU).
55 Wir brauchen das 10. Schuljahr, und wir brauchen einen möglichst hohen Anteil von Menschen in unserer Gesellschaft, der eine differenzierte Schulausbildung bis zum 18. Lebensjahr erhält. Die finanziellen Mittel für die Bildungspolitik müssen in den nächsten Jahren entsprechend gesteigert werden (Zuruf von der CDU: Wie?). Die Bundesregierung wird sich von der Erkennt-
60 nis leiten lassen, daß der zentrale Auftrag des Grundgesetzes, allen Bürgern gleiche Chancen zu geben, noch nicht annähernd erfüllt wurde. Die Bildungsplanung muß entscheidend dazu beitragen, die soziale Demokratie zu verwirklichen (Beifall bei den Regierungsparteien). ...
Die Regierung kann in der Demokratie nur erfolgreich wirken, wenn sie
65 getragen wird vom demokratischen Engagement der Bürger. Wir haben so wenig Bedarf an blinder Zustimmung, wie unser Volk Bedarf hat an gespreizter Würde und hoheitsvoller Distanz (Lebhafter Beifal bei den Regierungsparteien). Wir suchen keine Bewunderer; wir brauche Menschen, die kritisch mitdenken, mitentscheiden und mitverantworten (Beifall bei den Regie-
70 rungsparteien). Das Selbstbewußtsein dieser Regierung wird sich als Tole-

ranz zu erkennen geben (Lachen bei der CDU/CSU). Sie wird daher auch
jene Solidarität zu schätzen wissen, die sich in Kritik äußert. Wir sind keine
Erwählten; wir sind Gewählte (Lebhafter Beifall bei den Regierungsparteien). Deshalb suchen wir das Gespräch mit allen, die sich um diese Demokratie mühen.   75
Meine Damen und Herren, in den letzten Jahren haben manche in diesem
Land befürchtet, die zweite deutsche Demokratie werde den Weg der ersten
gehen. Ich habe dies nie geglaubt. Ich glaube dies heute weniger denn je.
Nein: Wir stehen nicht am Ende unserer Demokratie, wir fangen erst richtig
an (Abg. Dr. Barzel: Aber Herr Brandt! – Weitere Zurufe von der CDU/   80
CSU). Wir wollen ein Volk guter Nachbarn sein und werden im Inneren und
nach außen.
Verhandlungen des Deutschen Bundestages, V, 28. 10. 1969

Sozialstaatlicher Leistungsausbau in der Ära der sozial-liberalen Koalition. 18
Kurzcharakteristik durch die Wirtschaftswissenschaftlerin Hannelore Hamel

Die 1969 gebildete sozialliberale Regierungskoalition trat mit einem umfangreichen Reformprogramm an, das unter dem Motto „Kontinuität und
Erneuerung" und „Fähigkeit zum Wandel" stand. An die Stelle des bisherigen Strebens nach ständig steigendem Wachstum der Produktion sollten
nunmehr qualitative Veränderungen der Produktionsstruktur im Interesse 5
einer steigenden „Lebensqualität" treten. In weiten Kreisen der Bevölkerung
wich die Leistungsbereitschaft zunehmend einem Sicherheits- und
Anspruchsdenken, verbunden mit der Forderung nach höheren sozialen Leistungen des Staates. Dieser Forderung entsprach die neue Regierung mit
ihrem Reformprogramm: Allein in den Jahren 1969 bis 1975 wurden rd. 140 10
Gesetze und Verordnungen zugunsten von öffentlichen Zuwendungen oder
Sonderrechten für (tatsächlich oder vermeintlich) sozial benachteiligte Gruppen erlassen: Erkrankte Arbeiter erhielten Lohnfortzahlung bis zu sechs
Wochen (1969); Arbeitslose bekamen – neben Arbeitslosengeld bzw. -hilfe –
vielfältige Förderungsmittel, z. B. für Fortbildung, Umschulung, Rehabilita- 15
tion und Umzug (1969); die Ausbildung von Schülern, Studenten und Berufs-
fachschülern wurde gefördert (BAföG 1971); der Leistungsumfang der gesetz-
lichen Krankenversicherung wurde erweitert, z. B. durch Vorsorgeuntersu-
chungen (ab 1971), zeitlich unbegrenzte Krankenhauspflege, Haushaltshilfe
u. a. (ab 1974); für Rentner wurden der Krankenversicherungsbeitrag abge- 20
schafft (ab 1970) und die flexible Altersgrenze eingeführt (1972); für Schwer-
beschädigte mußten private und öffentliche Arbeitgeber 6 vH der Arbeitsplätze bereitstellen (1974); Eigentümer von Eigenheimen oder Wohnungen
erhielten „für familiengerechten Wohnraum" Lasten- bzw. Mietzuschüsse,
deren Bemessungsgrenze den gestiegenen Lasten bzw. Einkommen ange- 25
paßt wurde (1970); alle Familien erhielten steuerfreies Kindergeld vom 1.
Kind an (1975); der Mutterschutz wurde erhöht (1971/1974) – um nur einige

der vielfältigen Sozialmaßnahmen zu nennen, die aus öffentlichen Mitteln zu finanzieren waren.
30 Insgesamt erhöhten sich die sozialen Leistungen des Staates im Zeitraum 1970 bis 1980 von 83,9 Mrd. DM auf 230,64 Mrd. DM. Da hiermit ein zunehmender Normen- und Bürokratiebedarf verbunden war, stiegen im gleichen Zeitraum die öffentlichen Personalausgaben von 70,76 auf 162,66 Mrd. DM um 130 vH und der Sachaufwand von 70,2 auf 176,3 Mrd. DM um über
35 150 vH. Die öffentlichen Ausgaben insgesamt in Relation zum Bruttosozialprodukt (Staatsquote) erreichten damit 1980: 48,6 vH gegenüber 1970: 39,1 vH. Die Konsequenzen dieser staatlichen „einnahmeorientierten Ausgabenpolitik" waren zum einen eine ständig wachsende Staatsverschuldung von durchschnittlich 15 vH pro Jahr (sie betrug 1980 insgesamt 460 Mrd. DM);
40 zum anderen wurde damit die marktmäßige Faktorallokation[1] immer stärker in den Staatssektor verlagert.

Hannelore Hamel, in: dies. (Hg.), Soziale Marktwirtschaft – sozialistische Planwirtschaft, München 1989, S. 49

19 Leistungen nach Funktionen

	1960	1970	1980	1984	1985	1986	1987	1988	1989	1990
	Anteile am Bruttosozialprodukt in %									
Sozialbudget	22,75	26,66	32,22	31,54	31,20	31,25	31,47	31,20	30,02	29,40
Ehe und Familie	4,67	4,56	4,56	4,01	3,86	4,18	4,21	4,03	3,95	3,77
Kinder, Jugendliche	2,28	2,21	2,62	2,11	2,05	2,46	2,49	2,43	2,37	2,36
Ehegatten	2,15	21,5	1,69	1,71	1,62	1,54	1,56	1,44	1,41	1,25
Mutterschaft	0,25	0,20	0,25	0,20	0,20	0,17	0,16	0,17	0,16	0,16
Gesundheit	6,13	7,86	10,62	10,34	10,37	10,39	10,47	10,49	9,87	9,73
Vorbeugung/ Rehabilitation	0,49	0,65	0,66	0,57	0,61	0,61	0,63	0,64	0,68	0,67
Krankheit	3,97	5,38	7,61	7,34	7,37	7,40	7,46	7,57	6,98	6,87
Arbeitsunfall, Berufskrankheit	0,55	0,72	0,81	0,76	0,76	0,75	0,74	0,73	0,70	0,68
Invalidität (allgem.)	1,12	1,10	1,54	1,67	1,64	1,63	1,64	1,54	1,51	1,51
Beschäftigung	0,60	0,86	1,92	2,50	2,47	2,46	2,58	2,63	2,45	2,48
Berufliche Bildung	0,17	0,35	0,55	0,48	0,48	0,52	0,57	0,56	0,52	0,56
Mobilität	0,08	0,25	0,40	0,31	0,33	0,34	0,37	0,41	0,41	0,52
Arbeitslosigkeit	0,35	0,26	0,97	1,72	1,66	1,60	1,64	1,66	1,52	1,39
Alter und Hinterbliebene	9,38	10,71	12,47	12,43	12,43	12,28	12,35	12,33	12,07	11,88
Alter	8,89	10,07	11,67	11,78	11,80	11,67	11,74	11,74	11,53	11,36
Hinterbliebene	0,49	0,64	0,80	0,65	0,63	0,61	0,61	0,60	0,53	0,52
Übrige Funktionen	1,98	2,68	2,65	2,27	2,07	1,95	1,85	1,72	1,68	1,53
Folgen politischer Ereignisse	1,02	0,70	0,55	0,37	0,31	0,27	0,23	0,21	0,20	0,19
Wohnen	0,24	0,88	0,70	0,65	0,63	0,68	0,65	0,59	0,53	0,53
Sparen/Vermögensbildung	0,37	0,89	1,25	1,02	0,93	0,86	0,85	0,79	0,78	0,67
Allgem. Lebenshilfen	0,35	0,21	0,15	0,24	0,20	0,14	0,12	0,13	0,17	0,13

Sozialbericht 1990, S. 206

[1] Faktorallokation: Verteilung der Produktionsfaktoren (Arbeit, Kapital, Boden), die zu optimieren Ziel rationellen Wirtschaftens ist.

Bildungsbudget

Jahr	Ausgaben insgesamt		Laufende Ausgaben in DM[3]			
	Mrd. DM	% BSP[1]	in jeweiligen Preisen		in Preisen von 1985[2]	
			je Schüler	je Student	je Schüler	Je Student
1970	27,8	4,1				
1975	56,8	5,5	2 300	11 340	3 997	16 262
1980	77,2	5,2	3 700	12 450	4 342	14 262
1985	86,1	4,7	5 500	11 700	5 500	11 700

1) % BSP = in vH. des Bruttosozialprodukts.
2) Umrechnung erfolgt unter Zugrundelegung des Preisindex des BSP.
3) Finanzausstattung der öffentlichen Schulen bzw. Hochschulen für Forschung und Lehre
   (ohne Investitionsausgaben) einschl. Zuschläge für den Versorgungsaufwand für Beamte.

Datenreport 1989, S. 75 und Datenreport 1991/92, S. 87

Neuverschuldung und Schuldzinsen der öffentlichen Haushalte 1970 - 1990 in Milliarden DM

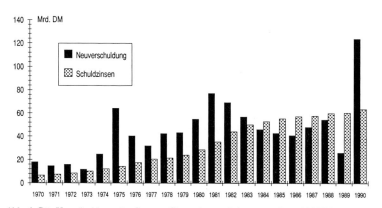

Abb. 4: Die Verschuldung des Staates (Datenbasis: Jahresgutachten 1991/92 zur Begutachtung der gesamtwirtschaftlichen Entwicklung, Stuttgart 1991, S. 343). Von 1970 bis 1981 wuchs die jährliche Neuverschuldung von 18 Mrd. DM auf 77 Mrd. DM an. In den 80er Jahren konnte die Neuverschuldung bis 1989 auf 25,8 Mrd. DM zurückgeführt werden. Mit der Finanzierung der deutschen Einheit hat seit 1990 wieder eine beträchtliche Ausweitung der staatlichen Neuverschuldung eingesetzt (1990: 124 Mrd. DM).

Parallel zur jährlichen Neuverschuldung ist die staatliche Gesamtverschuldung von 126 Mrd. DM Ende 1970 auf 1 054 Mrd. DM Ende 1990 angewachsen. Bis 1995 wird sie voraussichtlich mehr als 2 Billionen DM betragen. Entsprechend hat auch die Zinslast von 7 Mrd. DM für 1970 bis auf 64 Mrd. DM für 1990 zugenommen. Für 1995 werden jährliche Zinsausgaben der öffentlichen Hand in Höhe von über 150 Mrd. DM erwartet.

20 **Rücktrittsbrief des Bundesministers für Wirtschaft und Finanzen Karl Schiller vom 2. Juli 1972**

Sehr geehrter Herr Bundeskanzler!
Ich habe in diesen Tagen über die Position meiner Wirtschafts- und Finanzpolitik in diesem Kabinett gründlich nachgedacht. ...
Die letzten Monate haben gezeigt, daß ich mich mit der Mehrheit des Kabi-
5 netts im finanz- und haushaltspolitischen Konflikt befinde. Die denkwürdige
Sitzung vom 16. Mai 1972, als der für die Finanzen zuständige Minister sich
disziplinlosen Attacken ausgesetzt sah, nur weil er auf die Mehrbelastungen
der mittelfristigen Finanzplanung hinwies, braucht nur erwähnt zu werden.
Meine Notmaßnahme, nämlich das Kabinett anhand meiner Kabinettsvor-
10 lage vom 18. Mai 1972 zu unbequemen Entscheidungen zu veranlassen, hat
für 1972 sicherlich zu einem Teilerfolg geführt. Aber ungewünscht ist diese
Anstrengung immer noch. Im Gegenteil: Sie wird bekanntlich von einigen
Kabinettsmitgliedern in ihrem Sinn und ihrer Bedeutung draußen herunter-
gemacht. Und immer noch sträubt sich das Kabinett, im Sommer 1972, sich
15 mit den Fakten, die die Finanzplanung ab 1973 bestimmen, zu befassen. Von
der Regierung ist bekanntgegeben worden, daß sie Ende August hierzu
Beschlüsse fassen würde. Die letzte Debatte im Kabinett anläßlich der Vor-
lage über Bundeswehrhochschulen zeigte aber erneut, daß auch dieser Ter-
min noch unklar ist. Da wurde der September genannt, wo jeder weiß, wenn
20 das Kabinett erst in die Nähe eines bestimmten parlamentarischen Septem-
bertermins gekommen ist, wird jeglicher Anlaß zur Erarbeitung einer mittelfristigen Finanzplanung ab 1973 entschwunden sein.
Ich habe dabei immer betont, es gibt auch Grenzen der Belastbarkeit für
einen Finanzminister. Er kann sich nicht unaufhörlich vertrösten lassen. Ich
25 bin jedenfalls nicht bereit, als Finanzminister bis zum Ende des Jahres
schweigen zu müssen über das, was ab 1. Januar 1973 jede Bundesregierung
erwartet. Ich bin nicht bereit, eine Politik zu unterstützen, die nach außen
den Eindruck erweckt, die Regierung lebe nach dem Motto: „Nach uns die
Sintflut". Ich bin auch nicht bereit, dann womöglich noch von einem Amts-
30 nachfolger gleicher oder anderer Couleur in einer neuen Regierung als
Hauptschuldner für eine große sogenannte „Erblast" haftbar gemacht zu werden, wie das Herr Kollege Möller 1971 praktiziert hat. Ein Finanzminister, der
monatelang stumm bleiben sollte, wie das viele Kollegen wünschen, weil
man in solchen Zeiten nicht von Geld redet, ist von mir nicht darzustellen.
35 Die Regierung hat die Pflicht, über den Tellerrand des Wahltermins hinaus-
zublicken und dem Volk rechtzeitig zu sagen, was zu leisten ist und was zu
fordern ist. Diese von mir mehrfach empfohlene Strategie ist bisher im Kabinett nicht einmal andiskutiert, geschweige denn akzeptiert. Der Widerwille
einiger Kollegen gegen derartige Überlegungen hindert die gleichen Kolle-
40 gen nicht daran, mit Anträgen, die ab 1973 einnahmemindernd oder ausga-
beerhöhend wirksam werden, heute aufzuwarten. ...

Gerade bei einem Bundeskabinett, das zum erstenmal in der Geschichte der Bundesrepublik von der Sozialdemokratie geführt wird, und zwar bei knappen Mehrheitsverhältnissen, bedurfte es in besonderem Maße des gemeinsamen Handelns, und zwar im Hinblick auf das Ziel: einen überzeugenden 45 Wahlsieg bei der nächsten Bundestagswahl. Das erforderte, daß alle sich in einen gegebenen Rahmen einpassen und auf Kosten des Ganzen gehende Einzelinteressen zurückgestellt würden. In diesem zermürbenden Kampf – reich an persönlichen Diffamierungen – stand der zuständige Minister oft allein. Das hat mich nicht gehindert, immer von neuem den Versuch zu 50 machen, zu sachgerechten, überzeugenden Lösungen der anstehenden Probleme zu kommen. Trotz aller mir nachgesagten Empfindlichkeit habe ich mich immer wieder über persönliche Angriffe aus den eigenen Reihen um der Sache willen hinweggesetzt (siehe beispielsweise die Auseinandersetzungen zur Steuerreform im vorigen und in diesem Jahr). Es gibt aber auch für 55 mich Grenzen – diese sind gegeben, wenn ich der auf meinem Amt beruhenden Verantwortung diesem Staat und seinen Bürgern gegenüber nicht mehr gerecht werden kann, weil ich nicht unterstützt bzw. sogar daran gehindert werde. Bei nüchterner und verantwortungsvoller Würdigung des von mir geschilderten Sachverhalts kann ich aus den Gegebenheiten nur die Konse- 60 quenz eines Rücktritts ziehen. ...

Mit freundlichen Grüßen
(gez.) Schiller

Zit. nach Arnulf Baring, Machtwechsel. Die Ära Brandt–Scheel, 3. Aufl., Stuttgart 1982, S. 673 ff.

Unerfüllte Reformversprechungen der Regierung Brandt–Scheel. Eine rück- **21** blickende Analyse von Arnulf Baring, Professor für Zeitgeschichte

Die SPD war 1969 mit dem Anspruch aufgetreten, neben einer Erneuerung der Ostpolitik auch eine Politik konsequenter Veränderungen im Inneren energisch in die Tat umzusetzen, hatte aber in dieser Hinsicht die Wählererwartungen offensichtlich enttäuscht. Bis 1972 war das unvermeidlich gewesen; die vordringliche Neue Ostpolitik und die knappen Mehrheitsverhält- 5 nisse im Bundestag hatten die Regierung zwangsläufig von innenpolitischen Experimenten abgehalten. Aber auch nach den Novemberwahlen 1972 tat sich nichts. Physische Erschöpfung und lähmende Entschlußlosigkeit in der Führung beider Koalitionsparteien hatten dazu geführt, daß das folgende Jahr trotz gesicherter parlamentarischer Grundlage in Bonn und trotz des 10 1973 fehlenden Risikos irgendwelcher Landtagswahlen ideenlos vorübergegangen, ungenutzt verschwendet worden war. Von einer vernunftgeleiteten Reformpolitik konnte ernsthaft keine Rede sein. Nichts hatte man wirklich in Angriff genommen: weder die Mitbestimmung noch die Steuerreform oder

15 die inhaltliche Ausgestaltung der Bildungsreformen. Die Neuformulierung
einer zeitgemäßen Verkehrspolitik war ebenso unterblieben wie die langfristige Sicherung der Energieversorgung. Überzeugende Konzeptionen des
Städtebaus und des Umweltschutzes, die zur Bewahrung menschenwürdiger
Lebensräume dringlich waren, ließen auf sich warten. Bei allen diesen Pro-
20 blemen mangelte es nicht an Vorschlägen. Wohl aber fehlte die schöpferi-
sche Phantasie und geduldige Beharrlichkeit, sie in praktische Politik umzusetzen. Müdigkeit hatte sich breitgemacht. Man wartete ab; alles wurde auf
die lange Bank geschoben.
    Seit dem Herbst kam hinzu, daß die Ölkrise im Gefolge des Yom-Kippur-
25 Krieges vom Oktober 1973 die ökonomischen Voraussetzungen aller kost-
spieligen Reformvorhaben beseitigte. Daher zeichnete sich zum Ausklang
dieses Jahres immer deutlicher ab, daß innenpolitische Ankündigungen und
Versprechungen, die große Aufwendungen erforderlich machten, aber bisher
nicht erfüllt worden waren, auch künftig nicht würden in die Tat umgesetzt
30 werden können. Diese Einsicht verbreitete, zusätzlich zu den Ermüdungser-
scheinungen der Regierungsspitze, in den Rängen der sozialliberalen Koalition ein Klima von Ausweglosigkeit und Resignation.
    Der Abschied des Bündnisses von eigenen reformpolitischen Vorstellungen
hatte sich allerdings lange vor der Ölkrise angebahnt, war in mehreren Etap-
35 pen sichtbar geworden. Er stand in erstaunlichem Kontrast zu dem Mut und
der Entschlossenheit, die Brandt, Bahr und Scheel bei der Durchsetzung
ihrer nicht weniger umstrittenen ostpolitischen Neuorientierung bewiesen
hatten. Diese Ostpolitik war trotz des frühzeitig drohenden Verlustes der
Bundestagsmehrheit mit Elan angepackt und durchgesetzt worden, mochte
40 auch die FDP jahrelang am Abgrund der Spaltung und des Untergangs dahin-
stolpern. Dagegen litt die Regierung wirtschafts- und finanzpolitisch unter
den inneren Reformen und den mit ihnen verbundenen ökonomischen Belastungen bereits zu einer Zeit, als diese Reformen lediglich angekündigt, aber
noch gar nicht beschlossen worden waren und überdies von einer wirklichen
45 Krise der Volkswirtschaft noch keine Rede sein konnte, sie ganz im Gegenteil
wie nie zuvor prosperierte. ... Die Rücktritte des Finanzministers Alex Möller am 13. Mai 1971 und des Wirtschafts- und Finanzministers Karl Schiller
am 7. Juli 1972 waren frühe Signale, die auf ein mögliches Scheitern der
Brandt-Regierung im Bereich der Reformen hindeuteten.

A. Baring, Machtwechsel. Die Ära Brandt–Scheel, 3. Aufl., Stuttgart 1982, S. 644 ff.

3. Terrorismus als neue innenpolitische Herausforderung

Der Terrorismus stellte neben der Wirtschaftskrise die größte innenpolitische
Herausforderung der sozialliberalen Koalition dar. Radikalisierte Mitglieder der
studentischen Protestbewegung gingen 1970 in den Untergrund, um einen ter-
roristischen Kampf gegen den „Weltimperialismus" vorzubereiten. Es bildete

sich die „Rote Armee Fraktion" (RAF), die auch nach der Verhaftung der ersten Generation ihrer Mitglieder weiter existierte, daneben entstanden andere mit der RAF sympathisierende Terrorkommandos. Führende Persönlichkeiten aus Staat und Wirtschaft wurde das Ziel ihrer Terroranschläge.

Zur besseren logistischen Absicherung und ideologischen Rechtfertigung strebten die Terrorgruppen eine Verbindung mit dem internationalen Terrorismus an, wobei in den siebziger Jahren vor allem palästinensische Ausbildungslager, in den achtziger Jahren auch Ausbildungsstätten des DDR-Staatssicherheitsdienstes terroristisches Handwerkszeug vermittelten. Aussteigern aus der RAF gewährte die DDR darüber hinaus – versehen mit einer neuen Identität – „politisches Asyl".

Die Bekämpfung des Terrorismus stellte den Staat vor die doppelte Aufgabe: einerseits einen hinreichend leistungsfähigen Sicherheitsapparat aufzubauen, ohne die Rechtsstaatlichkeit der Bundesrepublik zu beeinträchtigen, und andererseits dem politischen Terrorismus den Nährboden zu entziehen. Zu diesem Zweck wurden neue sicherheitsdienliche Gesetze beschlossen, das Bundeskriminalamt ausgebaut (1969: 933 Planstellen und ein Budget von 22,4 Millionen Mark; 1975: 2237 Stellen und 156,8 Millionen Mark), neue elektronisch gestützte Fahndungsmethoden entwickelt und von den Ministerpräsidenten der Länder der sogenannte „Radikalenerlaß" verabschiedet, der sich allerdings nicht gegen die Terroristen selbst, sondern gegen jene verfassungsfeindlichen Systemveränderer richten sollte, die den „Marsch durch die Institutionen" (Rudi Dutschke) anzutreten gewillt waren. Manche dieser Maßnahmen blieben umstritten, da sie nach Meinung der Kritiker rechtsstaatliche Grundsätze verletzten.

Als weitgehend ergebnislos erwies sich der Versuch, auf dem Wege der Ansprache die Terroristen zur Umkehr zu bewegen. Eingeschlossen in die nach außen abgekapselte Eigenwelt ihrer Gruppe steigerten sich die Terroristen eher weiter in jene wahnhafte Wahrnehmungsverzerrung der politischen Wirklichkeit hinein, die schon bei Teilen der Studentenbewegung zu beobachten gewesen war, die die Bundesrepublik als „faschistoid" einstuften. Auch nach dem Übergang in die achtziger Jahre und nach dem Ende der sozialliberalen Koalition sollte sich das Terrorproblem zwar als eingegrenzt, aber letztlich ungelöst erweisen. Allerdings war im Unterschied zu den siebziger Jahren eine Klimaveränderung eingetreten. Eine ursprünglich relativ breite Sympathisantenszene, die aus der Gemeinsamkeit des utopischen Aufbruchs von 1968 stammte, war auf eine kleine Gruppe von Außenseitern der Gesellschaft zusammengeschmolzen.

Die Studentenrevolte und die Ursachen des deutschen Terrorismus. Ein selbstkritischer Rückblick durch Daniel Cohn-Bendit, einem der Führer der deutschen und französischen Studentenbewegung in den Jahren 1967/68 und danach **22**

Ich gehörte 1977 nach der Auflösung der linksradikalen politischen Gruppen zur Spontiszene, dem Milieu, das später alternative Szene genannt wurde. Für uns war der Deutsche Herbst 1977 eine harte Herausforderung, denn wir wurden von allen Seiten unter Beschuß genommen. Die im Untergrund sagten: Entweder gehört ihr zum Staat oder zu den Freiheitskämpfern. Der Staat 5 forderte von uns: entweder ihr gehört zu den Verteidigern der Demokratie

oder zu den Sympathisanten des Terrorismus. Wir setzten dagegen die
Parole: Weder mit dem Staat noch mit der Guerilla.
Ich will zunächst einmal die historische Verantwortung meiner Generation,
10 der Achtundsechziger, zu skizzieren versuchen, unsere Verantwortung für
das, was man Terrorismus oder Stadtguerilla nennt. Es ist immer leicht, die
Schuld der Gegenseite zu geben, doch auch unsere Generation trägt Schuld.
Die antiautoritäre Bewegung besaß einen sehr undifferenzierten Begriff von
Widerstand und Widerstandsrecht. Sie hat versucht, sämtliches mögliches
15 politisches Handeln mit den Mißständen in aller Welt zu legitimieren. Der
Vietnamkrieg, die Diktaturen in Persien und Griechenland oder auch die
Notstandgesetze mußten herhalten, um ein genuines Widerstandsrecht
gegen den westdeutschen Staat zu formulieren. Das war ein Ambiente, in
dem sich alles entwickeln konnte. Einerseits eine radikaldemokratische
20 Bewegung, die dem zivilen Ungehorsam verpflichtet war, andererseits radi-
kale Gruppen, die die anti-imperialistische Widerstandsideologie für bare
Münze nahmen und diese nach persönlicher Erfahrung von Repression in
konkreten bewaffneten Widerstand umgesetzt haben. Wir haben nicht aus-
einandergehalten was heißt Widerstand in einem faschistischen Staat, was ist
25 Widerstand in einer Demokratie. Mit dem Begriff des autoritären Staates
suggerierten wir den kontinuierlichen Übergang vom Kapitalismus zum
Faschismus. ...
Dazu kam die schwer verdaubare Nichtauseinandersetzung der Eltern der
revoltierenden Studenten mit dem Nationalsozialismus, sie war ein wichtiger
30 Ausgangspunkt der Revolte. So konnte es zu der politischen Verkürzung
kommen: Damals haben die nicht Widerstand geleistet, heute wenn der Par-
teigenosse Kiesinger den Notstand plant, tun wir es. Wehret den Anfängen.
Sicher zu verkürzt, aber richtig war und ist, daß die Diskussion über den notwendigen Widerstand gegen Hitler im Adenauer-Deutschland nicht geführt
35 wurde. Auch Helmut Schmidt schreibt heute, „warum ich kein Nazi wurde"
und nicht „warum ich kein Widerstandkämpfer war". Diese Diskussionsver-
weigerung, dieses Schweigen, hat bei uns wesentlich zur ungeheuren emotio-
nalen Unzufriedenheit mit dieser Gesellschaft geführt. ...
... es gibt immer eine unerklärbare Dimension des Ausrastens, des sich
40 Abkoppeln von der Realität. Wenn wir 1968 und später von der proletarischen
Revolution gesprochen und sie erwartet haben, dann war das eine Abkopp-
lung von der Realität, denn sie war nirgendwo zu sehen.

Die Zeit Nr. 43, 16. 10. 1987, S. 43 ff.

Abb. 5: Hanns-Martin Schleyer vor einem Plakat mit dem RAF-Emblem und der Beschriftung „Kommando Siegfried Hausner", das sich für die Schleyer-Entführung verantwortlich erklärte, und „Kommando Martyr Halimeh", das sich für die Entführung des Lufthansa-Flugzeugs nach Dubai als verantwortlich bezeichnete.

Eine Chronik der Morde und Attentate   23

2. April 1968: In zwei Frankfurter Kaufhäusern wird Feuer gelegt. Unter den Tätern sind Andreas Baader und Gudrun Ensslin. Sie flüchten in den Untergrund. Baader wird 1970 in Berlin gefaßt, aber kurz darauf befreit. [von einem bewaffneten RAF-Kommando].

4. Februar 1972: Die „Bewegung 2. Juni" verübt einen Bombenanschlag in   5
Berlin-Gatow. Ein Mann wird getötet.

11. Mai 1972: Bei einem Bombenanschlag der RAF auf das amerikanische Hauptquartier in Frankfurt wird ein Mann ermordet.

24. Mai 1972: Drei amerikanische Soldaten sterben bei einem Anschlag der RAF auf das amerikanische Armeehauptquartier in Heidelberg.   10

Juni 1972: Der Kern der RAF – Baader, Meinhof, Holger Meins, Jan Carl Raspe, Ensslin – wird gefaßt.

10. November 1974: Der West-Berliner Kammergerichts-Präsident Günter von Drenkmann wird von einem RAF-Kommando ermordet.

27. Februar 1975: Die „Bewegung 2. Juni" entführt den Berliner CDU-Vorsit-   15
zenden Peter Lorenz und preßt für seine Freilassung inhaftierte Terroristen frei.

24. April 1975: Ein Terror-Kommando besetzt die deutsche Botschaft in Stockholm. Als die Bundesregierung es ablehnt, inhaftierte Mitglieder der RAF freizulassen, zünden die Terroristen eine Sprengladung. – Zwei Diplo-   20
maten und zwei der Terroristen, darunter Ulrich Wessel, sterben.

9. Mai 1975: Ulrike Meinhof verübt in der Haftanstalt Stuttgart-Stammheim Selbstmord.

7. April 1977: Generalbundesanwalt Siegfried Buback, sein Fahrer und ein
25 Sicherheitsbeamter kommen im Kugelhagel eines RAF-Kommandos in
Karlsruhe um.

28. April 1977: Baader, Raspe und Ensslin werden zu lebenslanger Haft verurteilt.

30. Juli 1977: Der Bankier Jürgen Ponto wird in seinem Haus in Oberursel bei
30 Frankfurt erschossen.

5. September 1977: Die RAF entführt Arbeitgeber-Präsident Hanns Martin
Schleyer, tötet dabei seinen Fahrer und drei Sicherheitsbeamte.

13. Oktober 1977: Terroristen entführen ein Lufthansa-Flugzeug. Deutsche
Grenzschützer der Sondertruppe GSG-9 stürmen das Flugzeug auf dem
35 Flughafen in Mogadischu und befreien die Passagiere. Wenige Stunden später begehen Baader, Raspe und Ensslin in Stammheim Selbstmord. Die Entführer Schleyers erschießen ihr Opfer.

11. Mai 1981: Der hessische Wirtschaftsminister Heinz-Herbert Karry wird in
seinem Haus erschossen.

40 **1. Februar 1985:** Der Chef der Motoren- und Turbinen-Union (MTU), Ernst
Zimmermann, wird in Gauting bei München erschossen.

8. August 1985: Terroristen töten den amerikanischen Soldaten Edward
Pimentel und schaffen mit Hilfe seines Dienstausweises eine Autobombe auf
die Frankfurter Luftwaffenbasis der Amerikaner. Die Explosion tötet zwei
45 Menschen.

9. Juli 1986: Karl Heinz Beckurts, Vorstandsmitglied bei Siemens, und sein
Fahrer werden Opfer eines Bombenanschlags.

10. Oktober 1987: Der Diplomat Gerold von Braunmühl wird vor seinem
Haus in Bonn erschossen.

50 **20. September 1988:** Der Staatssekretär im Finanzministerium Hans Tietmeyer entgeht einem Anschlag.

30. November 1989: Alfred Herrhausen, Vorstandssprecher der Deutschen
Bank, wird in Bad Homburg durch eine Lichtschranken-Bombe ermordet.

Juni 1990: In der DDR werden zahlreiche RAF-Terroristen gefaßt. Sie lebten
55 seit Anfang der achtziger Jahre mit Wissen der DDR-Staatssicherheit in der
DDR.

26. Juli 1990: Staatssekretär Hans Neusel überlebt ein Bombenattentat auf
seinen Wagen in Bonn.

13. Februar 1991: Bei einem Feuerüberfall auf die amerikanische Botschaft in
60 Bonn entsteht Sachschaden.

1. April 1991: Der Chef der Treuhand-Anstalt, Detlev Karsten Rohwedder,
wird in seinem Düsseldorfer Haus erschossen, seine Frau wird bei dem
Anschlag verletzt. Ein RAF-Kommando „Ulrich Wessel" bezichtigt sich des
Mordes.

Zit. nach Frankfurter Allgemeine Zeitung vom 3. 4. 1991, S. 3

III. Die Epochenwende der achtziger Jahre und die Regierung Kohl-Genscher 1982 – 1990

1. Die Kontroverse über den NATO-Doppelbeschluß 1979–1983

Der vor allem von Bundeskanzler Helmut Schmidt initiierte NATO-Doppelbeschluß vom 12. Dezember 1979 war ein Signal westlicher Entschlossenheit, die wachsende sowjetische Bedrohung durch nukleare Mittelstreckenwaffen, insbesondere durch die auf Westeuropa gerichteten SS-20 Raketen, nicht länger hinzunehmen und ihr durch die Stationierung nuklearer amerikanischer Mittelstreckenwaffen auf europäischem Boden zu begegnen. Unter ausdrücklichem Bezug auf den Harmel-Bericht von 1967 und das Doppelziel von „Sicherheit und Entspannung" erklärte sich die NATO jedoch bereit, auf eine solche Nachrüstung zu verzichten, wenn die Sowjetunion ihrerseits zu einer „Politik des Gleichgewichts" zurückkehren und ihre nuklearen Mittelsteckensysteme abbauen würde. Da der Verhandlungsansatz zunächst ohne Erfolg blieb, wurde in Westeuropa, wie im Doppelbeschluß angekündigt, ab 1983 mit der Aufstellung amerikanischer Mittelstreckenraketen (Pershing-II) und von Marschflugkörpern (Cruise Missiles) begonnen.

Der Doppelbeschluß von 1979 stieß nicht nur auf die heftige Kritik der Sowjetunion und ihrer Verbündeten, sondern er löste auch innerhalb der Bundesrepublik eine breite Prostestbewegung gegen die Nachrüstung aus, die von Massendemonstrationen in bisher nicht gekanntem Ausmaß begleitet waren. Der Widerstand gegen die Stationierung neuer amerikanischer Atomwaffen wirkte zugleich als entscheidender Katalysator für die Herausbildung der Friedens- und Ökologiebewegung an der Epochenwende der achtziger Jahres (s. Kap. III, 2). Hierbei näherten sich die Sozialdemokraten den Positionen der Friedensbewegung, die auf einer bedingungslosen Ablehnung der westlichen Nachrüstung bestand, immer mehr an, so daß Bundeskanzler Schmidt, der sein politisches Überleben bzw. das Schicksal der sozial-liberalen Koalition von einer Zustimmung der SPD zum Doppelbeschluß abhängig gemacht hatte, schließlich in seiner eigenen Partei ohne Mehrheit war.

Der Vollzug des Doppelbeschlusses durch die westlichen Regierungen im Jahre 1983 leitete, längerfristig gesehen, indes nicht eine weitere, irreversible Spirale im nuklearen Wettrüsten der Supermächte ein, sondern er bereitete recht eigentlich den ersten historischen Durchbruch an der „Abrüstungsfront", in Gestalt des Washingtoner INF-Abkommen vom 8. Dezember 1987 vor. (s. Kap. IV, 1).

Sowjetische Dominanz gefährdet Europa. Aus einer Analyse von Hubertus **24** Hoffmann in der „Europäischen Wehrkunde", 1981

Die NATO kann im Rahmen ihrer Strategie in der Mitte ihrer Abschreckungsleiter auch in den 80er Jahren keine mehrfache Überlegenheit Moskaus akzeptieren. ... Die westeuropäischen NATO-Mitglieder müßten sich dann

nolens volens der eindeutigen konventionellen und atomaren Dominanz
5 Moskaus in Europa politisch beugen. Die mehrfache Überlegenheit des Warschauer Paktes an konventionellen Kräften könnte nicht mehr glaubhaft mit der Androhung eines Ersteinsatzes von Nuklearwaffen der NATO neutralisiert werden. Diese westliche Eskalationsbedrohung – unverzichtbarer Bestand der Flexible Response[1] – würde
10 durch die faktische Überlegenheit Moskaus an nuklearen Waffen in Europa unglaubwürdig werden. Zwar könnte der Westen noch mit einem massiven strategischen Schlag drohen, doch ist eine Rückkehr der NATO zur Strategie der massiven Vergeltung, in einer Dekade strategischer Parität beider Supermächte, nicht mehr möglich, zumindest äußerst unglaubwürdig.
15 Der konventionelle Krieg in Europa wäre damit wie nie zuvor seit Ende des zweiten Weltkrieges allein für Moskau denkbar und planbar. ...
Westeuropa stehen in den 80er Jahren grundsätzlich nur die drei Grundentscheidungen offen:
1. Anpassung an die sich abzeichnende militärpolitische Hegemonie Mos-
20 kaus.
2. Beschränkung und Abbau des sowjetischen Potentials in Rüstungskontrollvereinbarungen.
3. Nachrüstung im konventionellen und atomaren Bereich, d. h. Anpassung an das sich ändernde militärische Kräfteverhältnis in Europa, um so die
25 Abschreckung stufenlos glaubwürdig zu erhalten.

Hubertus Hoffmann, Schwachstellen der NATO in der Verwirklichung des Doppelbeschlusses, in: Europäische Wehrkunde Nr. 8, 1981, S. 342.

25 Generalmajor a. D. Gert Bastian, im Januar 1980 wegen Kritik am Nachrüstungsbeschluß seines Truppenkommandos enthoben, in einem Memorandum an den Bundesverteidigungsminister Hans Apel (SPD), Januar 1980.

Tatsächlich gibt es Gründe, das sowjetische Modernisierungsprogramm nicht als grundsätzlich neue Bedrohung mit einem daraus resultierenden Zwang zu eigenen Aktivitäten anzusehen. ...
Schließlich wird Europa ja nicht erst heute von sowjetischen Mittelstrecken-
5 raketen bedroht. Seit fast zwanzig Jahren schon liegt es bis zu den Pyrenäen im Wirkungsbereich sowjetischer SS-5-Raketen, die nach Anzahl und nuklearer Bestückung immer schon geeignet waren, Ziele im bestrichenen Raum vernichtend zu treffen. Trotzdem wurde die Stationierung eines

---

[1] Flexible Response: Anfang der 60er Jahre ersetzte die NATO ihre strategische Doktrin der „massiven Vergeltung" im Falle einer sowjetischen Aggression durch die Doktrin der „flexible response", die abgestufte Reaktionsweisen vorsah, um die Schwelle für den Einsatz taktischer und erst recht strategischer Atomwaffen möglichst hoch zu legen.

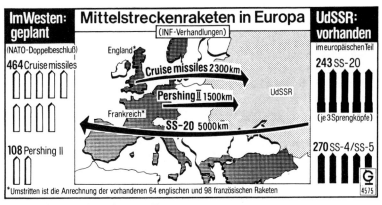

Abb. 6: Mittelstreckenraketen in Europa.

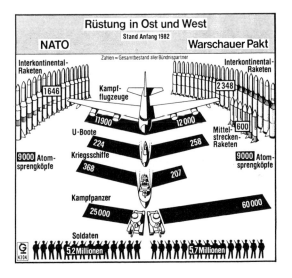

Abb. 7: Rüstung in Ost und West.

gleichartigen amerikanischen Mittelstreckenpotentials in Europa nicht für
erforderlich gehalten, weil niemand die Entschlossenheit der USA bezwei- 10
felte, auch der SS-5-Bedrohung ihr strategisches nukleares Potential entge-
genzusetzen und jede Zerstörung in Europa mit einer gleichwertigen Schädigung der UdSSR zu vergelten.
Die Glaubwürdigkeit der Abschreckung setzte und setzt eben stets nur die
Gleichwertigkeit der erzielbaren Wirkungen, nicht aber eine Gleichartigkeit 15
der verfügbaren Kriegsmittel voraus.

Es ist deshalb nicht einzusehen, weshalb die Modernisierung des sowjetischen Mittelstreckenpotentials hinsichtlich Reichweite, Zielgenauigkeit, Mehrfachwirkung und Mobilität der Systeme hieran etwas ändern sollte. ...
20 Alle nuklearen Potentiale der Sowjetunion, ganz gleich wie beschaffen, wo stationiert und gegen wen gerichtet, können auch in Zukunft vom land-, luft- und seegestützten strategischen Nuklearpotential der USA neutralisiert werden, ohne daß damit eine gewiß nicht wünschenswerte Rückkehr zur Strategie der massiven Vergeltung verbunden wäre. Weder die Doktrin der NATO,
25 noch die technische Auslegung der Systeme dieses Potentials stehen ja einer flexiblen, in Zielauswahl und Wirkungsbegrenzung der jeweiligen Drohung angepaßten Verwendung entgegen.

Frankfurter Rundschau vom 25. 1. 1980, S. 4

26 **Der „Krefelder Appell": Erklärung des Krefelder Forums zum NATO-Doppelbeschluß vom 16. November 1980.** Unter dem Motto „Der Atomtod bedroht uns alle – Keine Atomraketen in Europa" fand am 15. und 16. November 1980 in Krefeld ein rüstungspolitisches Forum statt, das mit der folgenden Erklärung beendet wurde.

Immer offensichtlicher erweist sich der Nachrüstungsbeschluß der NATO vom 12. Dezember 1979 als verhängnisvolle Fehlentscheidung. Die Erwartung, wonach Vereinbarungen zwischen den USA und der Sowjetunion zur Begrenzung der eurostrategischen Waffensysteme noch vor der Stationie-
5 rung einer neuen Generation amerikanischer nuklearer Mittelstreckenwaffen in Westeuropa erreicht werden könnten, scheint sich nicht zu erfüllen. Ein Jahr nach Brüssel ist noch nicht einmal der Beginn solcher Verhandlungen in Sicht. Im Gegenteil: Der neugewählte Präsident der USA erklärt unumwunden, selbst den bereits unterzeichneten SALT-II-Vertrag zur
10 Begrenzung der sowjetischen und amerikanischen strategischen Nuklearwaffen nicht akzeptieren und deshalb dem Senat nicht zur Ratifizierung zuleiten zu wollen.
Mit der Verweigerung dieser Ratifizierung durch die USA würde jedoch die Aussicht auf Verhandlungen zur Begrenzung der eurostrategischen Nuklear-
15 waffen unvermeidbar in noch weitere Ferne rücken. Ein selbstmörderischer Rüstungswettlauf könnte nicht im letzten Augenblick gestoppt werden; seine zunehmende Beschleunigung und offenbar konkreter werdende Vorstellungen von der scheinbaren Begrenzbarkeit eines Nuklearkrieges müßten in erster Linie die europäischen Völker einem untragbaren Risiko aussetzen.
20 Die Teilnehmer am Krefelder Gespräch vom 15. und 16. November 1980 appellieren daher gemeinsam an die Bundesregierung,
– die Zustimmung zur Stationierung von Pershing-II-Raketen und Marschflugkörpern in Mitteleuropa zurückzuziehen;

– im Bündnis künftig eine Haltung einzunehmen, die unser Land nicht länger dem Verdacht aussetzt, Wegbereiter eines neuen, vor allem die Europäer gefährdenden nuklearen Wettrüstens sein zu wollen.

In der Öffentlichkeit wächst die Sorge über die jüngste Entwicklung. Immer entscheidender werden die Möglichkeiten einer alternativen Sicherheitspolitik diskutiert. Solche Überlegungen sind von großer Bedeutung für den demokratischen Prozeß der Willensbildung und können dazu beitragen, daß unser Volk sich nicht plötzlich vollzogenen Tatsachen gegenübergestellt sieht.

Alle Mitbürgerinnen und Mitbürger werden deshalb aufgerufen, diesen Appell zu unterstützen, um durch unablässigen und wachsenden Druck der öffentlichen Meinung eine Sicherheitspolitik zu erzwingen, die
– eine Aufrüstung Mitteleuropas zur nuklearen Waffenplattform der USA nicht zuläßt;
– Abrüstung für wichtiger hält als Abschreckung;
– die Entwicklung der Bundeswehr an dieser Zielsetzung orientiert.

Gert Bastian, Würzburg · Prof. Dr. Dr. h.c. *Karl Bechert,* Weilmünster· *Petra K. Kelly,* Nürnberg · Dr. *Martin Niemöller,* Wiesbaden · Prof. Dr. *Helmut Ridder,* Gießen · *Christoph Strässer,* Münster · *Gösta von Uexküll,* Hamburg · *Josef Weber,* Köln.

Blätter für deutsche und internationale Politik 12/1980, S. 1513

Der Oppositionsführer und Vorsitzende der CDU, Helmut Kohl, zum NATO-Doppelbeschluß und zu Fragen der Abrüstung in der Bundestagsdebatte über die Regierungserklärung vom 26. November 1980   **27**

Die CDU/CSU hält *weltweite und Ost/West-Verhandlungen über die Begrenzung von Waffen* in einer Zeit der Massenvernichtungstechnik und zunehmender Not in der Welt für eine politische, für eine menschliche Pflicht. Wir haben deshalb alle wesentlichen Verhandlungspositionen der Bundesregierung in internationalen Gremien mitgetragen. Dies gilt insbesondere für die Abrüstungspositionen der Bundesrepublik Deutschland in Brüssel, Wien, Genf und New York. Den *Doppelbeschluß der NATO* vom Dezember 1979 – jeder weiß dies – haben wir in seinen beiden Teilen angemessen gefördert und mitvertreten. Wir sehen jedoch mit wachsender Sorge die Zunahme von Kräften und Tendenzen innerhalb der SPD, die gerade diesen NATO-Beschluß auszuhöhlen bereit sind. Sie werden auf unseren entschiedenen Widerstand treffen.

(Beifall bei der CDU/CSU)

Ost/West-Verhandlungen über die Minderung der Rüstungslasten mit dem Ziel, unverminderter Sicherheit auf einem niedrigeren militärischen Niveau zu erreichen, finden unsere Unterstützung. Wir, die CDU/CSU, wollen

Abrüstung mit Sicherheit. Wovor wir warnen, ist: Abrüstung ohne Sicherheit. (Beifall bei der CDU/CSU)

Verhandlungen des Deutschen Bundestages, IX, 24./26. 11. 1980

28 Rücktrittsdrohung von Bundeskanzler Helmut Schmidt bei Ablehnung des Doppelbeschlusses durch die SPD, Mai 1981

Bundeskanzler Helmut Schmidt erklärte am 16. Mai 1981 in Recklinghausen, mit den im NATO-Doppelbeschluß geforderten Verhandlungen zwischen den USA und der Sowjetunion über eine Rüstungsbegrenzung in Europa „stehe ich und falle ich". ...

5 In Bayern ließ der Kanzler keinen Zweifel daran, daß er zurücktritt, falls die SPD ihre Zustimmung zum NATO-Doppelbeschluß zurücknimmt. Auf dem Landesparteitag der bayerischen SPD in Wolfratshausen *(am 17. 5. 1981)* kündigte der Kanzler an, in diesem Falle „die Verantwortung nicht länger tragen zu können". Eine Entscheidung der Bundes-SPD gegen den Doppelbeschluß

10 hätte, laut Helmut Schmidt, „nicht nur schwerwiegende außen- und sicherheitspolitische Konsequenzen, sondern auch innenpolitische". Die Entscheidung würde dazu führen, daß die gegenwärtige Bundesregierung und die Regierungskoalition abgelöst würde.

Kanzler droht mit Rücktritt. Bericht der Frankfurter Rundschau, 18. 5. 1981, S. 1–2

Auf dem Kölner Sonderparteitag der SPD am 18. und 19. November 1983, wenige Tage vor der entscheidenden Abstimmung des Bundestags über den Vollzug des NATO-Doppelbeschlusses, entschieden sich die Sozialdemokraten mit überwältigender Mehrheit gegen die Stationierung neuer US-Raketen. Nur 14 der 400 SPD-Delegierten wollten am NATO-Doppelbeschluß festhalten, darunter der bereits im Oktober 1982 durch ein konstruktives Mißtrauensvotum der CDU/CSU/FDP gestürzte Alt-Bundeskanzler Helmut Schmidt sowie die ehemaligen Bundesminister Georg Leber, Hans Apel, Hans Matthöfer und Hans-Jürgen Wischnewski.

Kanzler Helmut Kohl (CDU)

Koalition für NATO-Doppelbeschluß

In dem Antrag der Regierungsparteien CDU, CSU und FDP, der schließlich die Mehrheit im Deutschen Bundestag erhält, lauten wichtige Passagen:

»Der Deutsche Bundestag bestätigt seine Entschließung vom 26. Mai 1981, ›die Bundesregierung bei der konsequenten und zeitgerechten Verwirklichung des Beschlusses der NATO vom 12. Dezember 1979 in beiden Teilen zu unterstützen.‹ ... Durch ihre SS-20-Stationierung hat die Sowjetunion die Sicherheitslage verändert und bedroht dadurch die politische Entscheidungsfreiheit der Staaten Westeuropas. Der NATO-Doppelbeschluß soll diese Bedrohung abwenden.

Der Deutsche Bundestag bedauert, daß die Genfer Verhandlungen über Mittelstreckensysteme (INF) trotz größter Anstrengungen der USA und ihrer Verbündeten bisher zu keinem Verhandlungsergebnis geführt haben. Zur Gewährleistung der militärischen Sicherheit und politischen Entscheidungsfreiheit Westeuropas brauchen wir daher – im Einklang mit dem NATO-Doppelbeschluß – ein Gegengewicht gegen die uns bedrohenden sowjetischen SS-20-Raketen.«

MdB Hans-Jochen Vogel (SPD)

SPD lehnt Raketen-Stationierung ab

Der Antrag der SPD-Opposition im Bundestag, der jedoch nicht von allen Abgeordneten der Partei die Zustimmung erhält, hat u. a. folgenden Wortlaut:

»Der NATO-Doppelbeschluß hat die Genfer Verhandlungen ermöglicht, insbesondere durch den persönlichen Einsatz von Helmut Schmidt... Der Deutsche Bundestag ist nicht der Auffassung, daß alle Möglichkeiten für einen Verhandlungserfolg genutzt sind. ...
Angesichts dieser Lage [möge] der Deutsche Bundestag [beschließen]:
1. Der Deutsche Bundestag lehnt die Stationierung von neuen amerikanischen Mittelstreckensystemen auf dem Boden der Bundesrepublik ab.
2. Der Deutsche Bundestag fordert statt dessen weitere Verhandlungen. Er fordert
▷ von den USA einen Stopp der Stationierung,
▷ von der Sowjetunion den Beginn der Reduzierung ihrer auf Europa gerichteten SS-20-Raketen bis zu einer beträchtlich verminderten Zahl,
▷ von den beiden Verhandlungspartnern einen Stopp für die Einführung neuer Nuklearraketen kürzerer Reichweite.«

MdB Petra Kelly (Die Grünen)

Abrüstungsforderungen der Grünen

Die Fraktion der Grünen bringt einen eigenen Antrag in den Bundestag ein, der über den Verzicht auf die Stationierung der Pershing-2 hinaus weitergehende Abrüstungsforderungen enthält:

»Die Bundesregierung wird aufgefordert,
1. das Einverständnis zur bevorstehenden Stationierung von Pershing-Raketen und Marschflugkörpern auf deutschem Boden zurückzuziehen,
2. einer möglichen Forderung der USA, in der Bundesrepublik Neutronenwaffen zu lagern, zu keiner Zeit zu entsprechen,
3. von den USA den Abzug aller in der Bundesrepublik Deutschland lagernden chemischen Kampfstoffe zu verlangen,
4. der Sowjetunion klarzumachen, daß die geforderten Abrüstungsschritte der NATO erleichtert würden, wenn die Sowjetunion schon jetzt mit dem Abbau der SS-20 mindestens bis zur Höhe der britischen und französischen Mittelstreckenraketen beginnt ...
Die Strategie der Abschreckung... ist [kein] zuverlässiges Instrument zur Friedenssicherung.«

Abb. 8: Der Deutsche Bundestag billigt die Raketenstationierung: Nach teilweise turbulent geführter Debatte stimmte der Bundestag mit 286 Stimmen der Regierungskoalition von CDU und FDP gegen die Stimmen von SPD und Grünen für den Vollzug des Doppelbeschlusses, 22. November 1983.

2. Der Aufstieg der Grünen und die Bündnisdebatte in der SPD

In der im Jahre 1980 gegründeten Partei „Die GRÜNEN" bündelten sich die parlamentarischen Bestrebungen einer breit gefächerten Protestbewegung, die sich an den vier Grundsätzen ökologisch – sozial – basisdemokratisch – gewaltfrei orientierte. Die GRÜNEN konnten sich als neue politische Kraft trotz vielfacher scharfer Auseinandersetzungen zwischen reformorientierten „Realos" und systemoppositionellen „Fundis" im Laufe der achtziger Jahre schnell im Parteiengefüge der Bundesrepublik etablieren und sie übernahmen auf kommunaler Ebene und auch in verschiedenen Landesregierungen (Hessen, Niedersachen, Berlin) in Koalitionen mit der SPD politische Verantwortung. Innerhalb der SPD löste die Frage einer möglichen Zusammenarbeit mit den neuen sozialen Bewegungen bzw. den GRÜNEN eine z.T. mit erheblicher Schärfe geführte Kontroverse aus, in der die alten politischen, wirtschaftlichen und gesellschaftlichen Zielkonflikte zwischen rechtem und linkem Parteiflügel erneut aufbrachen. Das Ende der sozialliberalen Koalition unter Bundeskanzler Helmut Schmidt und der Machtverlust der SPD im Jahre 1982 sind neben anderen Faktoren nicht zuletzt auch aus dieser Perspektive zu interpretieren.

Abb. 9: Hunderttausende demonstrierten für Frieden. An einer Großkundgebung in Hamburg während der „Aktionswoche" der „Friedensbewegung" gegen die Stationierung neuer amerikanischer Mittelstreckenwaffen im Oktober 1983 beteiligten sich Angehörige der Bundeswehr in Uniform.

Aus dem Bundesprogramm der Grünen, 1981   **29**

I. Präambel (Entwurf)

Einleitung
Wir sind die Alternative zu den herkömmlichen Parteien. Hervorgegangen
sind wir aus einem Zusammenschluß von grünen, bunten und alternativen
Listen und Parteien. Wir fühlen uns verbunden mit all denen, die in der
neuen demokratischen Bewegung mitarbeiten: den Lebens-, Natur- und   5
Umweltschutzverbänden, den Bürgerinitiativen, der Arbeiterbewegung,
christlichen Initiativen, der Friedens- und Menschenrechts-, der Frauen- und
Dritte-Welt-Bewegung. Wir verstehen uns als Teil der grünen Bewegung in
aller Welt. . . .
Die Zerstörung der Lebens- und Arbeitsgrundlagen und der Abbau demokra-   10
tischer Rechte haben ein so bedrohliches Ausmaß erreicht, daß es einer
grundlegenden Alternative für Wirtschaft, Politik und Gesellschaft bedarf.
Deshalb erhob sich spontan eine demokratische Bürgerbewegung. Es bilde-
ten sich Tausende von Bürgerinitiativen, die in machtvollen Demonstrationen gegen den Bau von Atomkraftwerken antreten, weil deren Risiken nicht   15
zu bewältigen sind und weil deren strahlende Abfälle nirgens deponiert werden können; sie stehen auf gegen die Verwüstung der Natur, gegen die Beto-
nierung unserer Landschaft, gegen die Folgen und Ursachen einer Wegwerf-
gesellschaft, die lebensfeindlich geworden ist.
Ein völliger Umbruch unseres kurzfristig orientierten wirtschaftlichen   20
Zweckdenkens ist notwendig. Wir halten es für einen Irrtum, daß die jetzige
Verschwendungswirtschaft noch das Glück und die Lebenserfüllung fördere;
im Gegenteil, die Menschen werden immer gehetzter und unfreier. Erst in
dem Maße, wie wir uns von der Überschätzung des materiellen Lebensstandards freimachen, wie wir wieder die Selbstverwirklichung ermöglichen und   25
uns wieder auf Grenzen unserer Natur besinnen, werden auch die schöpferi-
schen Kräfte frei werden für die Neugestaltung eines Lebens auf ökologischer
Basis. . . .
Gegenüber der eindimensionalen Produktionssteigerungspolitik vertreten
wir ein Gesamtkonzept. Unsere Politik wird von langfristigen Zukunftsaspek-   30
ten geleitet und orientiert sich an vier Grundsätzen: sie ist ökologisch, sozial,
basisdemokratisch und gewaltfrei.

Ökologisch
Ausgehend von den Naturgesetzen und insbesondere von der Erkenntnis,
daß in einem begrenzten System kein unbegrenztes Wachstum möglich ist,   35
heißt ökologische Politik, uns selbst und unsere Umwelt als Teil der Natur zu
begreifen. Auch das menschliche Leben ist in die Regelkreise der Ökosy-

steme eingebunden: wir greifen durch unsere Handlungen ein und dies wirkt auf uns zurück. Wir dürfen die Stabilität der Ökosysteme nicht zerstören ...

40 *Sozial*
Eine zukünftige soziale Politik muß zum Ziele haben, ein stabiles Sozialsystem zu errichten. Sozial hat vor allem eine ökonomische Komponente. ...
Sowohl aus der Wettbewerbswirtschaft als auch aus der Konzentration wirtschaftlicher Macht in staats- und privatkapitalistischen Monopolen gehen
45 jene ausbeuterischen Wachstumzwänge hervor, in deren Folge die völlige Verseuchung und Verwüstung der menschlichen Lebensbasis droht. Hier genau verbinden sich die Umweltschutz- und Ökologiebewegung mit der Arbeiter- und Gewerkschaftsbewegung. ...
Unsere gesellschaftlichen Verhältnisse produzieren massenhaftes soziales
50 und psychisches Elend. Besonders betroffen von dieser Situation sind ethnische, soziale, religiöse und sexuell diskriminierte Bevölkerungsteile. Das soziale System wird zunehmend unstabiler. Die Folgen sind steigende Kriminalität, erhöhte Selbstmordraten, Drogenkonsum und Alkoholismus.
Offensichtlich wird dieser gesellschaftliche Zustand auch durch die Tatsache,
55 daß die Frauen in fast allen gesellschaftlichen Bereichen benachteiligt und unterdrückt werden.

Basisdemokratisch
Basisdemokratische Politik bedeutet verstärkte Verwirklichung dezentraler, direkter Demokratie. Wir gehen davon aus, daß der Entscheidung der Basis
60 prinzipiell Vorrang eingeräumt werden muß. ... Wir setzen uns in allen politischen Bereichen dafür ein, daß durch verstärkte Mitbestimmung der betroffenen Bevölkerung in regionalen, landesweiten und bundesweiten Volksabstimmungen Elemente direkter Demokratie zur Lösung lebenswichtiger Planungen eingeführt werden. ...
65 Kerngedanke ist dabei die ständige Kontrolle aller Amts- und Mandatsinhaber und Institutionen durch die Basis (Öffentlichkeit, zeitliche Begrenzung) und die jederzeitige Ablösbarkeit, um Organisation und Politik für alle durchschaubar zu machen und um der Loslösung einzelner von ihrer Basis entgegen zu wirken.

70 *Gewaltfrei*
Wir streben eine gewaltfreie Gesellschaft an, in der die Unterdrückung von Menschen und Gewalt von Menschen gegen Menschen aufgehoben ist. Unser oberster Grundsatz lautet: Humane Ziele können nicht mit inhumanen Mitteln erreicht werden.
75 Gewaltfreiheit gilt uneingeschränkt und ohne Ausnahme zwischen allen Menschen, also ebenso innerhalb sozialer Gruppen und der Gesellschaft als Ganzem als auch zwischen Volksgruppen und Völkern.

Das Prinzip der Gewaltfreiheit berührt nicht das fundamentale Recht auf Notwehr und schließt sozialen Widerstand in seinen mannigfachen Varianten ein. Widerstand kann langfristig am wirksamsten auf soziale Weise geführt werden, wie das Beispiel der Anti-Atombewegung zeigt. Wir sind ebenso grundsätzlich gegen die Anwendung zwischenstaatlicher Gewalt durch Kriegshandlungen. 80

DIE GRÜNEN. Das Bundesprogramm, Bonn 1981

Joschka Fischer, führender Vertreter der „Realos", zur heterogenen Herkunft der GRÜNEN (1984) **30**

Drei wesentliche historische Linien kreuzen sich dort, wo die Partei der GRÜNEN entstanden ist: die außerparlamentarischen Protestbewegungen mit ihren neuen ökologischen und weniger neuen pazifistischen Inhalten und ihren Erfahrungen von direkter Demokratie in der Aktion; die radikalen großstädtischen Subkulturen mit ihren alternativen Milieus, ihren Versuchen 5 anderer Produktions- und Lebensformen und der gesamten bunten Palette der Aussteigerei (die Landkommunen kann man als deren ländliche Pendants ansehen); und schließlich die Bürgerinitiativbewegung, die politisch, sozial und kulturell wesentlich breiter ausgelegt ist als das alternative Ghetto, viel weniger radikal auch, auf konkrete Einzelfragen des Lebens und der 10 Umwelt bezogen, generationenübergreifend und in ihren Verkehrsformen der Mehrheitskultur in vielem näher als den Alternativen. In allen drei Bewegungen wirken die Traditionen, Mythen und Kampfformen der Studentenbewegung der späten sechziger Jahres mittelbar oder unmittelbar fort, und so wundert es nicht, wenn man in ihnen viele Vertreter dieser Revolte wiederfin- 15 det. Die alten Kader und Militanten der zahllosen Organisationsversuche dieser später im subkulturellen Ghetto eingeschlossenen Revolte, all die ehemaligen Jusos, Judos, DKPisten, SBler, K-Gruppen kunterbunt, Trotzkisten, Spontis, Anarchos und Feministinnen haben sich in den neuen sozialen Bewegungen mit den Aktivisten der Bürgerinitiativbewegung vermischt, in 20 der die politisch Bewußteren eher vom anderen Flügel des politischen Spektrums kamen, von rechts, vom sogenannten Wertkonservativismus, und daraus entstand die Partei „DIE GRÜNEN".

Möglich gemacht hat diese seltsame Verbindung des studentischen Missionars der proletarischen Weltrevolution mit dem kniebundbehosten, heimat- 25 liebenden Naturfreund vor allem eines: die Einsicht, daß man es gemeinsam schaffen könnte, in die Parlamente einzuziehen.

Joschka Fischer, Der grüne Wahlverein (1984), in: Aufbruch, S. 178

31 Identität und Zukunft der SPD. Aus den sechs Thesen des Berliner Politologen und langjährigen SPD-Mitglieds Richard Löwenthal, Dezember 1981

1. Unsere Partei befindet sich zur Zeit in der Krise ihrer Identität. . . . Es handelt sich darum, daß einerseits die Anziehungskraft der Sozialdemokratie auf die Jungwähler zugunsten diverser „grüner" und „alternativer" Gruppen und die Nichtwähler zurückgeht, während andererseits eine erhebliche Anzahl
5 sozialdemokratischer „Stammwähler" zur CDU abschwimmt oder zu Hause bleibt. Dieser gleichzeitige Verlust nach zwei entgegengesetzten Richtungen zeigt an, daß die Partei in einer brennenden Streitfrage unserer Zeit keine eindeutige und überzeugende Entscheidung getroffen hat – mithin eine Krise ihrer Identität durchmacht.
10 2. Die Streitfrage, um die es geht, ist die Frage nach dem Primat der Lebensfähigkeit unserer Industriegesellschaft und der maximalen Beschäftigung ihrer Mitglieder einerseits oder dem Primat nichtindustrieller Lebensformen und der absoluten Verhinderung ökologischer Schäden andererseits. Natürlich wollen alle Sozialdemokraten maximale Beschäftigung, und alle Sozial-
15 demokraten sind gegen Vergiftung der Umwelt. Aber die Weltanschauung der „Alternativen" ist der Industriegesellschaft grundsätzlich feindlich und hält sie für einen geschichtlichen Irrweg der Menschheit; und sie setzt das Ziel des Umweltschutzes als so absolut, daß es mit der Fortentwicklung einer industriellen Gesellschaft unvereinbar wird. . . .
20 3. Nach der Natur der Schichten, die die eine oder andere der entgegengesetzten Positionen in der Streitfrage unterstützen, hat man häufig von einem Gegensatz zwischen industriellen Arbeitern, insbesondere Facharbeitern, und Angehörigen der neuen „nachindustriellen" Schichten, insbesondere Jugendlichen, gesprochen. Das trifft die wirkliche Scheidelinie nicht. Auf der
25 industriellen Seite findet sich die große Mehrheit aller in der Arbeitsteilung unserer Gesellschaft eingegliederten Berufstätigen – ob Arbeiter, Angestellte, Angehörige des öffentlichen Dienstes oder Selbständige, mit teilweiser Ausnahme solcher stark „ideologisch" ausgerichteten Berufe wie Lehrer und Pfarrer. Auf der anderen Seite findet sich vor allem ein Teil der Jugendli-
30 chen, die oft ohne ihr Verschulden nicht in die berufliche Arbeitsteilung eingegliedert sind, oft aber auch sich gar nicht in diese eingliedern wollen – nicht, weil sie „faul" wären, sondern weil sie die Freiheit wechselnder Beschäftigungen einer beruflichen Festlegung vorziehen, die sie als Beschränkung ihrer Selbstbestimmung empfinden. Dabei sind freilich die
35 frei gewählten wechselnden Tätigkeiten solcher „Aussteiger" meist nicht in der Lage, ihre wirtschaftliche Existenz zu sichern: sie bedürfen der öffentlichen Unterstützung (etwa durch Bafög) oder der privaten (etwa durch Eltern). Sie handeln aus menschlich verständlichen altruistischen Motiven, aber sie leben überwiegend auf Kosten der berufstätigen Mehrheit.
40 4. Diejenigen, die der Sozialdemokratie die Aufgabe einer Integration der neuen Welle „kritischer Jugend" stellen wollen, verweisen auf eine vermeint-

liche Gemeinschaft der grundlegenden Ziele. Das ist eine Fehleinschätzung. Es gibt in vielen Fällen ein Gemeinschaft humaner Motive und kritischer Anschauungen zwischen Sozialdemokraten und „Aussteigern", aber keine Gemeinschaft mit ihren politischen oder antipolitischen Zielen. Die Sozial- 45 demokratie will die Industriegesellschaft fortentwickeln und vermenschlichen – sie will sie nicht verteufeln oder abbauen, da sie weiß, daß ohne ihre Leistungen die Milliardenbevölkerung unseres Planeten nicht existieren könnte. ...

5. Die Ablehnung der arbeitsteiligen Industriegesellschaft und der Rückzug 50 auf Inseln der „Selbstverwirklichung" führen logisch häufig auch zum Rückzug aus den Institutionen unserer Demokratie. Umweltschützerische Bürgerinitiativen und kommunalpolitische Mitarbeit von „Grünen" können Formen belebender demokratischer Partizipation sein, ob ihre Vorschläge im einzelnen vernünftig sind oder nicht. Die Entgegenstellung solcher Forde- 55 rungen gegen bereits rechtsgültige Mehrheitsentscheidungen der gewählten demokratischen Körperschaften aber beruht auf einem Versuch der Abkapselung lokaler Interessen von den Bedürfnissen der Gesamtgesellschaft, der zur Nichtachtung unserer demokratischen Institutionen und häufig auch zur Nichtachtung der Rechtsordnung führt, die unsere Gesellschaft zusammen- 60 hält.

6. Die Sozialdemokratie kann also die gegenwärtige Identitätskrise nur überwinden, wenn sie sich klar für die arbeitsteilige Industriegesellschaft und gegen ihre Verteufelung, für die große Mehrheit der Berufstätigen und gegen die Randgruppen der Aussteiger entscheidet. Eine solche Entscheidung ist 65 mit realistischen Maßstäben der Umweltpolitik, wie sie seit 1969 mit sichtbarem Erfolg stetig entwickelt, aber zum Teil zuwenig bekanntgeworden sind, durchaus vereinbar. Wenn sie diese Politik sowohl in der Diskussion wie vor allem in der Praxis eindeutig vertritt, kann sie sicher schließlich auch Teile der Aussteiger, die zum Lernen aus Erfahrungen fähig sind, integrieren. 70 Wenn die Partei um der Integrierung dieser Gruppen willen eine klare Entscheidung vermissen läßt, kann sie nur sich selbst desintegrieren.

Frankfurter Allgemeine Zeitung vom 7. 12. 1981

Ökopax – die neue Kraft. Kritische Bewertung der Thesen Löwenthals durch **32** Peter von Oertzen, Exponent des linken Flügels der SPD, September/Oktober 1982

Die Thesen Löwenthals von der notwendigen Entscheidung der SPD zwischen den – fleißigen – Arbeitnehmern der arbeitsteiligen Industriegesellschaft und den – faulenzenden – „Aussteigern" wird schlicht und einfach von der gesellschaftlichen Realität widerlegt. Daß die Glieder der neuen sozialen Bewegung und die Grün/Alternativen in ihrer großen Mehrheit keine „Aus- 5 steiger" sind, sondern – vielleicht mehr oder weniger zähneknirschend – in der „arbeitsteiligen Industriegesellschaft" mitwirken, ist offensichtlich, auch wenn sie den Zielen, Werten und Verhaltensweisen dieser Gesellschaft zunehmend kritisch begegnen. ...

10 Das Sozialprofil der Grün/Alternativen ist dabei völlig klar: Überwiegend Dienstleistung, Angestellte/Beamte, höhere Qualifikation, nach 1945 geboren und überproportional im öffentlichen Dienst. Bemerkenswert ist nun freilich, daß diese Feststellungen auch für einen großen Teil der Wähler der SPD, für die Mehrheit ihrer Mitglieder und für die große Mehrheit ihrer

15 Funktionäre zutreffen. Der von Helmut Schmidt so oft und so gerne berufene Typ des Industriefacharbeiters repräsentiert schon heute unter den Arbeitnehmern – und den sozialdemokratischen Wählern – nur noch eine Minderheit (wenn auch eine wegen ihrer gewerkschaftlichen und betrieblichen Schlüsselpositionen, ihres hohen Organisationsgrades und ihrer sozia-

20 len Disziplin immer noch sehr einflußreichen Minderheit). Gestützt auf diese Gruppe allein sind gesellschaftliche Mehrheiten jedoch schon heute nicht mehr möglich; und die ökonomisch-soziale Entwicklung geht weiter: weg von der Produktions- und hin zur Dienstleistungsgesellschaft, weg vom klassischen Industriehandwerker und -facharbeiter hin zu einer neuen

25 Arbeitnehmermehrheit aus einer Vielzahl spezialisierter Berufs- und Statusgruppen. ...

Eine kurze Musterung der bisher zusammengetragenen Fakten zeigt, daß eine „rot-grüne" Zusammenarbeit keinen größeren Schwierigkeiten begegnen würde als eine Zusammenarbeit zwischen SPD und einer demokrati-

30 schen links-sozialistischen Partei, freilich auch keinen geringeren:

– Ökonomie – Ökologie – Gesellschaftspolitik. Das so zentrale Wachstumsproblem ist durch die kapitalistische Stagnation selbst relativiert worden. Die Stichworte: „welches Wachstum?" und „humanes Wachstum" sind durch die SPD selbst gegeben worden. ...

35 – Auf den Feldern von Demokratie und Rechtsstaatlichkeit liegt der eigentliche Streitpunkt „nur" bei der prinzipiellen Anerkennung des staatlichen Gewaltmonopols. Dies bedeutet nicht, daß jedes ungerechte Gesetz und jede idiotische Entscheidung der Bürokratie politisch widerstandslos hingenommen werden muß, wohl aber die Einsicht, daß Politik dort aufhört, wo der

40 offene Bürgerkrieg anfängt. ...

– Eine Politik, die die „Nachrüstung", das heißt die Aufstellung von „Pershing II" und „Cruise missile" in Westeuropa erübrigt, ist der außenpolitische Mindestkonsens. Über alles übrige: Neues konventionelles Verteidigungskonzept, atomwaffenfreie Zonen, größere politische Unabhängigkeit von den

45 USA – ohne Anlehnung an die UdSSR – sollte und müßte diskutiert werden können ...

– Eine Übereinstimmung der objektiven Interessen (auch wenn das subjektiv geleugnet werden sollte) besteht zwischen grün/alternativer „Partei" und SPD schließlich auch in der allgemeinen strategischen Grundfrage nach den

50 politischen Mehrheiten in den Parlamenten und vor allem in der Bevölke-

rung selbst. Die grün/alternative „Partei" wird eine Minderheit bleiben und werde sie auch so stark wie die französische oder die italienische KP (was nicht sehr wahrscheinlich ist); sie braucht Verbündete, wenn sie Teile ihres Programms verwirklichen will. Die SPD kann unter den Bedingungen der spätkapitalistischen Dauerstagnation zwar mit CDU/CSU und FDP noch 55 Regierungen bilden; sozialdemokratische Reformpolitik wird sie mit diesen Parteien für lange Zeit nicht mehr treiben können. Sozialdemokraten und Grün/Alternative gemeinsam könnten – vielleicht und unter bestimmten Bedingungen – wenigstens Teile ihre jeweiligen Programms verwirklichen.

Zusammengestellt aus Sozialdemokratischer Pressedienst, 37. Jg., Nr. 184–188, 29. 9.– 4. 10. 1982

3. Der Strategiewechsel in der Wirtschafts- und Sozialpolitik

Die sozialliberale Koalition übernahm politische Verantwortung in einer konjunkturellen Boomphase, was günstige Voraussetzungen für ein weitgestecktes innenpolitisches Reformprogramm schuf. Die in der Großen Koalition praktizierte „Globalsteuerung" schien darüber hinaus die Garantie dafür zu geben, daß man zuküftig konjunkturelle Abschwünge auch ohne größere wirtschaftliche Einbrüche würde meistern können. Die Entwicklung verlief aber ganz anders, wozu insbesondere zwei Ölpreisexplosionen, eine Weltwirtschaftskrise und schwer lösbare wirtschaftliche Strukturprobleme beitrugen.

Einen kritischen Verlauf nahm die Wirtschafts- und Finanzpolitik der neuen Regierung indessen schon vor der ersten großen Ölpreiserhöhung. Ein ehrgeiziges Reformprogramm, eine expansive Lohnpolitik der Gewerkschaften und eine Dollarschwemme[1] aufgrund der Finanzierung der amerikanischen Vietnam-Kriegskosten durch Notenbankkredite bewirkten einen sich beschleunigenden Preisanstieg. Da die haushaltspolitischen Sparpläne der Bundesminister der Finanzen, Möller und Schiller, im Kabinett keine Unterstützung fanden, traten beide 1971 bzw. 1972 von ihrem Amt zurück.

Die Krise spitzte sich weiter zu, als zwischen Herbst 1973 und Mitte 1974 die Ölpreise je Barrel Rohöl von 3 Dollar auf 11 Dollar anstiegen. Dadurch verstärkte sich noch einmal der Preisauftrieb in der Bundesrepublik (Zunahme der Verbraucherpreise in 1973 und 1974 um je 7 %). Dieser Entwicklung suchte die Bundesbank mit einer harten restriktiven Geldpolitik zu begegnen. Das führte zwar schließlich zu der beabsichtigten Verringerung der Inflationsrate, zugleich aber

---

[1] Wegen der Akzeptanz des Dollars als weltweiter Handels- und Reservewährung konnten die USA Importe und Direktinvestitionen im Ausland mit ihrer eigenen Binnenwährung bezahlen, was durch eine zeitweise expansive Geldpolitik der Notenbank erleichtert wurde. Das führte zu einer „Dollarschwemme" im nichtamerikanischen Ausland, was inflationäre Tendenzen auslöste, weil den bei den nationalen Notenbanken gegen eigene Währung eingetauschten Dollars kein entsprechendes inländisches Warenangebot gegenüberstand.

zu einem schweren Konjunktureinbruch mit Massenarbeitslosigkeit, nachdem nach einer Verzögerungsphase auch die Auslandsnachfrage zurückging (Weltwirtschaftskrise).

Die Bundesregierung unter dem neuen Kanzler Helmut Schmidt reagierte auf die Produktions- und Beschäftigungskrise des Jahres 1975 mit einer expansiven Haushaltspolitik, wobei die gesamtstaatliche Kreditaufnahme 1975 mit 53,6 Mrd. DM oder 5,2 % des Bruttosozialprodukts ihren bis dahin höchsten Wert erreichte. Diese Politik des „deficit spending" blieb nicht ohne Wirkung, die Konjunktur erholte sich und ab 1978 nahm auch die Zahl der Erwerbstätigen wieder deutlich zu, ohne daß allerdings die Zahl der Arbeitslosen wegen der demographisch bedingten Zunahme der Erwerbsbevölkerung auf wesentlich unter eine Million absank. Gleichzeitig wuchs die Staatsverschuldung weiter an, wobei sich ihr Anteil am Bruttosozialprodukt zwischen 1974 und 1979 von 19,5 % auf 29,6 % erhöhte.

Die keynesianische Politik der Regierung geriet daher in große Schwierigkeiten, als die zweite große Ölverteuerung von 1979/80, durch die der Ölpreis von 13 Dollar auf 36 Dollar je Barrel anstieg, einen neuen Inflationsschub auslöste, zumal die Tarifparteien den mit der Ölpreiserhöhung verbundenen Kaufkraftentzug jeweils über die Löhne bzw. über die Preise von sich abzuwälzen versuchten. Wieder sah sich die Bundesbank zu einer einschneidenden Stabilitätspolitik[1] genötigt. Da wachsende Strukturprobleme (vgl. 3.1) zudem die internationale Wettbewerbsposition der deutschen Wirtschaft schwächten und die Regierung angesichts der hohen Staatsverschuldung und der beträchtlichen Inflationsraten sich ihrerseits zu einer Politik der Haushaltssanierung entschloß, mündete die Stabilisierungspolitik der Bundesbank erneut in eine schwere Stabilisierungskrise. Die Zahl der Arbeitslosen erhöhte sich auf fast zwei Millionen. Zwischen den Koalitionspartnern SPD und FDP aber entstand ein heftiger Streit um die richtige Wirtschafts- und Finanzpolitik, der in der Öffentlichkeit und unter den Wirtschaftswissenschaftlern unter dem Stichwort „Angebotspolitik contra Nachfragepolitik" ausgetragen wurde.

Indem die Parteiführung der FDP den sich daraus ergebenden Dissens mit der SPD zuspitzte, kam es im Herbst 1982 zum Bruch der sozialliberalen Koalition und im Rahmen eines konstruktiven Mißtrauensvotums zur Wahl Helmut Kohls (CDU) zum Bundeskanzler einer christlich-liberalen Koalition. Sie sah sich vor allem vier Hauptproblemen gegenüber: einer zunehmenden Massenarbeitslosigkeit, einer hohen Inflationsrate, einer anwachsenden Staatsverschuldung und einem heftigen Streit um die Nachrüstung im Zusammenhang des NATO-Doppelbeschlusses.

In den Mittelpunkt ihrer innenpolitischen „Wendepolitik" stellte die Regierung die Haushaltssanierung und die Anregung eines neuen konjunkturellen Aufschwungs auf der Grundlage einer sogenannten „Angebotspolitik". Tatsächlich gelang es der Koalition in wenigen Jahren die Inflation zu stoppen, die Wachstumsrate der Staatsverschuldung deutlich zu verringern und einen dauerhaften

---

[1] Stabilisierungspolitik: Hier Politik der Nachfragebeschränkung durch eine restriktive Geldpolitik, die den Kreditspielraum der Geschäftsbanken verringert und deren Zinssätze steigen läßt (vgl. Fußnote S. 12).

Konjunkturaufschwung einzuleiten. Allerdings kamen ihr dabei günstige andere Einflußfaktoren zur Hilfe: insbesondere die Geldpolitik der Bundesbank, die Lohnzurückhaltung der Gewerkschaften und der Verfall der Rohstoffpreise.
Besonders umstritten war die Vorgehensweise der Regierung bei der für die weitere wirtschaftliche Entwicklung wichtigen Konsolidierung des Haushalts und der Sozialkassen. Nach Meinung der Gewerkschaften programmierten die dazu verabschiedeten Gesetze einen Sozialabbau vornehmlich zu Lasten der sozial schwächeren Volksschichten, wohingegen die Regierung behauptete, angemessenere, nämlich familienpolitische Schwerpunkte in der Sozialpolitik zu setzen und im übrigen lediglich überzogene soziale Ansprüche zu beschneiden, durch die der Wille der Bürger zur ökonomischen Eigenverantwortlichkeit in Mitleidenschaft gezogen werde.
Langfristig blieb die Angebotspolitik der Regierung und die damit verbundene erhebliche Verbesserung der Gewinnsituation der Unternehmen nicht ohne Wirkung. Nicht nur wurde mit ihrer Hilfe 1983 der längste Konjunkturaufschwung der Bundesrepublik mit der durchschnittlich geringsten Preissteigerungsrate eingeleitet, sondern als gegen Ende des Jahrzehnts zusätzliche Nachfragefaktoren wirksam wurden (europäischer Binnenmarkt, Übersiedlerzustrom, deutsche Vereinigung) beschleunigte sich das Wirtschaftswachstum, so daß die Arbeitslosenquote zu sinken begann und von 1983 bis 1990 insgesamt zwei Millionen zusätzliche Arbeitsplätze entstanden.
Vor völlig neue Probleme wurden jedoch seit 1990 Regierung und Wirtschaft aufgrund der wirtschaftlichen und politischen Vereinigung der beiden ehemaligen deutschen Teilstaaten gestellt.

Ökonomische Auswirkungen der Ölkrise von 1973/74 im Urteil des Sachverständigenrates   33

1. Die Ölkrise hat dem arbeitsteiligen System der Weltwirtschaft einen Schock versetzt. Sie schuf Risiken und weckte Sicherheitsbedürfnisse, die viele Jahre nicht akut gewesen sind. Sie sollten auch nicht bestehen müssen. Das Verhalten der Länder des OPEC-Kartells war ein grober Verstoß gegen die Spielregeln der arbeitsteiligen Weltwirtschaft, in der im Prinzip jeder 5 wegen der großen Vorteile, die daraus für ihn und für alle erwachsen, das Risiko wechselseitiger Abhängigkeit in Kauf nehmen muß. Manche sind jedoch weniger abhängig als andere oder haben Macht, weil sie Schaltstellen innehaben. Halten diese die Spielregeln nicht ein, müssen die anderen damit rechnen, daß ihnen großer Schaden entsteht, es sei denn, sie verfügten über 10 Gegenmacht. Das ist geschehen. Über die Motive der OPEC-Länder ist hier nicht zu rechten. Sie werden die gleichen sein wie überall in der Welt, wo es Kartelle gibt. Die Preispolitik des Kartells und seine Drohung mit Mengenbeschränkungen zwingen jetzt die übrige Welt zu aufwendigen Vorkehrungen, damit die Energieversorgung wieder sicher und billiger wird. Wegen im Prin- 15 zip vermeidbarer und damit ökonomisch funktionsloser Risiken müssen die ölverbrauchenden Länder riesige Beträge aufwenden, um eine von den Pro-

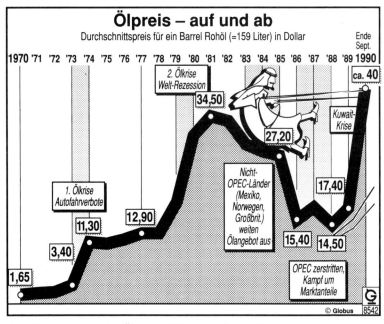

Abb. 10: Entwicklung des Ölpreises 1970 – Ende Sept. 1990.

duktionskosten her billigere, aber jetzt monopolistisch verteuerte und vor-
sätzlich unsicher gemachte Energieversorgung durch eine sichere eigene zu
20 ersetzen. Alte Energieträger, wie Kohle, werden zu stark genutzt, neue, wie
Kernenergie, forciert entwickelt und Ölreserven der Welt mobilisiert, die
man wegen der ungünstigen Lagerung eigentlich erst zu einem sehr fernen
Zeitpunkt, möglicherweise sogar niemals hätte nutzen müssen. Solche Vorkehrungen gegenüber dem Marktverhalten des OPEC-Kartells und die dafür
25 nötigen Aufwendungen dürften zwar unumgänglich sein, doch ihr ökonomischer Sinn für die Welt ist nicht größer als der von Waffen.
     2. Kurzfristig stellt die Ölkrise eine schwere Belastung vor allem deshalb dar,
weil die drastische und plötzliche Umlenkung von Einkommensströmen die
Anpassungsfähigkeit auch der marktwirtschaflich organisierten Volkswirt-
30 schaften überforderte, so daß sie mit beschleunigter Inflation reagierten. Mit-
telfristig gesehen, ist eine Änderung der realen Austauschrelation im Außenhandel, also des Verhältnisses der Einfuhrpreise zu den Ausfuhrpreisen, wie
sie 1974 erzwungen worden ist, für die reichen Industriestaaten kein Problem,
dem sie nicht gewachsen sein müßten. Denn die Verteuerung von Erdöl und
35 vielen anderen Rohstoffen machte, so bedeutend man sie finden muß, doch
nur wenig mehr als den halben Zuwachs an Realeinkommen aus, den diese
im Rahmen ihres wirtschaftlichen Wachstums erzielen, und zwar Jahr für

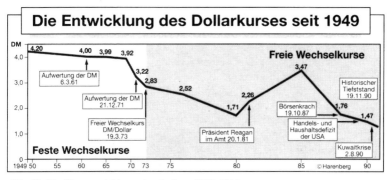

Abb. 11: Die Kursentwicklung des Dollars 1949–1990.

Jahr. So abrupt erzwungen, kam es jedoch allenthalben zu Verwerfungen der Preis- und Einkommensstruktur, die in den meisten Ländern zu einer abermals erhöhten Inflationsrate, in anderen auch zu Arbeitslosigkeit führte. Vor allem im Verteilungskampf der Gruppen gab es einen inflationsträchtigen Streit über die Zuweisung der im ganzen jedenfalls nicht abwälzbaren Lasten. — 40

Sachverständigenrat zur Begutachtung der gesamtwirtschaftlichen Entwicklung, Jahresgutachten 1974/1975, Stuttgart und Mainz 1975, S. 1.

Die Krise von 1980/82 als Folge einer ungenügenden gesamtwirtschaftlichen Nachfragepolitik. Stellungnahme von Fritz W. Scharpf, Direktor des Max-Planck-Instituts für Gesellschaftsforschung (1987) — **34**

Nachdem aber seit 1979 das weltweite Zinsniveau zu steigen begonnen hatte, war nicht nur die Wachstumspolitik wesentlich schwieriger, sondern es war auch möglich geworden, die Einkommensinteressen der Kapitalbesitzer abgekoppelt von Wachstum und Beschäftigung unmittelbar auf den nationalen und internationalen Kapitalmärkten zu befriedigen. Während also zuvor — 5
Kapitalinteressen und Arbeitnehmerinteressen trotz allfälliger Verteilungskonflikte nur gemeinsam gewinnen konnten, war jetzt die Wachstumspolitik für die FDP-Klientele weniger wichtig geworden als die Verteilungs- und Steuerpolitik – von der es schließlich abhing, wieviel man von den erzielten Kapitaleinkommen behalten konnte. Erst dadurch wurde die politische Öko- — 10
nomie der sozialliberalen Koalition zum Nullsummenkonflikt.
Ihren ideologischen Ausdruck fand die neue Interessenkonstellation in der Auseinandersetzung zwischen der keynesianischen „Nachfragetheorie" und der sogenannten „Angebotstheorie"[1], die sich in den siebziger Jahren in der akademischen Ökonomie, im Sachverständigenrat und nun auch in der Wirt- — 15
schaftspolitik der FDP immer mehr durchsetzte. Aus der richtigen Prämisse,

daß bei weltweit hohen Zinsen die zur Bekämpfung der Arbeitslosigkeit notwendigen zusätzlichen Investitionen nur noch bei höheren Gewinnerwartungen zustandekommen konnten, wurde der einseitige Schluß gezogen, daß die
20 Gewinnerwartungen in erster Linie durch Senkung der Lohnkosten und der
Abgabenbelastung verbessert werden mußten – und nicht durch die von den
keynesianischen Ökonomen, den Gewerkschaften und den Sozialdemokraten favorisierte Erhöhung der gesamtwirtschaftlichen Nachfrage. Vermutlich
hätten sich die Sozialdemokraten sogar mit den Verteilungsfolgen der von
25 der FDP praktizierten Angebotspolitik abgefunden, wenn sie wenigstens hätten sicher sein können, daß die höheren Kapitaleinkommen auch den Investitionen und am Ende der Beschäftigung zugute kommen würden. Da das
deutsche Steuerrecht jedoch seit den sechziger Jahren eine systematische
Begünstigung der reinvestierten gegenüber den entnommenen Gewinnen
30 nicht mehr kennt, sprach vieles für die Vermutung, daß angebotstheoretisch
begründete Steuerentlastungen und Subventionen nur den Kapitaltransfer
aus den Unternehmen in die internationalen Geldmärkte und in hochver-
zinsliche Staatsanleihen beschleunigten.
    Nach der Bundestagswahl (1980) fand die neue politisch-ökonomische Kon-
35 stellation ihren Ausdruck in einer scheinbar finanzwirtschaftlich inkompe-
tenten und ökonomisch konterproduktiven Sparpolitik der Bundesregierung.
... Die Durchsetzung des Sparprogramms folgte nämlich einem simplen strategischen Muster, gegen das die SPD bis zuletzt keine wirksame Verteidigung
fand: Die zur Haushaltskonsolidierung notwendigen Ausgabenkürzungen
40 und Steuererhöhungen mußten selbstverständlich beim Sozialkonsum und
bei den Masseneinkommen ansetzen, wenn sie quantitativ zu Buche schlagen
sollten; und wenn dann die SPD bei steigenden Arbeitslosenzahlen gegen
den hinhaltenden Widerstand der FDP neue beschäftigungspolitische Initiativen durchsetzte, dann mußten diese ebenso selbstverständlich die Abga-
45 benbelastung der Kapitalseite vermindern oder die Kapitalsubventionen
erhöhen. Und da überdies die Opposition im Bundesrat in der Lage war,
unpopuläre Steuererhöhungen zu blockieren, zu denen die Koalition sich
schließlich durchgerungen hatte, machte die politische Selbstverpflichtung
zur Haushaltskonsolidierung neue Sparaktionen erforderlich, die sich selbst-
50 verständlich dann wieder vor allem gegen die von der SPD vertretenen Interessen richteten. Kein Wunder, daß schließlich sogar die bis zur Selbstverleug-
nung loyalen DGB-Gewerkschaften Massenproteste gegen die regierenden
Sozialdemokraten organisierten.

---

[1] Nachfrage- und Angebotspolitik: Die Nachfragepolitiker sehen den Ansatzpunkt zur
Krisenüberwindung in direkten Maßnahmen zur Steuerung der Gesamtnachfrage
(höhere Staatsausgaben, Erhöhung der Masseneinkommen). Die Angebotspolitiker
wollen die Krise durch Verbesserung der Produktionsbedingungen (Abbau von hem-
menden Vorschriften) und der Gewinne der Unternehmen (Minderung der Kosten),
lösen, damit zunächst zusätzliche Investitionen als Voraussetzung für eine wachsende Gesamtnachfrage angeregt bzw. ermöglicht werden.

Mit der „Operation 83" war dann endlich die Leidensgrenze der Sozialdemokraten und Gewerkschaften doch überschritten. Als Wirtschaftsminister Graf 55
Lambsdorff im Spätsommer 1982 für den Kanzler die noch viel weitergehenden Umverteilungsforderungen der FDP zu Papier brachte, mußten auch
koalitionstreue Sozialdemokraten einsehen, daß gegenüber der Restriktions-
politik der Bundesbank, der Umverteilungspolitik der FDP und der Blocka-
depolitik der CDU/CSU im Bundesrat das wirtschaftspolitische Spiel nicht 60
mehr zu gewinnen war. Bis es so weit war, hatte freilich die SPD den ein-
schneidensten Kürzungen im „sozialen Netz" schon zugestimmt und die
politische Verantwortung für den Anstieg der Arbeitslosigkeit bis zur Zwei-
Millionen-Grenze auf sich geladen.

Fritz W. Scharpf, Sozialdemokratische Krisenpolitik in Europa, Frankfurt/New York 1987,
S. 197 ff.

**Die Krise von 1980/82 und die Notwendigkeit einer angebotsorientierten Wirt- 35
schaftspolitik.** Stellungnahme von Gerhard Fels, Direktor des Instituts der deutschen Wirtschaft (1983)

Die Wirtschaftspolitik, mit der die Bundesrepublik Deutschland bis vor kur-
zem versucht hat, der Beschäftigungsprobleme Herr zu werden, hat sich nicht
als tragfähig erwiesen. Dem Staat wurde zu viel, den Tarifparteien zu wenig
Verantwortung zugemutet. Die vitalen Kräfte des Marktes haben sich in über-
zogenen staatlichen Regulierungen verfangen. Am Ende stehen eine hohe 5
und weiter zunehmende Staatsverschuldung, ein nicht mehr finanzierbares
Sozialsystem, ein überhöhtes Kostenniveau und erstarrte Martkstrukturen.
Die weltwirtschaftlichen Störungen, die in unsere Wirtschaft hineingetragen
wurden, sind durch die Politik nicht abgeschwächt, sondern verstärkt worden.
Der wachstumsnotwendige Strukturwandel stockt. Seit Jahren gibt es kein 10
wirtschaftliches Wachstum mehr. Die Arbeitslosigkeit erreicht den höchsten
Stand seit der Nachkriegszeit. Was wir seit Anfang der achtziger Jahre in der
Weltwirtschaft beobachten, ist die abrupte Realisierung von Kapitalverlu-
sten[1]. Im Gefolge der Ölpreisschübe kam es zu einer Inflationswelle, der vor
allem die Vereinigten Staaten mit einer Politik der Geldverknappung entge- 15
gentraten. Hohe Zinsen signalisierten Unsicherheit und ungelöste Anpassungsprobleme. Überkapazitäten in alten Industrieländern und verstärkte
Exportanstrengungen in jungen Industrieländern ließen einen starken Ange-
botsdruck auf den internationalen Märkten entstehen. Viele Arbeitsplätze
wurden vernichtet, müssen durch neue an anderer Stelle ersetzt werden. Bei 20
uns hat der Strukturwandel große Teile unseres Kapitalstocks, unseres Know-

---

[1] Kapitalverluste, hier: Entwertung von Produktionsanlagen, die ihre Wettbewerbsfähigkeit verloren haben, weil zu teuer produziert oder zu wenig nachgefragt wird.

how und unserer Forderungen gegenüber ausländischen Gläubigern entwertet. Die Kapitalverluste nagen am Risikopolster von Unternehmen und Banken. Viele Produktionen rentieren sich nicht mehr, neue Produktionschancen
25   werden wegen hoher Kosten, großer Unsicherheit und Mangel an risikotragendem Kapital nicht zügig genutzt.

Erst nachdem die Inflation unter Kontrolle war, konnten die Notenbanken ihre Politik des knappen Geldes lockern. Inzwischen zeichnet sich unter dem Einfluß niedrigerer Zinsen und niedrigerer Ölpreise eine wirtschaftliche
30   Belebung ab. Die Bedingungen für einen soliden Aufschwung, der zur Vollbeschäftigung zurückführt, sind jedoch noch nicht vorhanden. In der Rezession von 1967 gab es 0,6 Millionen Arbeitslose in der Rezession von 1976 waren es 1,2 Millionen. In der gegenwärtigen Krise hat sich die Zahl wiederum verdoppelt. Die Gefahr liegt darin, daß sich der Abwärtstrend fort-
35   setzt, weil bei den gegebenen ordnungspolitischen Bedingungen die konjukturellen Aufschwungsphasen immer kürzer und die konjunkturellen Abschwungsphasen immer länger werden. Diesen Abwärtstrend gilt es zu durchbrechen. Die Herausforderung trifft den Staat mit seiner Finanzpolitik und seiner Sozialpolitik, die Tarifparteien mit ihrer Lohnpolitik. Sie stellt
40   genauso Gesetze und Institutionen in Frage, die sich heute als Wachstumshemmnis erweisen. Fundamentalkorrekturen sind unvermeidlich.

... Ein Redynamisierung der Wirtschaft kann nur über eine angebotsorientierte Politik erreicht werden. Mangel an Dynamik hat seine Ursachen darin, daß die Anreizmechanismen gestört sind, vor allem daß die Löhne überhöht
45   und die Lohnrelationen verzerrt sind, daß übermäßige Staatsdefizite einen großen Teil der privaten Ersparnis vernichten, daß die Höhe und die Art der Besteuerung die Kapitalbildung und das Investieren erschweren, daß Regulationen wichtige Märkte außer Funktion setzen, daß Zugangsbarrieren Unternehmensgründungen und Neuerungswettbewerb abwürgen, daß soziale
50   Sicherungsmechanismen den Strukturwandel lähmen und daß eine weiche Sozialtechnik Arbeit und Leistung wenig attraktiv erscheinen läßt. Angebotspolitik will diese Störungen in den volkswirtschaftlichen Regelkreisen beseitigen. Der Staat ist dabei nicht in der Rolle jener Superinstanz, die all das korrigiert, was als Defekt der Privatwirtschaft angesehen wird. Er ist Veruracher
55   der Störungen, deshalb Objekt der Therapie, nicht Subjekt, Teil des Problems, nicht dessen Lösung.

Die Probleme so zu sehen, heißt die Vorstellung zu verwerfen, daß die Misere ganz oder überwiegend auf einem Nachfragemangel beruht, der durch expansive Geldvermehrung und weitere kreditfinanzierte Staatsausgaben zu behe-
60   ben wäre. Jeder Versuch einer solchen Nachfragepolitik würde erneut Inflationsfurcht erzeugen und die Zinsen wieder steigen lassen.

Gerhard Fels in: Herbert Giersch (Hg.), Wie es zu schaffen ist – Agenda für die deutsche Wirtschaftspolitik, Stuttgart 1983, S. 34 ff.

Der „Wende-Brief" des FDP-Vorsitzenden Genscher vom 20. 8. 1981 **36**

Am 20. August 1981 verbreitete der Pressedienst der FDP einen Brief des Bundes-
vorsitzenden Hans-Dietrich Genscher an die Mitglieder der Führungsgremien und
an die Mandatsträger der FDP. Auszüge:

Unser Land steht an einem Scheideweg. ... Nicht nur die Diskussion über die
Ergänzungsabgabe, sondern ganz allgemein die Diskussion über unsere Auffassung, daß Ausgabenverminderungen der bessere Weg sind als Einnah-
meerhöhungen, zeigt, daß unter veränderten Bedingungen und mit deshalb
auch veränderten Fragestellungen und Antworten eine ähnliche grundsätzli- 5
che Auseinandersetzung zu führen ist wie beim Wiederaufbau nach dem
Zweiten Weltkrieg.
Damals wie heute lag die Entscheidung, welcher Weg eingeschlagen werden
soll, weitgehend in unserer Hand...
Ganz allgemein ist es erforderlich, die Einsicht zu stärken, daß keine Lei- 10
stung von Staat und Gesellschaft gewährt werden kann, die nicht vorher oder
nicht hinterher von der Allgemeinheit, also von jedem einzelnen von uns,
aufgebracht werden müßte. Es gilt, eine Anspruchsmentalität zu brechen, die
nicht deshalb entstand, weil die heute lebende und arbeitende Generation
weniger leistungsbereit wäre als ihre Vorgänger, sondern weil manches 15
Gesetz geradezu zur Inanspruchnahme auffordert, um nicht zu sagen verlei-
tet. Eine Wende ist notwendig...

Wolfram Bickerich (Hg.), Die 13 Jahre, Bilanz der sozial-liberalen Koalition, Reinbek b.
Hamburg 1982, S. 241

Erklärung von Bundeskanzler Helmut Schmidt vor dem Deutschen Bundestag **37**
am 1. Oktober 1982 anläßlich des gegen ihn angestrengten Mißtrauensvotums.

Herr Präsident, meine Damen und Herren!
Die sozial-liberale Koalition, deren gewählter Bundeskanzler heute durch ein
Mißtrauensvotum gestürzt werden soll, hat 1980 durch die Wählerinnen und
Wähler eine überzeugende Bestätigung und einen Auftrag für weitere vier
Jahre bekommen. ... 5
Dieser Regierungswechsel, den Sie anstreben, berührt die Glaubwürdigkeit
unserer demokratischen Institutionen. Aber auch andere Werte könnten auf
dem Spiele stehen. Ich habe die Absicht, mich dazu in zwölf Punkten zu
äußern. ...
Wir haben zwischen zwei extremen ökonomischen Theorien, wie sie heute in 10
einigen Staaten des Westens tatsächlich ausprobiert werden, einen mittleren
Kurs gewählt. Wir haben weder eine inflationistische Ausweitung des Staats-
kredits noch eine deflationistische Schrumpfungspolitik betrieben.
Das hat sich ausgezahlt: Unsere Zahlungsbilanz ist gesund, unsere Währung

15 ist stabil, der Preisanstieg in der Bundesrepublik ist der geringste in der Europäischen Gemeinschaft, aber unsere realen Löhne sind die höchsten in der Europäischen Gemeinschaft.

Ich warne vor den Folgen einer deflationistischen Politik, CDU, CSU und FDP wollen nach ihren veröffentlichten Vereinbarungen die Haushalte kür-
20 zen und die allgemeine Nachfrage senken oder drosseln. Sie wollen für die Wirtschaft Steuern senken, obgleich schon heute die steuerliche Situation für die Unternehmen die günstigste sei der Währungsreform ist, schon heute! Es soll hier die ,Angebotspolitik' kopiert werden. Sie wird genau wie in Amerika, wo das zwei Jahre früher probiert wurde, im Ergebnis zu stärkerer
25 Arbeitslosigkeit führen.

Die Sache wird nicht dadurch besser, daß CDU/CSU- und FDP-Führung die Steuervergünstigung durch eine Umsatzsteuererhöhung ausgleichen wollen, die jedermann tragen muß und die Sie, meine Damen und Herren von der CDU, uns Anfang des Jahres, als wir sie für die Investitionszulage verwenden
30 wollten, mit der Begründung angeblicher Wirtschaftsfeindlichkeit abgelehnt haben. ...

Der Gesamtansatz ihrer öffentlich dargelegten Finanz- und Wirtschaftspolitik ist verfehlt. Er kann bestenfalls eine kurze Scheinblüte auslösen, die nach wenigen Monaten einer sich verstärkenden Arbeitslosigkeit weichen wird.
35 Ich verstehe, daß Sie für diesen Fall schon heute vorbauen möchten, indem Sie den Sozialdemokraten nachträglich und wider besseren Wissen Schuld anlasten wollen. Aber der kritische Bürger durchschaut diese Absicht Ihrer bösen Legendenbildung!

Zit. Nach Bulletin des Presse- und Informationsamtes der Bundesregierung vom 5. Oktober 1982. S. 823 ff.

38 Auszüge aus der Regierungserklärung Bundeskanzler Helmut Kohls am 13. Oktober 1982

Herr Präsident,
meine sehr verehrten Damen und Herren!
Die Koalition der Mitte, zu der sich CDU, CSU und FDP zusammengeschlossen haben, beginnt ihre Arbeit in der schwersten Wirtschaftskrise seit
5 Bestehen der Bundesrepublik Deutschland. Diese Krise hat das Vertrauen vieler Menschen, vieler Mitbürger in die Handlungsfähigkeit unseres Staates erschüttert.

Diese neue Regierung ist notwendig geworden, weil sich die alte, die bisherige Regierung als unfähig erwies, gemeinsam die Arbeitslosigkeit zu
10 bekämpfen, das Netz sozialer Sicherheit zu gewährleisten und die zerrütteten Staatsfinanzen wieder in Ordnung zu bringen.

Spätestens seit dem Münchner Parteitag der SPD wurde immer deutlicher, daß sich die Wege der bisherigen Koalitionspartner trennten. In drängenden

Fragen der Innen- und der Außenpolitik ließ die SPD ihren eigenen Regierungschef im Stich. Bundeskanzler Schmidt verlor seine Mehrheit. 15
Die Freie Demokratische Partei hat sich, wie wir alle wissen und auch gerade in der Auseinandersetzung in diesem Plenarsaal miterlebt haben, ihre Entscheidung nicht leicht gemacht. Im Interesse unseres Landes hat sie, wie die Verfassung es will, eine neue Regierung ermöglicht. Diese Koalition der Mitte wird unser Land aus der Krise führen. ... 20
Wie ist die Lage der Bundesrepublik Deutschland?
I. Die wirtschaftliche und geistig-politische Krise
Die Wirtschafts- und Finanzkrise
Wir erleben zur Zeit eine Arbeitslosigkeit, die schlimmer ist als jene in den Jahren des Wiederaufbaus. Fast jeder vierzehnte Erwerbstätige in der Bun- 25
desrepublik ist arbeitslos. Im Winter können fast 2,5 Millionen Menschen arbeitslos sein. Noch mehr Mitbürger bangen um ihren Arbeitsplatz. Nach zweijähriger Stagnation geht die gesamtwirtschaftliche Produktion seit Monaten zurück.
Noch nie in der Geschichte der Bundesrepublik Deutschland hat es so viele 30
Firmenzusammenbrüche gegeben wie in diesem Jahr, und noch nie sind so viele selbständige Existenzen vernichet worden. Allein dadurch sind in den letzten Jahren rund 500 000 Arbeitsplätze vernichtet worden. In diesem Jahr wird dieser traurige Rekord an Konkursen noch einmal überboten werden. 15 000, vielleicht noch mehr Unternehmen müssen Konkurs anmelden. 35
Damit gehen noch einmal weit über 100 000 Arbeitsplätze verloren.
Was das schlimmste ist: Fast 200 000 Jugendliche sind arbeitslos. Viele finden keinen Ausbildungsplatz und sind damit nicht nur ohne Arbeit, sondern auch ohne Chance, sich beruflich zu qualifizieren.
Die Fähigkeit unserer Wirtschaft, durch Investitionen neue Arbeitsplätze zu 40
schaffen, ist erheblich geschwächt.
Die Wachstums- und Beschäftigungskrise, meine Damen und Herren, hat zugleich in aller Deutlichkeit die Finanzkrise unseres Staates offengelegt. Der erste Kassensturz, den die neue Bundesregierung in diesen wenigen Tagen vornehmen mußte, hat eine noch wesentlich kritischere Lage der 45
Staatsfinanzen offenbart, wesentlich kritischer, als selbst wir, die CDU/CSU in der Opposition, annehmen konnten.
Meine Damen und Herren, diese Eröffnungsbilanz ist bestürzend: Ende dieses Jahres, in wenigen Wochen, wird sich der Schuldenstand des Bundes auf über 300 Milliarden DM erhöhen; bei Bund, Ländern und Gemeinden 50
zusammengenommen auf über 600 Milliarden DM; mit Bahn und Post zusammen addiert auf rund 700 Milliarden DM. Allein der Zinsendienst der öffentlichen Hand wird Ende dieses Jahres rund 60 Milliarden DM betragen.
...

Die geistig-politische Krise 55
Wir stecken, meine Damen und Herren, nicht nur in einer wirtschaftlichen Krise. Es besteht eine tiefe Unsicherheit, gespeist aus Angst und Ratlosigkeit.

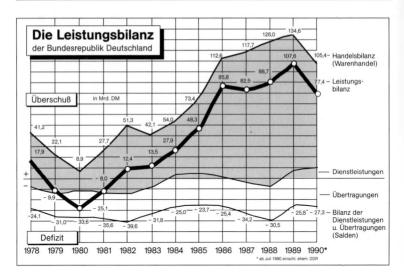

Abb. 12: Leistungsbilanz 1978–1990 (nach Erich Schmidt Zahlenbilder).

Angst vor wirtschaftlichem Niedergang, Sorge um den Arbeitsplatz, Angst
vor Umweltzerstörung, vor Rüstungswettlauf, Angst vieler junger Menschen
60 vor der Zukunft.
Manche dieser jungen Mitbürger fühlen sich ratlos, steigen aus, flüchten in
Nostalgie und Utopie.
Hier sehen wir eine Herausforderung an unsere Pflicht als Bürger, als Eltern,
an unseren Gemeinsinn und an unsere Überzeugungskraft.
65 Die Ideologien der Macher und Heilsbringer haben den Wirklichkeitssinn im
Lande nicht geschärft, die Selbstverantwortung nicht gestärkt und die geistigen Herausforderungen der Zeit verkannt.
Wir brauchen wieder die Tugenden der Klugheit, des Mutes und des Maßes
für die Zukunft unseres Landes.
70 Die Frage der Zukunft lautet nicht, wieviel mehr der Staat für seine Bürger
tun kann. Die Frage der Zukunft lautet, wie sich Freiheit, Dynamik und
Selbstverantwortung neu entfalten können. Auf dieser Idee gründet die Koalition der Mitte.
Zu viele haben zu lange auf Kosten anderer gelebt: der Staat auf Kosten der
75 Bürger, Bürger auf Kosten von Mitbürgern und – wir sollten es ehrlich sagen –
wir alle auf Kosten der nachwachsenden Generationen. Es ist jetzt auch ein
Gebot des sozialen Friedens und der sozialen Gerechtigkeit, daß wir der Ehr-
lichkeit, der Leistung und der Selbstverantwortung eine neue Chance geben.
. . .

Zit. nach Bulletin des Presse- und Informationsamtes der Bundesregierung, Nr. 93, vom
14. 10. 1982, S. 854 ff.

Entwicklung der Arbeitnehmereinkommen 1950 – 1990 (nominal und real)

| Jahr | Preis-[1] index | Ab- gaben- bela- stung[2] | Monatseinkommen in DM | | Realein- kommens- index | Veränderung des Real- eink.- indexes |
			in jew. Preisen brutto[3]	Netto in Preisen von 1990[4]		
1950	32,4		218	720	31,6	
1960	39,0	15,6 %	512	432	1 185	52,0	+ 64,6 %
1970	50,4	22,5 %	1 153	894	1 898	83,2	+ 60,2 %
1980	82,8	28,7 %	2 474	1 765	2 281	100,0	+ 20,2 %
1981	88,0	28,9 %	2 593	1 847	2 246	98,5	
1982	92,6	29,4 %	2 695	1 904	2 200	96,4	
1983	95,7	29,9 %	2 781	1 948	2 178	95,5	
1984	98,0	30,7 %	2 865	1 986	2 168	95,0	
1985	100,0	31,5 %	2 949	2 020	2 161	94,7	
1986	99,9	31,3 %	3 055	2 100	2 242	98,3	
1987	100,1	31,7 %	3 151	2 144	2 292	100,5	
1988	101,4	31,7 %	3 245	2 216	2 338	102,3	
1989	104,2	32,3 %	3 342	2 261	2 321	101,8	
1990	107,0	30,6 %	3 499	2 430	2 430	106,5	+ 6,5 %[5]

Jahresgutachten 1969/70; 1975/76 und 1991/92 des Sachverständigenrates zur Begutachtung der gesamtwirtschaftlichen Entwicklung (jeweils Preis- und Einkommenstabellen;
letztere auf Monatswerte umgerechnet)

[1] Preisindex für die Lebenshaltung aller privaten Haushalte.
[2] Steuern und Sozialabgaben auf das Bruttolohneinkommen.
[3] Durchschnittliche monatliche Lohn- und Gehaltssumme je beschäftigten Arbeitnehmer (brutto bzw. netto).
[4] Berechnet mit dem angegebenen Preisindex.
[5] Veränderung gegenüber 1980.

Bundeswirtschaftsminister Otto Graf Lambsdorff (FDP) zur wirtschaftspoliti- **39**
schen Position der Freien Demokraten in einem Zeitungsaufsatz vom 24. 12.
1982

Es ist richtig, daß die Zahl der Arbeitslosen weiterhin viel zu hoch bleibt und
daß sie zunächst noch weiter steigen wird. Aber ich sehe nicht, wie sie mit
massiven Arbeitsbeschaffungsprogrammen nennenswert und vor allem langfristig vermindert werden kann. Es stimmt ja nicht, daß wir in Bonn die keynesianischen Lehren verdrängt hätten. Sie würden gegenwärtig nur nicht wir-   5
ken. Auch jetzt ist Keynes nicht vergessen. Die massive Förderung der Woh-
nungsbaunachfrage wäre durchaus in seinem Sinne: nicht nur die Bereitstel-
lung zusätzlicher öffentlicher Mittel, sondern auch die Verbesserung der
Angebotsbedingungen für den Wohnungsbau. Beides zusammen wird

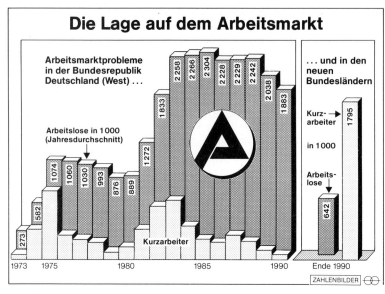

Die Lage auf dem Arbeitsmarkt

Abb. 13: Die Lage auf dem Arbeitsmarkt 1973–1990.

10 schnell neue Nachfrage und neues Angebot auf einem Markt bewirken, der für die Beschäftigung von besonderer Bedeutung ist.

Darum geht es doch in der Wirtschaftspolitik der neuen Regierung: Angebot und Nachfrage zu stärken, und dies nicht nur für kurzfristige Programmzeiträume, sondern auf längere Sicht. Dabei steht heute und wohl noch einige

15 Zeit die Verbesserung der Angebotsbedingungen für neue Investitionen im Vordergrund unserer Anstrengungen. ...

Es kommt darauf an, die privaten Investoren zu neuen Aktivitäten zu veranlassen. Private Investitionen – jedenfalls in unserer Wirtschaftsordnung – ermöglichen es, sich an weltweit veränderte Wirtschaftsstrukturen anzupas-

20 sen. Sie halten uns international konkurrenzfähig. Für ein Außenhandelsland wie die Bundesrepublik ist das eine unabdingbare Voraussetzung für wirtschaftlichen Erfolg. Und zugleich sind die privaten Investitionen der Motor, um einen neuen Wachstumsprozeß im Inneren in Gang zu setzen, der mehr ist als ein kurzlebiges Feuerwerk. ...

25 Aber wir müssen im eigenen Haus beginnen. Wenn die Investitionsneigung und die Investitionstätigkeit gefördert und gesteigert werden sollen, muß der Staat dafür Bedingungen schaffen. Das ist in einem anderen Sinne, als Buccerius gemeint hat, eine Stunde des Staates. Denn zunächst ist es notwendig, das Vertrauen in die Handlungsfähigkeit der öffentlichen Hand zu stärken.

30 Das schafft man nicht durch neue Schuldenaufnahme, sondern durch nach-

prüfbare Schritte auf dem Weg, die öffentlichen Haushalte zu konsolidieren. Im Bundeshaushalt 1983 ist damit ein Anfang gemacht worden. Damit allein ist es nicht genug. Es kommt auch darauf an, staatliche Konsumausgaben (zumindest relativ) zu verringern und die Investitionsausgaben zu erhöhen. Zu einer solchen Politik gehört weiter, daß wir die Leistungsbereit- 35 schaft und die Privatinitiative fördern, indem wir die Steuerquote und die Abgabenquote begrenzen und die Steuerlast allmählich etwas anders verteilen. Über Erhöhung der indirekten Steuern läßt sich durchaus reden, wenn im Zuammenhang damit, die direkte Steuerlast verringert wird. Auch damit beginnen wir 1983, ebenso mit stärkeren öffentlichen Investitionen, zum Bei- 40 spiel durch eine bessere Finanzierung der Gemeinschaftsaufgaben.
...
Für mehr Beschäftigung brauchen wir mehr Investitionen. Dafür ist weiterer Zinsabbau nötig, der ohne Haushaltskonsolidierung, ohne Preisstabilisierung, ohne Leistungsbilanzausgleich nicht kommen wird. Die Regierung 45 muß zugleich Zeichen für die Lohnpolitik setzen, die ebenfalls vor einem Drahtseilakt zwischen ausreichender Nachfrage und Kostendämpfung steht.
...

Otto Graf Lambsdorff, in: Die Zeit 24. 12. 1982

Die Gewerkschaften und die „Wende-Politik". Kritische Stellungnahme von Reinhard Bispinck, Mitarbeiter des Wirtschafts- und Sozialwissenschaftlichen Instituts des DGB (1985) **40**

Mit großer Offenheit hat die konservativ-liberale Koalition aus CDU/CSU und FDP ihre Pläne zur Kürzung von Sozialleistungen und der damit verbundenen Aushöhlung des Sozialstaates angekündigt und in die Tat umgesetzt. Unmittelbar nach dem Sturz der Schmidt/Genscher-Regierung im Herbst 1982 präsentierte Bundeskanzler Kohl sein Blut-, Schweiß- und Tränenkon- 5 zept zur Bewältigung der sozial-liberalen „Erblast". Zum obersten Ziel wurde der Abbau der Staatsverschuldung durch eine möglichst rasche Konsolidierung der Staatsfinanzen erklärt. Noch vor der Bundestagswahl im März 1983 setzte die Bundesregierung die überarbeitete Fassung der noch von der sozial-liberalen Koalition vorbereiteten Haushaltsoperation 1983 durch, die 10 erkennen ließ, daß die Wenderegierung die keineswegs zimperlich Rotstiftpolitik ihrer Vorgängerin erheblich zu verschärfen trachtete. Es folgte – in Jahresfrist – die Haushaltsoperation 1984. Insgesamt 250 sozial- und steuerpolitische Gesetzesänderungen bewirkten in den Jahren 1982 bis 1985 eine Umverteilung mit einem Volumen von 210 15 Mrd. Mark. Allein die Sozialeinkommen (Arbeitslosenunterstützung, Rente usw.) wurden in diesem Zeitraum um rund 75 Mrd. Mark gekürzt, hinzu kamen direkte Belastungen der abhängigen Beschäftigten (z.B. durch Anhebung der Sozialversicherungsbeiträge u.a.) in Höhe von 59 Mrd. Mark und

20 eine indirekte Belastung der Arbeitnehmer als Konsumenten und Steuerzahler im Umfang von 42 Mrd. Mark. Die Unternehmen wurden dagegen um
rund 9 Mrd. Mark entlastet.
Trotz des vielfach heftigen Protestes der Betroffenen konnte sich ein politisch
wirksamer Widerstand gegen diesen sozialpolitischen Kahlschlag nicht ent-
25 falten, weil die SPD-Opposition durch die eigene Spar- und Streichpolitik in
den Jahren zuvor ihre Glaubwürdigkeit weitgehend verloren hatte und große
Teile der Bevölkerung offensichtlich bereit waren, den „Gürtel enger zu
schnallen" und einen Betrag zur Wiederherstellung „geordneter" Staatsfinanzen als Voraussetzung für eine wirtschafts- und arbeitsmarktpolitische Auf-
30 wärtsentwicklung zu leisten.
Erschreckend ist zudem, wie schnell die Fülle sozialpolitischer Leistungskürzungen und Belastungen als unabänderlich hingenommen wurden und zum
großen Teil wieder in Vergessenheit zu geraten drohen.
Wer weiß denn heute noch, daß
35 – das Arbeitslosengeld, das Kurzarbeitergeld und das Schlechtwettergeld
bei den jeweils Betroffenen ohne Kinder von 68 Prozent auf 63 Prozent, die
Arbeitslosenhilfe von 58 auf 56 Prozent des letzten Nettoentgelts gekürzt
wurde;
– das Anspruchsvoraussetzungen für den Bezug von Arbeitslosenunterstüt-
40 zung verschärft und die Sperrzeiten verlängert wurden;
– das Krankengeld durch die Einführung der Beitragspflicht um über zehn
Prozent gekürzt, die Rezeptblattgebühr erhöht und die Beteiligung an Zahn-
ersatzkosten angehoben wurden;
– eine Beteiligung an den Kosten von Krankenhausaufenthalt und Kur ein-
45 geführt und sogenannte „Bagatellarzneimittel" aus dem Leistungskatalog
gestrichen wurden;
– die Rentenanpassung dauerhaft um ein halbes Jahr verschoben wurde und
durch die Änderung des Anpassungsverfahrens in diesem Jahre geringer aus-
fallen wird;
50 – eine Beteiligung der Rentner an ihrer Krankenversicherung eingeführt und
die Zugangsvoraussetzungen für Berufs- und Erwerbsunfähigkeitsrenten
verschärft wurden, das Mutterschaftsurlaubsgeld drastisch gekürzt wurde;
– die Schülerausbildungsförderung weitgehend gestrichen und die Studen-
tenausbildungsförderung voll auf Darlehen umgestellt wurde;
55 – die Anpassung der Sozialhilferegelsätze um ein halbes Jahr verschoben,
die Anpassungssätze gekürzt und die Mehrbedarfszuschläge abgesenkt wurden?
Diese und zahllose anderes sozialpolitische Leistungskürzungen und Belastungssteigerungen sind selbst für Experten nicht mehr überschaubar, bei der
60 breiten Masse der Bevölkerung dürfte allenfalls einige Einzelmaßnahmen
noch in Erinnerung sein. ...
Die Vielzahl der Sozialleistungenskürzungen und Belastungssteigerungen
trifft unvermeidbar gerade diejenigen sozialen Gruppen, die ganz besonders

auf Unterstützung angewiesen sind. ... Zu den ganz besonders betroffenen
Gruppen gehören die Arbeitslosen: Die Verschärfung der Anspruchsvoraus- 65
setzungen und die zunehmende Dauer der Arbeitslosigkeit hat dazu geführt,
daß immer mehr Arbeitslose keinen Anspruch auf Arbeitslosengeld haben
oder ihn rasch wieder verlieren. Die Zahl der völlig aus der Arbeitslosenunterstützung Ausgesteuerten hat in den vergangen Jahre erheblich zugenommen. Fast 40 Prozent der registrierten Arbeitslosen erhalten mittlerweise 70
überhaupt keine Unterstützung mehr vom Arbeitsamt.

Reinhard Bispinck (Wiso-Institut des DGB), Soziale Demontage – Auf dem Weg in den
Unternehmerstaat, in: Welt aktuell '86, Hamburg 1985, S. 350 ff.

Wirtschaft und Wirtschaftsentwicklung in der Ära Kohl. Rückblick des Sachver- **41**
ständigenrates auf die wirtschaftliche Entwicklung in den 80er Jahren (November 1989)

Das in diesem Jahr zu Ende gehende Jahrzehnt stellt wegen der langen Dauer
der konjukturellen Aufwärtsbewegung einen außergewöhnlichen Abschnitt
in der Wirtschaftsgeschichte der Bundesrepublik dar. Die günstige Entwicklung der letzten beiden Jahre hat nahezu vergessen lassen, daß sich zu Beginn
der achtziger Jahre im Hinblick auf die Aussichten für das bevorstehende 5
Jahrzehnt tiefer Pessimismus in der Wirtschaft ausgebreitet hatte. Nach der
überraschend schnellen und kräftigen Erholung von dem Ölpreisschock 1973/
74 war die westdeutsche Wirtschaft zum zweiten Mal innerhalb weniger Jahre
in den Sog einer weltweiten Rezession geraten, die wiederum in einer absoluten Schrumpfung des Welthandelsvolumens kulminierte.   10
Der Pessimismus in der deutschen Wirtschaft wurde indessen weniger von
den weltwirtschaflichen als von den hausgemachten Problemen genährt. Er
wurzelte auch nicht in erster Linie in der Inflationsfurcht, wenngleich die
Geldentwertungsrate auch in der Bundesprepublik deutlich gestiegen war. Im
Zentrum stand vielmehr die Sorge, daß Wirtschaft und Gesellschaft nicht 15
mehr die Flexibilität und Dynamik aufbringen könnten, die für einen raschen
Wandel der Produktions- und Beschäftigungsstrukturen an Veränderungen
der Nachfrage, der Faktorpreisrelationen, des technischen Wissens und der
Wettbewerbsverhältnisse auf den Weltmärkten erforderlich waren.
In der Bundesrepublik Deutschland wie in nahezu allen Industrieländern 20
hatte man erkannt, daß die in den siebziger Jahren zeitweise betriebene geldpolitische und finanzpolitische Expansion nicht die erwarteten Wirkungen
hatte, weil die Arbeitslosigkeit größtenteils entweder strukturell bedingt war
oder sich zu einem Strukturproblem verfestigt hatte. Als wirtschaftspolitische
Alternative bot sich die Verbesserung der Angebotsbedingungen an, insbe- 25
sondere der Investitionsbedingungen. Diese Konzeption umfaßt im Kern
drei Teile:

- Eindämmung der Inflation und Reduzierung der Budgetdefizite zur Wiederherstellung der Handlungsfähigkeit des Staates und zur Wiedergewin-
30 nung des Vertrauens von Investoren und Konsumenten;
- Abbau von Hemmnissen und Regelungen, die die wirtschaftliche Aktivitäten erschweren, verteuern oder in eine unproduktive Richtung führen; hierzu
gehören die Senkung der Besteuerung sowie der Abbau von staalichen Ein-
griffen und Regulierungen auf den Geldmärkten;
35 - Verbesserung der Funktionsfähigkeit des Arbeitsmarktes; insbesondere
durch die Rückführung der Lohnsteigerungsrate auf die gesamtwirtschaftliche Produktivitätsentwicklung und die Differenzierung der Lohnrelationen,
soweit Maßnahmen zur Förderung der Mobilität, Flexibilität und Qualifikation des Arbeitskräfteangebots nicht ausreichen.
40 Dieser wirtschaftliche Richtungswechsel wurde in nahezu allen Industrieländern vollzogen, doch gab es im Hinblick auf den Zeitpunkt, die Dosierung
und die Priorität der einzelnen Schritte zum Teil erhebliche Unterschiede. . . .
Ziel der Finanzpolitik in den achtziger Jahren war es, die Beanspruchung der
volkswirtschaftlichen Ressourcen durch den Staat zurückzuführen, um mehr
45 Raum für private Aktivitäten zu schaffen. Zunächst hatte dabei die Konsolidierung der öffentlichen Haushalte über die Ausgabenseite Vorrang. Die
Weichen für die Begrenzung des Ausgabenanstiegs wurden mit der sogenannten Operation '82 sowie mit den Haushaltsbegleitgesetzen 1983 und 1984
gestellt. Nach der Reduzierung der Neuverschuldung sollte die Begrenzung
50 des Ausgabenanstiegs zur steuerlichen Entlastung der Einkommen genutzt
werden. Die Senkung der Einkommensteuer wurde auf drei Stufen verteilt
und für die Jahre 1986, 1988, 1990 in Kraft gesetzt. Auf lange Sicht sollte die
Konsolidierung der Haushalte und die Entlastung der Einkommen über die
Verringerung der Zinslast und über die Beschleunigung des wirtschaftlichen
55 Wachstums aber auch wieder mehr Spielraum für staatliche Leistungen eröffnen.
Die Bilanz der Finanzpolitik der achtziger Jahre ist im ganzen positiv. Das
„Gesetz der wachsenden Staatsausgaben" verlor zumindest vorübergehend
seine Gültigkeit, damit wurden das Kapitalangebot für produktive Investitio-
60 nen vergrößert, eine nachhaltige Senkung der Abgabensätze begonnen und
das Vertrauen in die Handlungsfähigkeit des Staates gestärkt. Negativ fällt
dagegen die Bilanz hinsichtlich der qualitativen Konsolisierung aus, die eine
wachstumsfreundliche Umgestaltung der Ausgabenstruktur zum Ziel haben
sollte. Bei der Steuerreform wäre eine stärkere wachstums- und beschäfti-
65 gungspolitische Orientierung wünschenswert gewesen. . . .

Sachverständigenrat zur Begutachtung der gesamtwirtschaftlichen Entwicklung, Jahresgutachten 1989/90, Ziffer 13* ff., Ziffer 159

4. Veränderte Anforderungen an die Umwelt- und Entwicklungspolitik

Die siebziger und achtziger Jahre schufen auch für die Politik der Bundesrepublik veränderte weltwirtschaftliche und umweltpolitische Rahmenbedingungen. Bis gegen Ende der sechziger Jahre hatte ein unbekümmertes Streben nach Wiederaufbau und raschem wirtschaftlichen Wachstum das Denken der Menschen bestimmt. Mit dem Wachstum der Wirtschaft sollte eine immer bessere Lösung der sozialen Probleme im Rahmen eines modernen Wohlfahrtsstaates bewirkt werden. Von der Übertragung des westlichen Entwicklungsmodells auf den „Süden" erwartete man die baldige Lösung der Probleme der „Unterentwicklung". Ein gemeinsamer Weltmarkt und der freie Kapitaltransfer sollten dafür die Voraussetzungen schaffen. Eine langanhaltende Nachkriegsexpansion von Wirtschaft und Welthandel schien solche Hoffnungen zu bestätigten. Beide Erwartungen aber wurden von der weiteren Entwicklung mehr oder weniger enttäuscht.

Schon die Bilanzierung der Ergebnisse der von den Vereinten Nationen proklamierten ersten Entwicklungsdekade (1961-1970) zeigte, daß die Nord-Süd-Kluft sich vergrößert und die Probleme der Entwicklungsländer sich zugespitzt hatten. Die weltwirtschaftliche Entwicklung der siebziger Jahre brachte der Dritten Welt zusätzliche Schwierigkeiten. Zwar konnten in dieser Dekade relativ hohe Wachstumsraten des Bruttosozialprodukts aufrechterhalten werden, doch nur auf Kosten einer unverhältnismäßig hohen Auslandsverschuldung und vermehrter ökonomischer und sozialer Verwerfungen im eigenen Land. Diese ungesunde Entwicklung wurde neben dem zweiten Ölpreisschock 1979/80 zur unmittelbaren Ursache für die schwere Krise, in die in den achtziger Jahren vor allem die afrikanischen und lateinamerikanischen Entwicklungsländer gerieten. Neben großen Mängeln in der nationalen Politik und der übermäßigen Verschuldung trugen dazu auch weltwirtschaftliche Faktoren wie wachsende Realzinsen, ein geringeres Wachstums des Welthandels, sinkende Rohstoffpreise und protektionistische Maßnahmen der Industrieländer bei. Faktoren, die aus der gleichfalls vielfach krisenhaften Lage dieser Staaten resultierten.

Abnehmende Wachstumsraten, Massenarbeitslosigkeit und hohe Staatsverschuldung in den Industrieländern begannen die weitere Finanzierung des Sozial- und Wohlfahrtsstaates zu gefährden, während andererseits die fatalen Folgen eines ungehemmten wirtschaftlichen Wachstums immer offenkundiger wurden. Zwei wissenschaftliche Untersuchungen am Anfang und am Ende dieser Dekade trugen zusätzlich zur Sensibilisierung des ökologischen Denkens bei. 1972 erschien der erste Bericht des „Club of Rome" über die „Grenzen des Wachstums", der anhand eines speziellen Prognosemodells für die erste Hälfte des nächsten Jahrhunderts eine Weltkatastrophe aufgrund einer Überbeanspruchung der verfügbaren Ressourcen und der Biosphäre voraussagte. 1980 wurde „The Global Report 2000" dem amerikanischen Präsidenten vorgelegt. Erstmalig wurde hier die globale Umweltzerstörung detailliert dargestellt und wurden katastrophale Konsequenzen bis zum Jahre 2000 für den Fall prognostiziert, daß eine entschiedene Trendwende ausbleibt.

Stärker noch als zuvor haben in den achtziger Jahren neue Erfahrungen das Bewußtseins von der unauflöslichen Vernetzung aller Teile des Ökosystems Erde ausgebreitet. „Ozonloch" und „Treibhauseffekt" werden als Gefahren gesehen, die global verursacht und global wirksam werden. Nur gemeinsam werden Nord und Süd eine sichere Zukunft schaffen können. Für die Dritte Welt setzt das die Lösung des Armutsproblems voraus. Die Industriestaaten aber sehen sich vor die Aufgabe gestellt, dafür einerseits angemessene weltwirtschaftliche Rahmenbedingungen zu schaffen, andererseits aber ihr wirtschaftliches Wachstum und ihre technologische Entwicklung so zu steuern, daß dabei die Erhaltung der ökologischen Lebensgrundlagen ebenso wie die soziale Befriedung der Gesellschaft gewährleistet werden können.

42 Brundtland-Bericht über den Zusammenhang von Weltwirtschaft, Umwelt und Entwicklung. Stellungnahme der UN-Kommission für Umwelt und Entwicklung unter Leitung der Norwegerin Gro Harlem Brundtland (1987)

Die Kluft zwischen arm und reich wird größer, nicht kleiner, und es besteht kaum Aussicht, daß sich dies bei Fortschreibung bestehender Trends und Gegebenheiten in absehbarer Zeit ändern könnte.

Parallel hierzu gibt es Umwelt-Entwicklungen, die unseren Planeten grund-
5 legend zu verändern drohen und die das Überleben vieler auf ihm lebender Arten – den Menschen eingeschlossen – gefährden. So verwandeln sich Jahr für Jahr weitere 6 Millionen Hektar landwirtschaftlich nutzbarer Fläche in unfruchtbare Wüste. Über einen Zeitraum von drei Jahrzehnten entspricht dies einer Fläche etwa so groß wie Saudi-Arabien. Mehr als 11 Millionen
10 Hektar Wald werden jährlich vernichtet; eine Fläche, die – ebenfalls auf dreißig Jahre hochgerechnet – der Größe Indiens entspricht. Ein Großteil dieser ehemaligen Waldflächen verwandelt sich in landwirtschaftliche Niedrigertragsflächen, die den besiedelnden Bauern kein Überleben sichern. In Europa führt der Saure Regen zum Waldsterben sowie des Absterbens des
15 Lebens in Gewässern und zerstört das künstlerische und architektonische Erbe ganzer Nationen. Riesige Gebiete sind möglicherweise bereits derart versauert, daß eine dauerhafte Abhilfe gar nicht mehr möglich ist. Die Verbrennung fossiler Energieträger führt zu einem Anstieg des Kohlendioxids in der Luft und damit zu einer allmählichen weltweiten Erwärmung. Bereits
20 Anfang des nächsten Jahrhunderts kann der durch diesen Treibhauseffekt verursachte weltweite Temperaturanstieg zu einer Verlagerung der landwirtschaftlich nutzbaren Flächen, sowie – bedingt durch den Anstieg des Meeresspiegels – zu einer Überflutung von Küstenstädten und zu wirtschaftlichem Chaos führen. In der industriellen Fertigung verwendete flüchtige Gase
25 bedrohen den schützenden Ozonschild der Erde derart, daß bei einem weiteren Abbau der Ozonschicht mit einem drastischen Anstieg der Krebsraten bei Mensch und Tier sowie darüber hinaus mit einer Unterbrechung der Nahrungskette in den Meeren zu rechnen ist. Über Industrie und Landwirtschaft

gelangen giftige Stoffe in die menschliche Nahrungsmittelkette und in das
Grundwasser und verursachen dort nicht wiedergutzumachende Umwelt- 30
schäden.

Nationale Regierungen und internationale Organisationen werden sich
zunehmend der Tatsache bewußt, daß Fragen wirtschaftlicher Entwicklung
und der Umwelt nicht länger voneinander zu trennen sind. Vieles, was unter
der Bezeichnung „Entwicklung" distanziert wird, geht unverantwortlich mit 35
den hierfür benötigten Umweltressourcen um, und letzlich wird eine geschä-
digte Umwelt sich auch nachteilig auf die wirtschaftliche Entwicklung auswir-
ken. Die Armut ist gleichzeitig eine der Hauptursachen und Hauptfolgen globaler Umweltprobleme. Es ist daher müßig, Umweltprobleme in den Griff
bekommen zu wollen, wenn man nicht über eine breit angelegte Perspektive 40
verfügt, die auch die Ursachen für die Armut in der Welt sowie die Ungerech-
tigkeit in den internationalen Beziehungen zu Kenntnis nimmt. ...

Die Verlangsamung des Aufschwungs der wirtschaftlichen Entwicklung und
die Stagnation des Welthandels während der 80er Jahre hat die Fähigkeit aller
Nationen in Frage gestellt, zu reagieren und sich anzupassen. Die Entwick- 45
lungsländer, die auf den Export von Primärprodukten angewiesen sind,
waren besonders hart von den fallenden Güterpreisen betroffen. Zwischen
1980 und 1984 haben die Entwicklungsländer etwa 55 Mrd. Dollar bei Export-
einnahmen wegen der fallenden Güterpreise verloren, ein Verlust, den
Lateinamerika und Afrika besonder schneidend verspüren. ... 50

Zwei Bedingungen müssen erfüllt sein, damit der internationale Wirtschafts-
austausch vorteilhaft für alle Beteiligten wird. Die Dauerhaftigkcit dcs Ökosystems, von dem die Weltwirtschaft abhängt, muß gewährleistet sein. Und
für die Wirtschaftspartner muß die Basis des Austausches gerecht sein. Beziehungen, die unausgeglichen sind und auf der Herrschaft der einen oder ande- 55
ren Seite basieren, sind keine gute und dauerhafte Basis gegenseitiger
Abhängigkeit. Für viele Entwicklungsländer ist keine dieser Bedingungen
erfüllt.

Die wirtschaftlichen und ökologischen Verbindungen zwischen den Staaten
haben rasch zugenommen. Dies verstärkt noch die Unausgeglichenheit in der 60
wirtschaftlichen Entwicklung und Stärke der Staaten. Die Asymmetrie in
internationalen Wirtschaftsbeziehungen verschärft noch die Unausgewogen-
heit, da die Entwicklungsländer im allgemeinen durch internationale wirtschaftliche Bedingungen beeinflußt werden, aber diese selbst nicht beeinflussen können. 65

Die internationalen Wirtschaftsbeziehungen werfen ein besonderes Problem
für die armen Länder auf, die versuchen, ihre Umweltbedingungen im
Gleichgewicht zu halten, da die Ausfuhr von Naturrohstoffen ein wichtiger
Wirtschaftsfaktor ist; vor allem trifft dies die am wenigsten entwickelten Länder. Die meisten dieser Länder sind mit Instabilität und ungünstigen Preis- 70
trends konfrontiert; dadurch können sie ihre natürliche Ressourcenbasis
nicht für dauerhafte Produktionen erhalten. Die Last der Schuldendienste

steigt, und der neue Kapitalzufluß sinkt; dies begünstigt die Kräfte, die zu
Umweltzerstörung und Ressourcenerschöpfung führen, all dies auf Kosten
75 langfristiger Entwicklung. In vielen Entwicklungsländern erfordert Wachstum auch Auslandkapitalzuflüsse in Form von Entwicklungshilfe. Ohne
angemessene Kapitalzuflüsse ist die Aussicht jeglicher Verbesserungen des
Lebensstandards trübe. Denn die Armen werden gezwungen sein, ihre
Umwelt übermäßig zu nutzen, um ihr eigenes Überleben sicherzustellen.
80 Langfristige Entwicklung wird somit viel schwieriger und in einigen Fällen
unmöglich. Dennoch gibt die Entwicklung in der Kapitalbewegung zu Sorge
Anlaß. Der Netto-Kapital-Zufluß in Entwicklungsländer ist in absoluten
Zahlen gefallen; alles in allem findet jetzt ein Netto-Kapital-Abfluß statt.

Zit. nach Volker Hauff (Hg.), Unsere gemeinsame Zukunft, Brundtlandbericht der Weltkommission für Umwelt und Entwicklung, Greven 1987, S. 2 f., 40, 70

43 Über den Zusammenhang zwischen Umweltpolitik und wirtschaftlichem Wachstum. Stellungnahme von Prof. Kurt Biedenkopf (CDU) von 1989

Die Verschmutzung und Vergiftung der Böden und des Grundwassers, die
Gefährdung der Lebensfähigkeit der Meere, die zunehmende Belastung der
Luft und der Nahrung, die Verwüstung von Landschaften, die Zerstörung der
Tropenwälder, die zunehmende Erschöpfung von Rohstoffquellen, die Dezi-
5 mierung der Artenvielfalt bei Tieren und Pflanzen und die Klimaveränderun-
gen, die durch menschliches Handeln verursacht werden: Alles sind Symptome einer zunehmenden Erschöpfung der Natur. Zum ersten Mal seit
Beginn der Menschheitsgeschichte können wir das Leben auf unserem Planeten und damit unsere eigene Zukunft in Frage stellen: durch die atomare und
10 durch die ökologische Katastrophe. Beide unterscheiden sich im Ergebnis
nur durch die zeitliche Dimension. Die endgültige Zerstörung unserer
Lebensgrundlagen ist in den Bereich der Möglichkeiten gerückt.
Vor rund 15 Jahren warnte der Bericht des Club of Rome – erstmals mit politischer Wirksamkeit – vor der selbstzerstörerischen Bedeutung exponentieller
15 Wachstumsverläufe. Inzwischen, nur eine halbe Generation später, sind die
Probleme bereits drängend und die zeitlichen Horizonte bis zur möglichen
Katastrophe so eng geworden, daß sie nicht mehr nur die Zukunft künftiger,
sondern bereits die der heute lebenden Generationen betreffen. Die Welt-
wirtschaftsgipfel in Bonn von 1978 und 1985 sahen im Wirtschaftswachstum
20 noch den alleinigen Schlüssel zur Überwindung der wirtschaftlichen Schwierigkeiten ihrer Länder. ... Erst in ihrer Wirtschaftserklärung von Paris (Juli
1989) stellen die sieben Staats- und Regierungschefs einen Zusammenhang
zwischen Wirtschaftswachstum und Umweltschutz her. Die drei großen Herausforderungen, die die Wirtschaftslage 1989 berge, seien: „Wahl und Durch-
25 führung der Maßnahmen, die erforderlich sind, um ein ausgewogenes und
dauerhaftes Wirtschaftswachstum aufrechtzuerhalten, der Inflation entge-

genzuwirken, Arbeitsplätze zu schaffen und die soziale Gerechtigkeit zu fördern"; zum zweiten „die Entwicklung der zunehmenden Einbindung der Entwicklungsländer in die Weltwirtschaft"; als drittes die „dringende Notwendigkeit, die Umwelt für künftige Generationen zu erhalten". ...   30
Damit hat sich zunächst die Erkenntnis von der Bedrohung durchgesetzt, die für unsere Lebensweise und unsere Zukunft von der Zerstörung der Umwelt durch die Industrialisierung ausgeht. Dies ist bereits ein großer Fortschritt. Wir erkennen, daß wir vom Naturkapital, nicht vom Einkommen der Erde leben. ... Damit steht unsere westliche Industriegesellschaft einer Aufgabe   35
gegenüber, für die es in ihrer bisherigen historischen Entwicklung kein Vorbild gibt: Sie muß selbst eine inhaltliche Begrenzung ihrer Handlungsspielräume finden. Sie muß ihr gesellschaftliches und individuelles Handeln in einer Weise begrenzen, die enger ist als die Grenzen, welche ihr durch ihr jeweiliges, tatsächliches technisch-naturwissenschaftliches Können gezogen   40
sind. Eine Begrenzung durch Einsicht und Notwendigkeit also. Letztlich geht es um eine Begrenzung durch eine Ethik der Verantwortung (Hans Jonas). ...
Versuche, die Expansion von Produktion und Konsum zu begrenzen, stehen in offenem Widerspruch zur herrschenden Ansicht von der Notwendigkeit weiteren Wachstums. Wie immer diese Notwendigkeit im einzelnen begrün-   45
det werden mag – Überwindung der Arbeitslosigkeit, besserer sozialer Ausgleich, Notwendigkeit von Zukunftsinvestitionen, Erleichterung des Umweltschutzes, politisch problemlosere Bewältigung von Verteilungskonflikten, Unterstützung der Dritten Welt, Ausgleich weltwirtschaftlicher Ungleichgewichte usw. – sicher ist, daß uns die Vorstellung fremd ist, das   50
quantitative Wachstum der Wirtschaft könne normativen Begrenzungen unterworfen werden, die sich aus unserer Zukunftsverantwortung ergeben. ...
Jede ökologische Politik wird deshalb auf massive Widerstände stoßen, an denen sie scheitern kann. Selbst wenn sie sich auf Dauer durchsetzt, ohne von ökologischen Katastrophen überholt zu werden, wird sie von erheblichen   55
gesellschaftlichen Konflikten begleitet sein. ...
Auf den Punkt gebracht werden sich zwei Konzepte gegenüberstehen:
1. Eine wachstumsorientierte Gesellschaft, die unter *dieser* Bedingung – angemessenes Wirtschaftswachstum – auch die sozialen und ökologischen Fragen lösen kann.   60
2. Eine ökologisch und sozial orientierte Gesellschaft, die unter diesen Bedingungen – ökologische Verträglichkeit und soziale Gerechtigkeit – auch wachsen kann, aber nicht wachsen muß.
Das eine Konzept beruht auf dem Primat der Wachstumsorientierung, das andere auf dem Primat ökologischer und sozialer Gerechtigkeit. Beide Konzepte   65
schließen sich im Prinzip aus. Die Anhänger der wachstumsorientierten Gesellschaft werden argumentieren: Ohne Wirtschaftswachstum sind alle Forderungen, ökologisch und sozial verantwortlich zu handeln, Schwärmerei. Sie scheitern an der Unmöglichkeit, Prioritäten durch Eingriffe in Besitzstände zu ändern. ...   70

Die Anhänger der ökologisch und sozial orientierten Gesellschaft werden
antworten: Die Erfahrungen der zurückliegenden Jahrzehnte zeigen, daß die
am ständigen Wachstum orientierte Gesellschaft nur Gegenwartsinteressen
kennt und berücksichtigt. Die Zukunft kommt in ihr als politische Kategorie
75 nicht vor. Sie hat keine Lobby und ist daher machtlos.

Kurt Biedenkopf, Zeitsignale, München o. J. (1989), S. 97 ff.

44 **Die „ökologische Schadensbilanz" der Bundesrepublik Deutschland („rechen-
bare" Schäden in Milliarden Mark pro Jahr)**

Schadenspositionen	Schadenskosten (in Milliarden Mark pro Jahr)
Luftverschmutzung	rund 48,0 Milliarden Mark
– Gesundheitsschäden	– über 2,3–5,8
– Materialschäden	– über 2,3
– Schädigung der Freilandvegetation	– übert 1,0
– Waldschäden	– über 5,5–8,8
Gewässerverschmutzung	weit über 17,6 Milliarden
– Schäden im Bereich Flüsse und Seen	– über 14,3 Mark
– Schäden im Bereich Nord- und Ostsee	– weit über 0,3
– Schäden im Bereich Grundwasser	– über 3,0
Bodenzerstörung	weit über 5,2 Milliarden
– Tschernobyl und „Tschernobyl-Vermeidungskosten"	– über 2,4 Mark
– Altlastensanierung	– über 1,7
– Kosten der Biotop- und Arterhaltung	– über 1,0
– „Erinnerungsposten" sonstige Bodenkontaminationen	– weit über 0,1
Lärm	über 32,7 Milliarden Mark
– Wohnwertverluste	– über 29,3
– Produktivitätsverluste	– über 3,0
– „Lärmrenten"	– über 0,4
Summe der Schäden	weit über 103,5 Milliarden Mark

Gesamtbeurteilung der Schätzung: Die genannten Zahlen basieren auf einer
Reihe neuerer, fundierter in- und teilweise auch ausländischer Untersuchungen. Verbliebene Lücken wurden in vielen Fällen durch eigene Berechnun-
gen ergänzt. Da es sich um eine systematische, solide Schätzung handelt,
kann sie für die von Politikern und Umweltschützern geforderte erweiterte
volkswirtschaftliche Gesamtrechnung, die auch Umweltschäden einbezieht,
verwendet werden.

Wertung: Äußerst vorsichtige Gesamtermittlung aller Umweltschäden

Lutz Wicke, Die ökologischen Milliarden, München 1986, S. 123

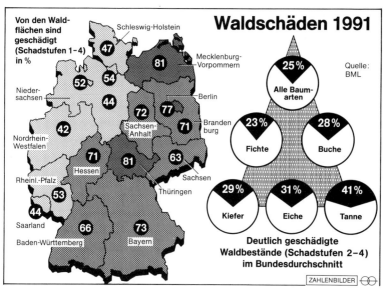

Abb. 14: Höhe des Waldschadens in der Bundesrepublik.

Umweltschäden in der ehemaligen DDR   **45**

Das Versagen der sozialistischen Planwirtschaft wird nicht nur durch den wachsenden Rückstand in der quantitativen und qualitativen Güterversorgung dokumentiert, sondern auch im Mangel an öffentlichen Gütern. Es ist bezeichnend, daß die schwersten Versäumnisse in den beiden Bereichen festzustellen sind, für die man noch am ehesten eine Überlegenheit der staatli- 5 chen gegenüber der marktlichen Steuerung hätte vermutet werden können, im Umweltschutz und in der Ausstattung mit Infrastruktur. Zugunsten der Güterversorgung wurden die Umwelt ausgebeutet und die Infrastruktur vernachlässigt.

Die Umweltbelastung in der ehemaligen DDR ist auch im Weltmaßstab bei- 10 spiellos. Im Jahre 1988 wurde mit 5,2 Mio. Tonnen die fünffache Menge Schwefeldioxis ausgestoßen als in der Bundesrepublik. Je Einwohner gerechnet waren die Emissionen an Schwefeldioxid sogar achtzehnmal so hoch. In keinem anderen Land wurde eine so hohe Staubbelastung wie in der DDR erreicht; der jährliche Ausstoß belief sich auf 130 kg je Einwohner (Bundesre- 15 publik knapp 10 kg/Einwohner). Auch der Ausstoß an Kohlendioxid je Einwohner war der höchste der Welt.

Gravierend ist auch die Verschmutzung der Gewässer. Obwohl Ostdeutschland aufgrund des knappen Grundwasservorkommens auf das Reservoir der

20 Oberflächengewässer angewiesen ist, ist die Hälfte der Fließgewässer für die
Trinkwassergewinnung nicht mehr verwendbar, ein weiteres Drittel nur mit
sehr hohen Aufbereitungskosten. Nur zwei Drittel der Schmutzfrachten aus
der Industrie werden gereinigt und dies auch nur mechanisch, nicht mit bio-
logischen Klärverfahren. Die Abwässer der Haushalte werden zu 40 vH nicht
25 geklärt (Bundesrepublik 14 vH), der Rest nur unzureichend. Das Grundwasser wird in hohem Maß durch die großflächige Ausbringung von Pflanzen-
schutzmitteln, deren Verwendung in westlichen Ländern teilsweise verboten
ist, sowie durch intensive Verwendung von Dünger und Wachstumsregulato-
ren belastet.
30 Sehr hoch ist auch die Schädigung durch toxische Schadstoffe. Zur hohen
Grundbelastung mit Dioxin kommt die toxische Verseuchung an den Pro-
duktionsstandorten und im Umkreis von Anlagen, in denen teilsweise noch
offen verbrannt wird. Besonders brisant ist die Luft- und Wassserbelastung
im Raum Dresden/Oberes Elbtal sowie im Raum Leipzig/Bitterfeld/Halle,
35 in dem noch eine enorme Landschaftszerstörung durch den Braunkohletage-
bau hinzutritt. Rund die Hälfte der Schwefeldioxid-Emission und über die
Hälfte der Staubemission konzentrieren sich auf den südlichen Industrie-
gürtel. ...
Ein besonderes Problem, vor allem für die Industriesiedlung, stellen die Alt-
40 lasten dar; auf dem Gebiet der ehemaligen DDR sind nach Schätzung 15 000
bis 20 000 Verdachtsflächen vorhanden. Die durchschnittlichen Kosten pro
Sanierungsfall von Altstandorten belaufen sich in der Bundesrepublik auf
3,7 Mio. DM, bei besonders umfangreichen Sanierungen überschreiten die
Kosten die 20-Mio.-DM-Grenze. Da die Entsorgung von Altstandorten auf
45 dem Gebiet der ehemaligen DDR als aufwendiger einzuschätzen ist, werden
die Kosten noch höher anzusetzen sein. Allein für die Sanierung des Uran-
bergbaus der Wismut AG schätzt das Bundesumweltministerium den Aufwand auf 5 Mrd. DM.

Auszug aus dem Jahresgutachten 1990/91 des Sachverständigenrates zur Begutachtung
der gesamtwirtschaftlichen Entwicklung, Stuttgart 1990, S. 80 f.

5. Modernisierungsprozeß und gesellschaftlicher Wandel

Nach dem Ende der Wiederaufbauphase im Übergang zu den sechziger Jahren
ist die Bundesrepublik wie viele andere westliche Gesellschaften in eine Phase
beschleunigter „Modernisierung" eingetreten. Unter Modernisierung sollen
nicht nur die durch die Entwicklung von Wissenschaft und Technik bedingten
Veränderungen in den materiellen Produktions- und Lebensverhältnissen verstanden werden, sondern die der Lebensumwelt der Menschen überhaupt.
Wesentliche Elemente dieses Modernisierungsprozesses waren:
– die Verwandlung der früheren Mangelgesellschaft in eine Überflußgesell-
   schaft durch ein historisch einmaliges Wachstum der Arbeitsproduktivität;

- die Verschiebung der Erwerbsstruktur von der Industrie- hin zur Dienstleistungsgesellschaft;
- die elektronische Revolution in Form des wachsenden Einflusses, den die elektronische Datenverarbeitung, computergesteuerte Arbeitsprozesse, immer umfassendere Kommunikationsmöglichkeiten und die visuellen Medien auf das Leben der Menschen ausüben;
- die beispiellose Erweiterung der individuellen Moblitätsmöglichkeiten;
- der fortschreitende Ausbau des Sozial-, Bildungs- und Wohlfahrtsstaates, der neue Wahlfreiheiten für alternative Lebenswege mit sich brachte.

Alle diese Basisprozesse haben in ihrem Zusammenwirken zu einem fundamentalen Wandel im Lebensgefühl und im Lebensverhalten geführt, den man schlagwortartig als Individualisierungs- und Emanzipationsprozeß bezeichnen kann und der sich in den verschiedensten gesellschaftlichen Bereichen nachweisen läßt. Dazu gehören insbesondere:

- die Veränderungen im generativen Verhalten der Menschen, die seit Mitte der sechziger Jahre zu einer „säkularen Nachwuchsbeschränkung" geführt hat;
- der Einstellungswandel zu Ehe und Familie, der sie immer stärker dem Anspruch bzw. dem Druck emanzipativer Selbstverwirklichungsziele aussetzt;
- das Aufkommen des Feminismus und der neuen Frauenbewegung seit Anfang der siebziger Jahre;
- der Abbau bzw. der Verfall autoritärer Erziehungsformen in Verbindung mit einer neuen Einschätzung der Stellung des Kindes und Jugendlichen in Familie und Gesellschaft;
- die Aufhebung der einst engen Bindung zwischen Wohnort, Arbeitsplatz und Freizeitraum sowie der scharfen Trennung zwischen Stadt und Land durch die neuen Mobilitäts- und Kommunikationsmittel;
- die Zunahme postmaterieller Bedürfnisse in der Bewertung der verschiedenen Lebensbereiche und ein Trend in der Gesellschaft von der Arbeits- zur Freizeitorientierung.

Dieser Modernisierungsprozeß geht allerdings einher mit Entwicklungen, die gerade umgekehrt die Autonomie der Menschen und die Lebensqualität gefährden. Dazu gehören nicht zuletzt die Zerstörung der Umwelt und die wachsenden Risiken der modernen Technik- und Wissenschaftsentwicklung, aber auch psychosoziale Folgeprobleme wie die Zunahme von Suchtanfälligkeit und Kriminalität, von sozialen Aussteigern und gesellschaftlichen Randgruppen. Qualitativ neue, politisch kontrovers diskutierte Probleme für die gesellschaftliche Entwicklung in Deutschland resultieren im übrigen aus dem verstärkten Immigrationsdruck von Asylbewerbern und Übersiedlern, dem sich die Bundesrepublik seit den achtziger Jahren und insbesondere nach dem Zusammenbruch des sowjetischen Herrschaftsimperiums in Osteuropa im Übergang zu den neunziger Jahren ausgesetzt sieht.

46 **Die Risikogesellschaft als Ergebnis des Modernisierungsprozesses.** Stellungnahme von Ulrich Beck, Professor für Soziologie (1986)

In der fortgeschrittenen Moderne geht die gesellschaftliche Produktion von Reichtum systematisch einher mit der gesellschaftlichen Produktion von Risiken. Entsprechend werden die Verteilungsprobleme und -konflikte der Mangelgesellschaft überlagert durch die Probleme und Konflikte, die aus der
5 Produktion, Definition und Verteilung wissenschaftlich-technisch produzierter Risiken entstehen. ...
In den hochentwickelten reichen Wohlfahrtsstaaten des Westens geschieht nun ein Doppeltes: Einerseits verliert der Kampf um das „tägliche Brot" – verglichen mit der materiellen Versorgung bis in die erste Hälfte des 20. Jahrhun-
10 derts hinein und mit der vom Hunger bedrohten Dritten Welt – die Dringlichkeit eines alles in den Schatten stellenden Kardinalproblems. An die Stelle des Hungers treten für viele Menschen die „Probleme" der „dicken Bäuche".
Dem Modernisierungsprozeß wird damit jedoch seine bisherige Legitimationsgrundlage entzogen: die Bekämpfung des evidenten Mangels, für die man
15 auch so manche (nicht mehr ganz) ungesehene Nebenfolge in Kauf zu nehmen bereit war.
Parallel verbreitet sich das Wissen, daß die Quellen des Reichtums „verunreinigt" sind durch wachsende „Nebenfolgengefährdungen". Dies ist keineswegs neu, blieb aber lange Zeit im Bemühen der Überwinden von Not unbe-
20 merkt. Die Nachtseite gewinnt über dies durch die Überentwicklung der Produktivkräfte an Bedeutung. Im Modernisierungsprozeß werden mehr und mehr auch Destruktivkräfte in einem Ausmaß freigesetzt, vor denen das menschliche Vorstellungsvermögen fassungslos steht. Beide Quellen nähren eine wachsende Modernisierungskritik, die lautstark und konfliktvoll die
25 öffentliche Auseinandersetzung bestimmt.
Systematisch argumentiert, beginnen sich gesellschaftsgeschichtlich früher oder später in der Kontinuität von Modernisierungsprozessen die sozialen Lagen und Konflikte einer „reichtumsverteilenden" mit denen einer „risikoverteilenden" Gesellschaft zu überschneiden. In der Bundesrepublik stehen
30 wir – das ist meine These – spätestens seit den siebziger Jahre am Beginn dieses Übergangs. Das heißt: hier überlagern sich beide Arten von Themen und Konflikten. Wir leben noch nicht in einer Risikogesellschaft, aber auch nicht mehr nur in Verteilungskonflikten der Mangelgesellschaft. In dem Maße, in dem dieser Übergang vollzogen wird, kommt es dann wirklich zu einem
35 Gesellschaftswandel, der aus den bisherigen Kategorien und Bahnen des Denkens und Handelns hinausführt. ...
Auch wenn der politische Ausdruck offen, die politischen Konsequenzen mehrdeutig sind. Im Übergang von der Klassen- zur Risikogesellschaft beginnt sich die Qualität von Gemeinsamkeit zu ändern. Schematisch gespro-
40 chen, kommen in diesen zwei Typen moderner Gesellschaften völlig andersartige Wertesysteme zum Durchbruch. Klassengesellschaften bleiben in ihrer

Entwicklungsdynamik auf das Ideal der Gleichheit bezogen (in seinen verschiedenen Ausformulierungen von der „Chancengleichheit" bis zu Varianten sozialistischer Gesellschaftsmodelle). Nicht so die Risikogesellschaft. Ihr normativer Gegenentwurf, der ihr zugrunde liegt und sie antreibt, ist die 45 Sicherheit. An die Stelle des Wertesystems der „ungleichen" Gesellschaft tritt also das Wertesystem der „unsicheren" Gesellschaft. Während die Utopie der Gleichheit eine Fülle inhaltlich-positiver Ziele der gesellschaftlichen Veränderung enthält, bleibt die Utopie der Sicherheit eigentümlich negativ und defensiv. Hier geht es im Grunde genommen nicht mehr darum, etwa 50 „Gutes" zu erreichen, sondern nur noch darum, das Schlimmste zu verhindern. Der Traum der Klassengesellschaft heißt: Alle wollen und sollen teilhaben am Kuchen. Ziel der Risikogesellschaft ist: Alle sollen verschont bleiben vom Gift.

Entsprechend unterscheidet sich auch die soziale Grundsituation, in der 55 Menschen sich hier wie dort befinden, zusammenschließen, die sie bewegt und auseinanderdividiert oder zusammen schweißt. Die treibende Kraft in der Klassengesellschaft läßt sich in dem Satz fassen: Ich habe Hunger! Die Bewegung, die mit der Risikogesellschaft in Gang gesetzt wirde, kommt demgegenüber in der Aussage zum Ausdruck: Ich habe Angst! An die Stelle der 60 Gemeinsamkeit der Not tritt die Gemeinsamkeit der Angst. Der Typus der Risikogesellschaft markiert in diesem Sinn eine gesellschaftliche Epoche, in der die Solidarität aus Angst entsteht und zu einer politischen Kraft wird. Noch ist aber völlig unklar, wie die Bindekraft dieser Angst wirkt. Wie weit sind Angst-Gemeinsamkeiten belastbar? Welche Motivationen und Hand- 65 lungsenergien setzen sie frei? Wie verhält sich die neue Solidargemeinde der Ängstlichen? Sprengt die soziale Kraft der Angst tatsächlich das individuelle Nutzenkalkül? Wie kompromißfähig sind angsterzeugende Gefährdungsgemeinsamkeiten? In welchen Handlungsformen organisieren sie sich? Treibt die Angst die Menschen in Irrationalismus, Extremismus, Fanatismus? 70 Angst war bisher keine Grundlage rationalen Handelns. Gilt auch diese Annahme nicht mehr? Ist Angst vielleicht – anders als materielle Not – ein sehr schwankender Grund für politische Bewegungen? Kann die Gemeinsamkeit der Angst vielleicht schon durch die dünne Zugluft von Gegeninformationen auseinander geblasen werden? 75

Zit. nach Ulrich Beck, Risikogesellschaft – auf dem Weg in eine andere Moderne, Frankfurt/M. 1986, S. 25 ff., S. 65, S. 115 ff.

47 Indikatoren ökonomischen und gesellschaftlichen Wandels

a) Erwerbstätige nach Wirtschaftsbereichen 1970–1989

	in Millionen			in vH (bzw. Prozentpunkte)		
	1970	1989	Veränderung	1970	1989	Veränderung
Primärer und sekundärer Sektor	15,245	12,021	– 3,224	57,4	43,5	– 13,9
Warenproduzierendes Gewerbe	12,988	10,999	– 1,989	48,9	39,3	– 9,1
Land- und Forstwirtschaft	2,258	1,022	– 1,236	8,5	3,7	– 4,3
Tertiärer Sektor	11,288	15,614	– 4,326	42,5	56,5	+ 14,0
Handel- und Verkehr	4,754	5,168	+ 0,414	17,9	18,7	+ 0,8
Dienstleistungsunternehmen	2,922	4,974	+ 2,052	11,0	18,0	+ 7,0
Staat., private Haushalte	3,612	5,472	+ 1,860	13,6	19,3	+ 6,2
Summe	26,560	27,635	+ 1.075	100,0	100,0	–

Abweichungen in den letzten Stellen sind Folge vorgenommener Rundungen bei den absoluten Zahlen für die einzelnen Sektoren.

Jahresgutachten 1990/91 des Sachverständigenrats zur Begutachtung der gesamtwirtschaftlichen Entwicklung, Stuttgart 1990, S. 105.

b) Arbeitsproduktivität[1] und jährl. Nettoeinkommen in Preisen von 1990[2]

Jahr	Produktivität (1950 = 100)	Jährliches Nettoeinkommen	
		DM	(1950 = 100)
1950	100	8 470	100
1966	223	19 003	224
1990	401	26 095	308

[1] Bruttoinlandsprodukt in Preisen von 1980 je Erwerbstätigen
[2] Nettolohn- und Gehaltssumme je beschäftigten Arbeitnehmer

Berechnet nach Jahresgutachten 1976/77 und 1990/91 des Sachverständigenrates zur Begutachtung der gesamtwirtschaftlichen Entwicklung (Tabellen zur Produktivitäts- u. Volkseinkommensentwicklung sowie zum Preisindex für die Lebenshaltung; Werte von 1989 nach 1990 extrapoliert)

c) Ausstattung der Haushalte mit langlebigen Konsumgütern (in vH)

Gut	1953	1963	1973	1983	1986
Wohnraum pro Person	14,3[1]		23,8[2]		40,0[3]
Telefon	13,0	13,7	51,0	88,1	94,8
Personenkraftwagen	8,0	27,3	55,3	65,3	93,1
Waschmaschine		8,6	58,5	82,5	97,8
Farbfernseher			15,0	73,3	90,1
Fotoapparat	34,0	41,7	68,4	77,8	97,5

[1] In qm für 1950   [2] In qm für 1970   [3] In qm für 1989

Robert Hettlage, Die Bundesrepublik Deutschland – Eine historische Bilanz, München 1990, S. 288 f.

d) Straftaten und Aufklärungsquote (ohne Verkehrsdelikte)

Jahr	Bekanntgewordene Straftaten		Aufklärungsquote
	insgesamt	je 1000 Einw.	vH
1955	1 575 300	30	72,6
1960	2 034 239	37	65,6
1970	2 413 586	40	48,3
1980	3 815 774	62	44,9
1985	4 215 451	69	47,2
1989	4 358 573	70	47,3

Statistische Jahrbücher für die Bundesrepublik Deutschland, 1957 ff.

e) Entwicklung des Rauschgiftkonsums

Jahr	Erstkonsumenten harter Drogen	Drogentote
1985	3246	324
1986	3921	348
1987	5084	442
1988	7456	670
1989	9837	991
1990	10013	1491
1991	11685	2026

Globus 1990, „Rauschgiftbilanz 1991" der Bundesregierung

Wandlungsprozesse im generativen Verhalten und im Ehe- und Familienbe- 48 reich
a) Eheschließungen und -scheidungen

Jahr	Eheschließungen		Ehescheidungen	
	insgesamt 1000	je 1000 Einwohner	insgesamt 1000	je 1000 Einwohner
1950	536	10,7	86	1,7
1955	462	8,8	49	0,9
1960	521	9,4	49	0,9
1965	492	8,3	59	1,0
1970	445	7,3	77	1,3
1975	387	6,3	107	1,7
1980	362	5,9	96	1,6
1981	360	5,8	110	1,8
1982	362	5,9	118	1,9
1983	370	6,0	121	2,0
1984	364	5,9	131	2,1
1985	365	6,0	128	2,1
1986	372	6,1	122	2,0
1987	383	6,3	130	2,1
1988	397	6,5	129	2,1
1989	399	6,4	127	2,0

Datenreport 1989, S. 46, sowie „Wirtschaft und Statistik", Mai 1991, S. 190*f.

b) Lebendgeborene auf 1000 Frauen

Jahr	Fruchtbar-keitsziffer[1]	Geburten-ziffer[2]	Jahr	Fruchtbar-keitsziffer	Geburten-ziffer
1880	167	5010	1960	82	2460
1900	158	4740	1965	86	2580
1920	100	3000	1970	67	2012
1930	67	2010	1975	48	1449
1938	81	2430	1980	48	1443
1946	85	2550	1985	43	1280
1950	70	2100	1990	50	1504

Datenreport 1989, S. 42 und (ab 1970) Statistisches Jahrbuch für die Bundesrepublik Deutschland 1991 sowie Wirtschaft und Statistik, November 1991, S. 421*
[1]Lebendgeborene auf 1000 Frauen im Alter von 15 bis 44 Jahren
[2]Fruchtbarkeitsziffer x 30 = durchschnittliche Kinderzahl, die für je 1000 Frauen bei dem jeweils bestehenden generativen Verhalten zu erwarten wären

c) Lebendgeborene und Gestorbene seit 1960

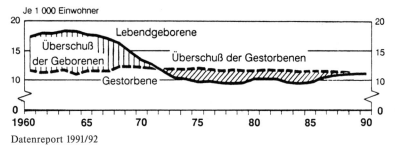

Datenreport 1991/92

49 **Warum organisieren wir uns als Frauen separat?** Thesenpapier, vorgelegt auf dem Bundesfrauenkongreß in Frankfurt/M. am 11./12. März 1972

1. *Frauen organisieren sich separat,* weil ihnen eines Tages auffällt, daß die Gesellschaft aktiv von Männern bestimmt wird und wurde, so daß wir die Gesellschaft und ihre Institutionen von den verschiedenen Frauenstandpunkten her untersuchen müssen, um selbst aktiv an der Gestaltung unseres
5 Lebens und unserer Zukunft teilzuhaben.
2. *Frauen organisieren sich separat,* weil sie gemeinsame Probleme haben, die im sogenannten „Privatbereich" besonders massiv auftreten und von den bisherigen Organisationen als „unpolitisch" abgetan werden, oder wiederum von der Sichtweise der „aktiven" Männer angegangen werden. An den „Pri
10 vatproblemen" der Frauen bereichern sich außerdem Psychoanalytiker und Zeitschriften, die die Auslöser der Probleme (u. a. die Institution von Ehe

und Familie) gar nicht infragestellen, die wiederum „Männerstandpunkte"
vertreten (machen Sie sich „sexy" für ihn!).
3. *Frauen organisieren sich separat,* weil sie oft so konkret unter dem Druck
z. T. auch der Gewaltandrohung von Männern stehen, daß sie einen „Frei-   15
raum" brauchen, um sich eigene Frauenvorbilder zu schaffen, um neue
Lebensstile für sich zu erproben, um sich zu informieren, um mit anderen
Frauen von der Gesellschaft hochgehaltene Ideale wie „Mutterschaft" und
„Wesen Frau" auf ihre unterdrückende Wirkung auf uns Frauen hin zu untersuchen.   20
4. *Frauen organisieren sich separat,* weil sie dazu erzogen worden sind, ihr
ganzes Leben auf Männer hin auszurichten (Kleidung, Beruf, Berufung), und
eines Tages feststellen, daß sie für sich gar nichts sind. Solidarisch statt in
Konkurrenz mit anderen Frauen überprüfen sie, wo sie in Sprache, Gestik,
Auftreten etc. andere Frauen herabsetzen, um Männern zu gefallen – und   25
damit nur ausdrücken, daß sie auch von sich selbst oft noch wenig halten.
Durch diese Erfahrung können Frauen miteinander ein unabhängiges Selbst-
wertgefühl entwickeln.
5. *Frauen organisieren sich separat,* weil sie erkannt haben, daß sie als einzelne aufgeschmissen sind, und um ihre Lage zu verbessern, mit vielen   30
Frauen denen es genauso geht (Abtreibung!), zusammenarbeiten müssen.
Die Misere ihrer Lage (Verantwortung für die Kinder, schlechtere Ausbildung, Einsamkeit in der Vorstadt etc.) wird von Frauen erlebt. Männer können sie nur theoretisch „nachempfinden". Deshalb müssen Frauen aktiv werden, weil nur sie wissen, was ihnen stinkt und wie sie anders leben wollen.   35
6. *Frauen organisieren sich separat,* um ihre eigensten Ansprüche, entwickelt
aus der Tatsache ihrer besonderen Unterdrückung, ihre Vorstellungen von
ihrer Zukunft im gemeinsamen Kampf mit anderen Gruppen wirkungsvoll
durchsetzen zu können, so daß eine Zukunft nicht schon wieder ohne sie und
über ihre Köpfe hinweg gemacht wird. Diese Ansprüche gehen weiter, als   40
eine formale oder inhaltliche Gleichberechtigung mit Männern zu erstreben.
Indem Frauen die jetzigen Zustände zwar als kapitalistisch, besonders aber
auch als „patriarchalisch", als „männlich" erfahren, wollen sie mehr und etwas
anderes als was Männer schon haben. Frauen, die sich miteinander solidari-
siert haben, können nicht mehr wünschen, wie Männer über Frauen, Män-   45
ner, Kinder und Völker zu herrschen.
Ursula Linnhoff, Die Neue Frauenbewegung, Köln 1974, S. 65 ff.

Maria Friese: Wie geht es der Familie, in der Frankfurter Allgemeinen Zeitung   **50**
vom 5. 10. 1991

Krisenhafte Symptome zeichnen die Familie nun schon seit Jahrzehnten.
Der Übergang von der Großfamilie zur drei- oder vierköpfigen Kernfamilie
ist mit gelegentlichen Verlustgefühlen verbunden. Der Wandel von einer
Selbstversorger-Gemeinschaft zur Vereinzelung in der arbeitsteiligen Indu-

5   striegesellschaft macht vielfältige Kompensationen nötig. Früher selbstverständliche Kontakte verkümmern oder sind nur mit besonderen Bemühungen aufrechtzuerhalten. Arbeit und Familie, einst untrennbar eng miteinander verflochten, sind zu zwei verschiedenen Welten geworden, zwar abhängig
voneinander, aber doch auch in fast feindlicher Rivalität. Schließlich die
10   „Neue Frau", die beides will – Beruf und Familie – und deshalb mindestens
drei Rollen gleichzeitig übernehmen muß, weil der „Neue Mann" sich weigert oder einfach noch nicht in der Lage ist, das familiäre Gleichgewicht aus-
zutarieren und der Frau einen besseren Platz in der Arbeitswelt einzuräu-
men.
15   Immer mehr Familien brechen auseinander, weil die Ansprüche aneinander
unerträglich erscheinen. Jede dritte Ehe wird geschieden. In Amerika bereits
jede zweite. Und nicht nur das, die Beziehungen zwischen den Generationen
reißen ab. Daß Großeltern mit Kindern und Enkeln zusammenleben, ist die
Ausnahme, entferntere Verwandtschaft spielt kaum noch eine Rolle. Kinder
20   sind mehr denn je allein auf ihre Eltern angewiesen. Ist die Familie also ein
von Krisen, Überlastung und Entfremdung bedrohtes geschrumpftes Ensem-
ble, das seinen Part nicht mehr spielen kann und deshalb laut um Hilfe nach
dem Staat schreit? ...
Das alte Familienmodell war eine Wirtschaftsgemeinschaft, in der Gefühle
25   wie Liebe sich wohl entwickelten, aber nicht die entscheidende Voraussetzung für den Zusammenhalt waren. Kinder waren als Erben erwünscht und
später als Versorger ihrer alten Eltern nötig, auf ihre Bedürfnisse nahm man
wenig Rücksicht. Heute stehen Eltern voll im Dienst ihrer Kinder, an deren
Wohlergehen und Erfolgen in der Schule oder im Sportverein sie ihre eigene
30   Qualität messen. Es sind beachtliche Anstrengungen nötig, um den Ansprüchen, die sie selbst oder die Nachbarschaft stellen, zu genügen. Nichts mehr,
so scheint es, ist selbstverständlich. Denn nur selten sind unsere Lebensverhältnisse Kindern angemessen. Stadtplaner haben zwar „autogerechte" Ent-
würfe entwickelt, oft aber die Bedürfnisse von Familien vernachlässigt. Für
35   Kinder ist in manchen Stadtteilen kein Platz mehr. ...
Ehen werden heute später geschlossen, weil die Ausbildung länger dauert,
weil auch Frauen im Beruf Fuß fassen möchten, bevor sie sich fest binden.
Der Wunsch nach Kindern wird hinausgezögert, nicht selten auch bewußt
verdrängt oder ganz aufgegeben. Oft leben Paare lange zusammen, bevor sie
40   sich entschließen, zu heiraten, manchmal verzichten sie überhaupt darauf;
auch Kinder sind nicht immer ein Grund, zum Standesamt zu gehen. Ob ver-
heiratet oder nicht, in ihrer Lebensgemeinschaft ähneln sich die Paare. Eine
Gefahr für die Familie, wie vielfach vermutet wird, sind die „wilden Ehen"
nicht. Sie nehmen ja auch ernst, was die Familie zusammenhält: Treue, Rück-
45   sicht, Gemeinsamkeit. Nur möchten sie sich ihre Freiwilligkeit nicht durch
einen amtlichen Akt, wie sie es sehen, beeinträchtigen lassen. Trennungen
sind bei Ehen ohne Trauschein genauso schmerzlich wie bei jenen, die sich
im Standesamt oder in der Kirche „für immer" verbunden haben. ...

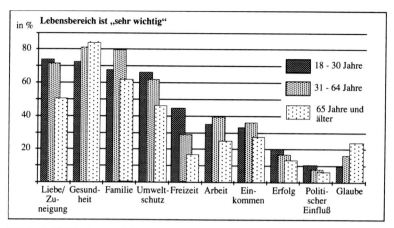

Datenbasis: Wohlfahrtssurvey 1988.

Abb. 15: Wichtigkeit von Lebensbereichen in verschiedenen Altersgruppen 1988.
Datenreport 1989, S. 496.

Heute wollen die meisten jungen Frauen – nicht anders als ihre Männer – beides, Beruf und Familie. Das heißt, beide, Mann und Frau, brauchen, um ihre 50
Wünsche erfüllen zu können, Entlastung. Beide sind häufig gleich gut ausgebildet und gerade dabei, Karriere zu machen, zumindest aber finden beide
einen großen Teil Befriedigung im Beruf. Doch nach wie vor sind die Chancen ungleich verteilt. Sobald sie Kinder bekommt, gerät die Frau im Beruf ins
Hintertreffen. Sie findet einfach nicht die treue Seele, die ihr die Arbeit zu 55
Haus abnimmt. Großmütter sind nicht zur Stelle, und Kindergärten und
Horte, sofern sie da überhaupt einen Platz bekommt, entsprechen nicht
immer ihren Vorstellungen. Die Neuen Väter, die freudig ihren Beruf an den
Nagel hängen und als Hausmann Familiendienst leisten, sind bisher vielbeachtete und, je nachdem, hochgelobte oder bespöttete Ausnahmeerschei- 60
nungen geblieben. ...
Familienfrauen haben inzwischen gelernt, daß Emanzipation nicht unbedingt mit bezahlter Arbeit zusammenhängt – das selbstverdiente Geld kann
sie allerdings erleichtern. Nur sollte „Familienfrau" ein freiwillig akzeptierter
Status sein, ja auch als Privileg empfunden werden und nicht aufgezwungen 65
sein mangels geeigneter Möglichkeiten oder verpaßter Berufschancen. Auch
Selbstverwirklichung, das zweite Stichwort, das zeitweise ein Reizwort war,
ist nicht nur am Arbeitsplatz außer Haus zu finden. Frei verfügbare Zeit ist
heute vielleicht das Kostbarste, was wir haben. Einen Sinn in dieser freien
Zeit finden, an der es Berufstätigen oft so mangelt, Aufgaben übernehmen 70
und Initiativen ergreifen – das gelingt heute immer mehr Frauen. Allein oder
noch öfter zu mehreren setzen sie ihre Interessen durch, schließen sich zu

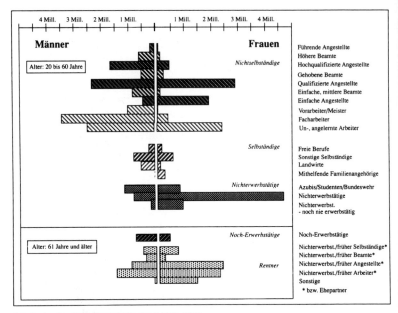

Datenbasis: Das Sozio-ökonomische Panel, 1984–1987,
Wohnbevölkerung über 20 Jahre, Hochrechnung.

Abb. 16: Soziale Lagen in der Bundesrepublik 1987. Datenreport 1989, S. 507.

Selbsthilfegruppen zusammen, gründen zweckbestimmte Initiativen, gewinnen auch Männer für ihre Vorhaben.

75 Was wäre unser Gemeinwesen, wenn es diese Reserven nicht gäbe, und was wären die Familien ohne solche Kraftquellen? Schulen und Kindergärten rechnen fest mit unterstützender Elternarbeit. Oft entstehen gerade dort, wo es um die Interessen der Kinder geht, aktive Kleingruppen, die sich darum kümmern, daß Spielplätze gebaut oder Verkehrsumleitungen beschlossen
80 werden. Darüber hinaus führt der Weg von solcher Art Einsatz und Verantwortungsgefühl nicht selten unmittelbar in die Kommunalpolitik. Immer mehr Frauen sind dort vertreten. Familienarbeit, und erst recht, wenn sie über den engen Rahmen der Familie erweitert wird, macht kompetent für viele Entscheidungen im Gemeinwesen.

Frankfurter Allgemeine Zeitung vom 5. 10. 1991

Kritik des rationalen Denkens. Aus Fritjof Capras Buch „Wendezeit", 1988   **51**

Unsere Kultur ist überaus stolz auf ihre Wissenschaftlichkeit und bezeichnet
unsere Zeit als das Wissenschaftliche Zeitalter. Es wird vom rationalen Denken beherrscht; wissenschaftliche Kenntnisse gelten oft als die einzig
annehmbare Art von Wissenschaft. Daß es ein intuitives Wissen oder
Bewußtsein geben kann, das genauso gültig und zuverlässig ist, wird im allge- 5
meinen nicht anerkannt. . . .
Wie sehr unsere Kultur das rationale Denken bevorzugt, wird in knappster
Form an der berühmten Feststellung von Descartes deutlich „Cogito ergo
sum" – „Ich denke, also bin ich". Dieser Satz ermutigt den Menschen der
abendländischen Kultur, sich eher mit dem rationalen Verstand als mit sei- 10
nem ganzen Organismus zu identifizieren. . . . Indem wir uns allein auf unseren Verstand verlassen, haben wir vergessen, wie wir mit unserem ganzen
Körper zu „denken" vermögen und wie wir ihn als Vermittler von Wissen nutzen können. So haben wir uns von unserer natürlichen Umwelt isoliert und
vergessen, wie wir mit einer Vielfalt von Organismen kommunizieren und 15
kooperieren können.
Die Spaltung von Geist und Materie führte dazu, das Universum als ein
mechanisches System zu sehen, das aus getrennten Objekten besteht, die
ihrerseits auf fundamentale Bausteine der Materie zu reduzieren sind, deren
Eigenschaften und Wechselspiel alle Naturerscheinungen bestimmen. Diese 20
kartesianische Vorstellung von der Natur wurde dann auch auf die lebenden
Organismen übertragen, die man als aus getrennten Teilen konstruierte
Maschinen ansah. . . .
Die heutige gesamtgesellschaftliche Krise (ist) eine Folge der Tatsache, daß
wir versuchen, die Begriffe einer längst überholten Weltanschauung – des 25
mechanistischen Weltbildes der kartesianisch-Newtonschen Naturwissen-
schaft – auf eine Wirklichkeit anzuwenden, die sich mit den Begriffen dieser
Vorstellungswelt nicht mehr begreifen läßt. Wir leben heute in einer in allen
Aspekten auf globaler Ebene verwobenen Welt, in der sämtliche biologi-
schen, psychologischen, gesellschaftlichen und ökologischen Phänomene 30
voneinander abhängig sind. Um diese Welt angemessen beschreiben zu können, brauchen wir eine ökologische Anschauungsweise, welche das kartesianische Weltbild uns jedoch nicht bietet.
Es fehlt uns also ein neues „Paradigma"[1] – eine neue Sicht der Wirklichkeit;
unser Denken, unsere Wahrnehmungsweise und unsere Wertvorstellungen 35
müssen sich grundlegend wandeln.

Fritjof Capra, Wendezeit. Bausteine für ein neues Weltbild, München 1988, S. 10, 36–37

[1] Aus dem griechischen paradeigma = „Modell", „Muster" (Quelle 52)

52 Was soll das „neue Paradigma" leisten?

	Altes Paradigma	Neues Paradigma
Macht und Politik	1. Betonung liegt auf starker, zentraler Regierungsmacht.	Begünstigt den umgekehrten Trend: Dezentralisierung der Regierung wo immer möglich; horizontale Machtverteilung.
	2. Entweder pragmatisch oder visionär.	Pragmatisch *und* visionär.
	3. Regierungen halten die Menschen in Gleichschritt (Disziplinarrolle) oder sind die großzügigen Eltern.	Regierungen fördern Wachstum, Kreativität, Kooperation, Transformation, Synergie.
	4. Menschheit als Eroberer der Natur. Ressourcen dienen der Ausbeute.	Menschheit als Partner der Natur. Betonung auf Erhaltung und ökologischer Gesundheit.
Wirtschaft	1. Fördert Konsum, was immer es koste – durch geplanten Mangel, Werbungsdruck oder künstliche „Bedürfnisse".	Sinnvoller Konsum. Bewahren, Behalten, Wiederverwenden, Qualität, Handarbeit.
	2. Aggression, Wettbewerb, Geschäft um des Geschäftes willen.	Kooperation. Menschliche Werte transzendieren das „Gewinnen". „Spiele hart, spiele fair, verletze niemanden."
	3. Kurzsichtige Ausbeute begrenzter Ressourcen.	Ökologisch sensibel gegenüber Folgekosten. Verwaltung, Haushalten.
	4. „Rational", nur zu Daten Vertrauen.	Rational und intuitiv. Datenlogik wird erweitert durch Ahnung, Gefühl, Scharfblick, nicht-linearen (holistischen *[= ganzheitlichen]*) Sinn für Strukturen.
	5. Zentralisierte Unternehmungen.	Dezentralisierte Operationen wo immer möglich. Mensch als Maßstab.
Medizin	1. Behandlung von Symptomen.	Suche nach Strukturen und Ursachen, zusätzliche Behandlung von Symptomen.
	2. Professionell sein heißt: emotional neutral.	Professionelle Fürsorge ist ein Teil der Heilung.
	3. Körper und Geist sind getrennt. Psychosomatische Erkrankungen sind mentaler Natur und werden an den Psychiater verwiesen.	Körper-Geist-Perspektive: psychosomatische Erkrankungen fallen in den Zuständigkeitsbereich aller Heilberufe.
	4. Placebo-Effekte beweisen die Macht der Suggestion.	Placebo-Effekte beweisen die Rolle des Geistes bei Krankheit und Heilung.
Erziehung	1. Betonung der Inhalte, in der Absicht, sich ein für allemal einen Satz „richtiger" Informationen anzueignen.	Betont wird, das Lernen zu lernen: wie man gute Fragen stellt, die Aufmerksamkeit auf die richtige Dinge lenkt, offen ist für neue Konzepte und wie man sie untersucht; zur Information Zugang haben. Was man jetzt „weiß", kann sich ändern. Wichtig ist der *Sinnzusammenhang*.
	2. Lernen ist *Ergebnis*, ein Ziel.	Lernen ist *Prozeß*, eine Reise.
	3. Vorrang hat, etwas zu „machen", etwas zu leisten.	Vorrang hat das Selbstverständnis: der Motor von Handlung und Leistung
	4. Betonung analytischen, linearen (...) Denkens.	Zielt auf eine Erziehung des ganzen Gehirns ab. Steigert die (...) Rationalität durch holistische, nicht lineare und intuitive Strategie.
	5. Befaßt sich mit Normen.	Befaßt sich mit den individuellen Leistungen; sieht sie als Ausdruck eines Potentials (das entwickelt werden kann).

(Brendan O'Regan, „The Aquarian Conspiracy; Grounds for Optimism", in: Newsletter des Institute of Noetic-Sciences, Vol. 8/1, 1980. Aus: G. Geisler [Hrsg.], New Age – Zeugnisse der Zeitenwende, a.a.O., S. 132–133; Übersetzung. Fritz Hoffmeister)

Wochenschau II · Nr. 1 · Januar/Februar 1990

Der Umschlag in die Irrationalität. Aus einem Aufsatz von Christof Schorsch, **53**
1989

Nicht daß die Moderne nicht erfolgreich gewesen wäre, sie erwies sich, im
Gegenteil, in ihrer Vereinseitigung als *zu* erfolgreich. Es sind das technisch-
industriell halbierte und ins Äußerste vorangetriebene Fortschrittsprojekt,
der Selbstlauf der Mittel und die Korruption durch Geld und Macht, welche
nicht nur in die Krise, sondern auch zum dialektischen Umschlag des moder- 5
nen Denkens in neue A- und Ir-Rationalität geführt haben. Hierin kommt das
wachsende Unbehagen an der wissenschaftlich-technischen Zivilisation
besonders deutlich zum Ausdruck. Denn weithin wird Vernunft nicht mehr
im emphatischen Sinn als Medium von Aufklärung und Emanzipation verstanden, sondern als Herrschaftsinstrument und als Gedankenpolizei – oder 10
sogar als Urheberin aller Übel dieser, der modernen Welt. Wo Rationalität
insgesamt abgewirtschaftet zu haben scheint (und nicht bloß ihre Engfüh-
rung auf formale Zweckrationalität), sucht man Wissen und Weisheit beispielsweise in den magischen und mythischen Überlieferungen sogenannter
Naturvölker und in den vom kulturellen Hauptstrom der Moderne verdräng- 15
ten und verschütteten Traditionen. ...
„Wiederverzauberung der Welt" könnte in der Tat das von der New-Age-
Bewegung verfolgte Gegenprogramm zum „Projekt der Moderne"[1] lauten.
Wurde in den sechziger und siebziger Jahren das Prinzip Hoffnung rein
innerweltlich und in erster Linie politisch verstanden, so richten sich die 20
Hoffnungen jetzt auf Überwindung der Vernunft durch ihr Anderes, auf Ent-
zauberung der Ratio und die frei schwebende Einbildungskraft. Darin ist die
New-Age-Bewegung ein nachgerade postmodernes Phänomen. ...
Postmodernismus – das ist Denken in der Krise in dem doppelten Sinn, daß
dieses Denken nicht nur in der Krise situiert, sondern selbst krisenhaft ist, 25
insofern als es seinen rationalen Grundlagen nicht mehr vertraut und den
aufklärerischen Anspruch aufgibt, Ordnung in die heillose Verwirrung der
Welt bringen zu wollen. Statt dessen identifiziert es Ordnung mit Terror und
ist gegenüber seinen eigenen universalistischen Ansprüchen zutiefst miß-
trauisch. Aufgrund dessen ist es ein wesentliches Merkmal der Postmoderne, 30
daß die Gültigkeit der *einen* Vernunft, der *einen* Geschichte, der *einen* Sub-
jektivität forciert bestritten wird. *Laßt viele Blumen blühen,* dieses Motto der
Postmoderne steht für das Ende der neuzeitlichen Grundideen: der wissen-
schaftlichen Wahrheitssuche, der Weltgeschichtsphilosophien und der sozial-
utopischen Globalentwürfe. Das bedeutet im Extremfall freilich auch die 35
Abkehr vom Sonderweg der abendländischen Kultur (die meist aber mehr
verkündet als tatsächlich vollzogen wird).

Christof Schorsch, Die Krise der Moderne. Entstehungsbedingungen der New-Age-Bewegung, in: Aus Politik und Zeitgeschichte, B 40/89 v. 29. 9. 1989, S. 5–6

---

[1] Jürgen Habermas, Die Moderne – ein unvollendetes Projekt, in: ders., Kleine Politische Schriften i–IV, Frankfurt 1981

Deutschland, ein Einwanderungsland?

54 Bevölkerungsveränderungen von 1960 bis 1990 (in Tausend)

Jahr	Wohnbe-völke-rung	Ausländer		Über-sied-ler[1]	Aus-sied-ler[2]	Asyl-bewer-ber	Bevölke-rungsver-änderung
		absolut	in vH				
1960	55 433	686	1,2				
1970	60 651	2439	4,0				+ 5218
1980	61 566	4453	7,2	12	52	108	+ 915
1981	61 682	4630	7,5	15	69	49	+ 116
1982	61 638	4667	7,6	13	48	37	− 44
1983	61 423	4535	7,4	11	38	20	− 215
1984	61 175	4364	7,1	39	36	35	− 248
1985	61 024	4379	7,2	26	40	74	− 151
1986	61 066	4513	7,4	26	43	100	+ 42
1987	61 077	4241	6,9	19	79	57	+ 11
1988	61 449	4489	7,3	40	203	103	+ 372
1989	62 063	4846	7,8	344	377	121	+ 614
1990	63 120	5242	8,3	238[3]	397	193	+ 1057

Statistische Jahrbücher für die Bundesrepublik Deutschland, 1962 ff. Und Jahresgutachten des Sachverständigenrates zur Begutachtung der gesamtwirtschaftlichen Entwicklung, 1985/86 ff.

[1] Wohnortverlagerung aus der DDR in die Bundesrepublik
[2] deutschstämmige Einwanderer
[3] Zählung endet mit dem 1. Juli 1990

55 **Deutschland nur den Deutschen?** Aus einer Streitschrift von Ute Knight und Wolfgang Kowalsky, November 1991

Um unvoreingenommen, das heißt ohne ideologische Scheuklappen, die Immigrationspolitik zu sichten, sind einige liebgewordene Gewohnheiten abzulegen.

Der einen, der rechten Seite ist vorzuhalten, daß „deutschstämmig" ein
5 Begriff ist, der aus dem vorigen Jahrhundert herrührt und mit dem die NS-Ideologen ihr rassistische Politik begründet haben – mit anderen Worten: ein Anachronismus, verglichen mit modernen rechtlichen Auffassungen, wie sie in Frankreich oder den USA seit langem gang und gäbe sind. Eine Revision dieser fossilen Vorstellung vom „Deutschtum" ist überfällig.
10 Auf der anderen, der linken Seite ist der Begriff „Ausländerfeindlichkeit" zu einer Allzweckwaffe im politischen Streit um die Immigrationspolitik geworden. Jegliche Kritik an Ausländern wird so tabuisiert und unter den Verdacht der „Ausländerfeindlichkeit" gestellt. Selbsternannte „Ausländerfreunde" haben dem Begriff durch inflationäre Verwendung Substanz genommen ...

Es drängt sich der Eindruck auf, die ganze Ausländerproblematik werde von 15
linker Seite angegangen unter der traumatischen Erfahrung, die Auschwitz
hinterlassen hat. Folglich sei es nur recht und billig, wenn die Bundesrepublik als Nachfolgestaat des NS-Staats großzügig Asyl gewährt. Dieser Logik
zufolge hätten die Deutschen ein für allemal das Recht verwirkt, Ausländern
den Zutritt zu verwehren. Darüber hinaus sei es unzulässig, Ausländern 20
Regeln vorzuschreiben ...
Auf das Bekenntnis „Deutschland über alles" antworten viele Linke mit der
gegenteiligen Aussage. In Berlin war zu lesen: „Ausländer! Laßt uns mit den
Deutschen nicht allein" ...
Xenophilie und deutscher Selbsthaß erscheinen als zwei Seiten einer 25
Medaille. Diese Verbindung ist bei den Grünen häufig anzutreffen. In ihren
Darstellungen erscheinen die Bundesrepublik und ihr Verhalten gegenüber
Ausländern als abgrundtief schlecht, als rassistisch, diskriminierend, die Ausländer als gut und nett, als exotische Farbtupfer im grauen deutschen Einer-
lei. Die Ausländer brächten „Anregung" und „Bereicherung". Alle Bedingun- 30
gen, an die die Erteilung einer Aufenthaltserlaubnis geknüpft ist, erhalten
etwas Anrüchiges ...
Sicher existiert Fremdenhaß in Deutschland wie auch in anderen Ländern,
aber er ist kein vorherrschendes Phänomen. Die Behauptung, der Deutsche
sei „fremdenfeindlicher" als ein Durchschnittsfranzose, -engländer oder -ita- 35
liener, ist eine Legende, um deren Aufrechterhaltung sich einige Linke eifrig
bemühen.
Im Zusammenhang mit dem Hinweis auf die miserable Situation, in der viele
Ausländer leben, wird mit Vorliebe ausgeblendet, daß in deutschen Landen
nicht nur viele Ausländer, sondern auch viele Deutsche vom Wohlstandsku- 40
chen nur Krümel abbekommen: Hunderttausende von Obdachlosen, Millionen, die ihre Arbeit dauerhaft verloren haben, zahlreiche Menschen, die
Objekte der Sozialfürsorge geworden sind, Bezieher kleiner Renten.
Wenn die Leitlinie sein soll, die Ausgeschlossenen der Zwei-Drittel-Gesell-
schaft zu integrieren, dann muß sie verallgemeinerbar sein, das heißt, es muß 45
um alle gehen und nicht nur um einige. Es zeugt von Einseitigkeit, mit Eifer
alle möglichen Diskriminierungen bei Ausländern aufzuspüren ...
Es kann kein Zufall sein, daß im Zusammenhang mit Immigration stets der
Nationalismus zur Sprache kommt. Das Thema „deutsche Nation(alität)" ist
für Linke wie für Rechte heikel aufgrund der besonderen deutschen Vergan- 50
genheit, nicht zuletzt der NS-Zeit.
Solange die deutsche Linke ein gestörtes Verhältnis zur Nation hat, kann sie
sich zu einer nationalen Immigrationspolitik nicht durchringen; denn eine
solche Politik unterstellt eine gewisse Homogenität der Einheimischen. Eine
solche Sicht der Dinge widerspricht Gesellschaftskonzeptionen, die von 55
einem alles determinierenden Klassengegensatz, einer tiefgehenden Zerris-
senheit der Gesellschaft, ausgehen und ein Gemeinsames schlichtweg leug-
nen oder für irrelevant erklären.

Viele Linke vermögen keinen Unterschied zwischen Nationalbewußtsein
60 und Nationalismus zu erkennen; für sie ist der Nationalismus ein Zwillings-
bruder des Faschismus. Mit anderen Worten: Wer von Nation redet, ist schon
ein potentieller Faschist. Jeder Deutsche weiß, daß der letzte große nationale
Rausch in Auschwitz endete. Diese Erfahrung hat tiefe Spuren hinterlassen.
Die Deutschen sind seit der NS-Zeit dagegen, daß die Individualität auf dem
65 Altar der Nation geopfert wird.
Eine plausible Auffassung von Nation ist möglich. Jürgen Habermas hat den
Begriff des „Verfassungspatriotismus" in die Diskussion eingebracht, um ein
in der deutschen Geschichte neuartiges Pflänzchen, die demokratisch-repu-
blikanische Verbundenheit mit den Grundsätzen der Nation, zu benennen.
70 Zum ABC der Linken sollte gehören: Es gibt eine deutsche Nation, eine
nationale Gemeinschaft, ein nationales Zusammengehörigkeitsgefühl, aber –
und dies gehört ins Stammbuch der Rechten – dieses Nationalgefühl ist nicht
herzuleiten aus Rasse oder Blut.
Das Problem ist kein nationales, sondern ein internationales: Vielen Immi-
75 granten erscheint das Haus Europa als ein Palast, und der Anstieg der Flücht-
lingszahlen und der Asylanträge ist ein weltweites Phänomen.
Darauf angemessen zu reagieren ist eine Herausforderung unserer Zeit. Eine
Abstimmung mit den europäischen Nachbarn ist unerläßlich. Bislang existiert kein gesamteuropäisches Einwanderungskonzept. Ein Bestandteil
80 einer europäischen Einwanderungspolitik wäre eine „kontrollierte Öffnung".
Wie die aussehen könnte demonstriert seit langem die USA, Australien und
Kanada: Sie kontingentieren die Zuwanderung. Gemeinsam entscheiden
Vertreter aller gesellschaftlich relevanten Gruppen über das Kontingent...
Anders sieht die Situation in der Bundesrepublik aus. Hier gilt weiterhin das
85 obsolete Prinzip des *ius sanguinis*. Daher können Polen, Rumänen, Sowjet-
bürger und andere, die weder Deutsch sprechen noch jemals deutschen
Boden betreten haben, allein aufgrund der Tatsache, daß sie eine Bescheini-
gung über die Existenz deutscher Vorfahren vorlegen können, die deutsche
Staatsangehörigkeit erhalten.
90 Hingegen können türkische Jugendliche der zweiten oder dritten Generation, die ihr ganzes Leben in der Bundesrepublik verbracht haben und mit der
deutschen Kultur, Arbeits- und Lebensweise bestens vertraut sind, die deutsche Staatsangehörigkeit nicht erlangen – es sei denn, sie legten die eigene,
die türkische Staatsangehörigkeit ab...
95 Die politische Krankheit „Mangel des Willens" lähmt in Deutschland jede
beherzte politische Initiative. Eine Quotierung ist nötig und klare Regeln,
wer bleiben darf und wer nicht. Denn jedes Land hat das Recht, selbst demokratisch zu bestimmen, wie viele Immigranten aufgenommen werden sollen.

Ute Knight/Wolfgang Kowalsky, Deutschland nur den Deutschen?, Erlangen, Bonn, Wien
1991. Zitiert nach Der Spiegel 47/1991, S. 112–23

IV. Das Ende des Kalten Krieges und die Wiederherstellung der Deutschen Einheit

1. Der KSZE-Prozeß und die Europäische Integration von der Helsinki-Konferenz 1975 bis zur Ära Gorbatschow

Die europäische Integration hatte im Zeichen des Kalten Krieges 1957 als westeuropäische Integration mit der Unterzeichnung der Römischen Verträge und Gründung einer Europäischen Wirtschaftsgemeinschaft (EWG) durch sechs Staaten einen ersten Abschluß gefunden. Zusammen mit der „Europäischen Atomgemeinschaft" und der „Europäischen Gemeinschaft für Kohle und Stahl" (Montanunion) bildet dieser Zusammenschluß seit 1967 in Form der „Europäischen Gemeinschaften" (EG) einen westeuropäischen Verbund mit gemeinsamer Führungsspitze (EG-Kommission, Ministerrat) und gemeinsamem Parlament.

Von Anfang an bestand das Ziel einer Fortbildung der Wirtschaftsgemeinschaft zu einer Politischen Union und zur Erweiterung des Mitgliederkreises – wenn auch mit unterschiedlichen Vorbehalten bei den verschiedenen EG-Staaten. Tatsächlich vergrößerte sich die ursprüngliche Sechser-Gemeinschaft in den Jahren 1973, 1981 und 1986 durch Hinzutritt weiterer Länder zur Zwölfer-Gemeinschaft (Stand 1990). Obwohl die EG für die beteiligten Staaten zugleich eine Freihandelszone und Zollunion herstellte, existierten nicht zuletzt aufgrund unterschiedlicher Steuer-, Wirtschafts- und Sozialgesetze weiterhin Barrieren im zwischenstaatlichen Waren- und Kapitalverkehr. Die 1985 in Luxemburg beschlossene „Einheitliche Europäische Akte" verpflichtete die EG-Kommission und die Mitgliedsstaaten zur Etablierung der Voraussetzungen für einen einheitlichen Binnenmarkt bis zum 31. 12. 1992 und damit zur Harmonisierung von Steuer-, Wirtschafts- und Sozialgesetzen. Sie stellte einen bedeutenden Fortschritt in Richtung auf eine immer engere Integration der westeuropäischen Länder dar. Die Schaffung einer gemeinsamen europäischen Notenbank, einer einheitlichen Währung, einer gemeinsamen Außen- und Sicherheitspolitik sowie schließlich einer Politischen Union bleiben die weitergehenden Ziele.

Vergeblich versuchte die Sowjetunion, der westeuropäischen Integration eine entsprechende osteuropäische entgegenzustellen. Paradoxerweise leitete sogar Anfang der siebziger Jahre der von der Sowjetunion immer wieder vorgebrachte Wunsch nach einer Fixierung des Status quo und der Anerkennung ihres Besitzstandes in Osteuropa durch eine europäische Sicherheitskonferenz eine Entwicklung mit ein, die schließlich in die Auflösung des Ostblocks und in die Wiedervereinigung Deutschlands mündete. Die westliche Einwilligung zu einer solchen Konferenz gründete auf der Hoffnung, dadurch die Härten der europäischen Teilung mildern und die Menschenrechte in den osteuropäischen Staaten besser sichern zu können. Die Schlußakte der „Konferenz für Sicherheit und Zusammenarbeit in Europa", die nach dreijährigen Verhandlungen am 1. 8. 1975 von 33 europäischen Staaten sowie von den USA und Kanada in Helsinki feierlich unterzeichnet wurde, trug diesen unterschiedlichen Erwartungen Rechnung. In dem sogenannten Dekalog, dem eigentlichen Kern der Akte, garantierten die Unterzeichnerstaaten einerseits die Unverletzlichkeit der bestehenden Grenzen in Europa und verpflichteten sie sich andererseits dazu, die Menschenrechte und Grundfreiheiten, einschließlich der Gedanken-, Gewissens-, Religions- und Überzeugungsfreiheit zu achten und einzuhalten. Da die KSZE-Konferenz nicht als einmalige Veranstaltung konzipiert war, sondern seit 1975 regelmäßige Folgekonferenzen zur Überprüfung und zum weiteren Ausbau des bisher Erreichten stattfanden, unterstützte diese eine Entwicklung, die schließlich im Jahre 1989/90 zu einer Überwindung des europäischen Status quo führte. Am 21. 11. 1990 unterzeichneten die Teilnehmerstaaten auf der Pariser KSZE-Konferenz die „Charta für ein neues Europa", mit der der Schlußstrich unter die Konfrontation der Nachkriegszeit gezogen und ein neues Zeitalter der Demokratie, des Friedens und der europäischen Einheit deklariert wurde.

56 Aus der Schlußakte der „Konferenz über Sicherheit und Zusammenarbeit in Europa" (KSZE), verabschiedet in Helsinki am 1. August 1975

1. Prinzipien der Beziehungen

a) Erklärung über die Prinzipien, die die Beziehungen der Teilnehmerstaaten leiten:

Die Teilnehmerstaaten, unter Bekräftigung ihrer Verpflichtung zu Frieden, Sicherheit und Gerechtigkeit ... erklären ihre Entschlossenheit, die folgenden Prinzipien, ... zu achten und in die Praxis umzusetzen:

I. Souveräne Gleichheit, Achtung der der Souveränität
5 innewohnenden Rechte: Die Teilnehmerstaaten werden gegenseitig ihre souveräne Gleichheit und Individualität sowie alle ihrer Souveränität innewohnenden und von ihr umschlossenen Rechte achten, einschließlich insbesondere des Rechtes eines jeden Staates auf rechtliche Gleichheit, auf territoriale Integrität sowie auf Freiheit und politische Unabhängigkeit. Sie
10 werden ebenfalls das Recht jedes anderen Teilnehmerstaates achten, sein politisches, soziales, wirtschaftliches und kulturelles System frei zu wählen und zu entwickeln sowie sein Recht, seine Gesetze und Verordnungen zu bestimmen. ...

II. Enthaltung von der Androhung oder Anwendung von
15 Gewalt: Die Teilnehmerstaaten werden sich in ihren gegenseitigen Beziehungen sowie in ihren internationalen Beziehungen im allgemeinen der Androhung oder Anwendung von Gewalt, die gegen die territoriale Integrität oder politische Unabhängigkeit irgendeines Staates gerichtet oder auf irgendeine andere Weise mit den Zielen der UN und mit der vorliegenden Erklä-
20 rung unvereinbar ist, enthalten. ...

III. Unverletzlichkeit der Grenzen: Die Teilnehmerstaaten betrachten gegenseitig alle ihre Grenzen sowie die Grenzen aller Staaten in Europa als unverletzlich und werden deshalb jetzt und in der Zukunft keinen Anschlag auf diese Grenzen verüben.

IV. Territoriale Integrität der Staaten: Die Teilnehmerstaaten 25 werden die territoriale Integrität eines jeden Teilnehmerstaates achten. ...

V. Friedliche Regelung von Streitfällen: Die Teilnehmerstaaten werden Streitfälle zwischen ihnen mit friedlichen Mitteln auf solche Weise regeln, daß der internationale Frieden und die internationale Sicherheit sowie die Gerechtigkeit nicht gefährdet werden. ... 30

VI. Nichteinmischung in innere Angelegenheiten: Die Teilnehmerstaaten werden sich ungeachtet ihrer gegenseitigen Beziehungen jeder direkten oder indirekten, individuellen oder kollektiven Einmischung in die inneren oder äußeren Angelegenheiten enthalten, die in die innerstaatliche Zuständigkeit eines anderen Teilnehmerstaates fallen. Sie werden sich 35 dementsprechend jeder Form der bewaffneten Intervention oder der Androhung einer solchen Intervention gegen einen anderen Teilnehmerstaat enthalten. ...

VII. Achtung der Menschenrechte und Grundfreiheiten, einschließlich der Gedanken-, Gewissens-, Religions- oder 40 Überzeugungsfreiheit: Die Teilnehmerstaaten werden die Menschenrechte und Grundfreiheiten, einschließlich der Gedanken-, Gewissens-, Religions- oder Überzeugungsfreiheit für alle ohne Unterschied der Rasse, des Geschlechts, der Sprache oder der Religion achten. Sie werden die wirksame Ausübung der zivilen, politischen, wirtschaftlichen, sozialen, kulturellen 45 sowie der anderen Rechte und Freiheiten, die sich alle aus der dem Menschen innewohnenden Würde ergeben und für seine freie und volle Entfaltung wesentlich sind, fördern und ermutigen. In diesem Rahmen werden die Teilnehmerstaaten die Freiheit des Individuums anerkennen und achten, sich allein oder in Gemeinschaft mit anderen zu einer Religion oder einer Über- 50 zeugung in Übereinstimmung mit dem, was sein Gewissen ihm gebietet, zu bekennen und sie auszuüben. Die Teilnehmerstaaten, auf deren Territorium nationale Minderheiten bestehen, werden das Recht von Personen, die zu solchen Minderheiten gehören, auf Gleichheit vor dem Gesetz achten; sie werden ihnen jede Möglichkeit für den tatsächlichen Genuß der Menschen- 55 rechte und Grundfreiheiten gewähren und werden auf diese Weise deren berechtigten Interessen in diesem Bereich schützen. Die Teilnehmerstaaten anerkennen die universelle Bedeutung der Menschenrechte und Grundfreiheiten, deren Achtung ein wesentlicher Faktor für den Frieden, die Gerechtigkeit und das Wohlergehen ist, die ihrerseits erforderlich sind, um die Ent- 60 wicklung freundschaftlicher Beziehungen und der Zusammenarbeit zwischen ihnen sowie zwischen allen Staaten zu gewährleisten. Sie werden diese Rechte und Freiheiten in ihren gegenseitigen Beziehungen stets achten und sich einzeln und gemeinsam, auch in Zusammenarbeit mit den UN, bemü-

Abb. 17: Unterzeichnung der Schlußakte der „Konferenz zur Sicherheit und Zusammenarbeit in Europa" (KSZE) am 1. August 1975 in Helsinki. Von links: Bundeskanzler Helmut Schmidt, der Staatsratsvorsitzende der DDR, Erich Honecker, der amerikanische Präsident Gerald D. Ford, der österreichische Bundeskanzler Bruno Kreisky.

65 hen, die universelle und wirksame Achtung dieser Rechte und Freiheiten zu
fördern. Sie bestätigen das Recht des Individuums, seine Rechte und Pflichten auf diesem Gebiet zu kennen und auszuüben. Auf dem Gebiet der Menschenrechte und Grundfreiheiten werden die Teilnehmerstaaten in Übereinstimmung mit den Zielen und Grundsätzen der Charta der UN und mit der
70 Allgemeinen Erklärung der Menschenrechte handeln. Sie werden ferner ihre
Verpflichtungen erfüllen, wie diese festgelegt sind in den internationalen
Erklärungen und Abkommen auf diesem Gebiet, soweit sie an sie gebunden
sind, darunter auch in den Internationalen Konventionen über die Menschenrechte.
75 VIII. Gleichberechtigung   und   Selbstbestimmungsrecht
der Völker : Die Teilnehmerstaaten werden die Gleichberechtigung der
Völker und ihr Selbstbestimmungsrecht achten. ...
IX. Zusammenarbeit zwischen den Staaten : Die Teilnehmerstaaten werden ihre Zusammenarbeit miteinander und mit allen Staaten in
80 allen Bereichen gemäß den Zielen und Grundsätzen der Charta der UN entwickeln. ...

X. Erfüllung völkerrechtlicher Verpflichtungen nach Treu
und Glauben: ... Die Teilnehmerstaaten erklären ihre Entschlossenheit,
diese Prinzipien, so wie sie in der vorliegenden Erklärung dargelegt sind, voll
in allen Aspekten in ihren gegenseitigen Beziehungen und ihrer Zusammen- 85
arbeit zu achten und anzuwenden, um jedem Teilnehmerstaat die Vorteile zu
sichern, die sich aus der Achtung und der Anwendung dieser Prinzipien
durch alle ergeben. ...

Archiv der Gegenwart, 25. 7. 1975

Der EG-Gipfel in Luxemburg am 2./3. Dezember 1985: Die in Luxemburg **57**
beschlossene institutionelle Reform der Gemeinschaft bildete die Grundlage
der „Einheitlichen Europäischen Akte", die am 17./18. Februar 1986 von den
Außenministern der EG-Mitgliedsstaaten unterzeichnet wurde

Am 2. und 3. Dezember fand in Luxemburg die 33. Konferenz der Staats-
bzw. Regierungschefs der EG-Staaten statt.
Bei dieser Gelegenheit einigten sich die 10 EG-Länder nach 30stündigen Verhandlungen über eine institutionelle Reform der Gemeinschaft, deren
Kernpunkte folgende sind: 1. Einführung eines weitgehend durchlässigen 5
Binnenmarktes bis Ende 1992; für Richtlinien zur Harmonisierung der nationalen Gesetzgebung sollen im wesentlichen Mehrheitsentscheidungen aus-

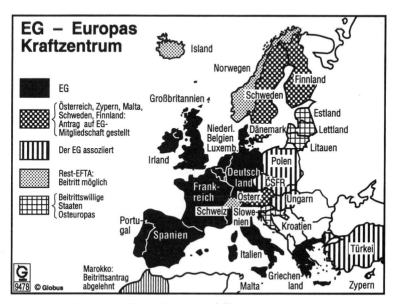

Abb. 18: Vom Europa der 12 zum Europa der 24?

EG-Länder im Vergleich (1987/88)

	Bundes-republik	Frankreich	Italien	Groß-britannien	Spanien	Nieder-lande	Belgien	Luxem-burg	Däne-mark	Griechen-land	Portugal	Irland
Fläche (1000 km²)	248,7	549,0	301,3	244,1	504,8	41,8	30,5	2,6	43,1	132,0	92,4	70,3
Bevölkerung												
Einwohner in Mio	61,20	55,63	57,33	56,93	38,83	14,67	9,87	0,37	5,13	10,00	10,28	3,54
Einwohner je km²	246	102	190	232	77	351	324	143	119	76	112	50
Zivile Erwerbstätige in Mio	26,60	21,01	20,58	25,06	11,38	5,25	3,62	0,17	2,68	3,60	4,14	1,07
davon tätig in (Anteile in %)												
Landwirtschaft	5,2	7,1	10,5	2,4	16,1	4,9	2,9	3,7	5,9	28,5	21,9	15,7
Industrie	40,5	30,8	32,6	29,8	32,0	25,5	29,7	32,9	28,2	28,1	35,8	28,7
Dienstleistungen	54,3	62,1	56,8	67,8	51,8	69,6	67,4	63,4	65,9	43,4	42,3	55,5
Einkommen und Lebensstandard												
Netto-Jahresverdienst in DM 1987/ (Arbeitnehmer unverheiratet)	25 820	21 720	24 960	23 950	18 950	24 500	23 430	31 310	20 930	13 680	8 130	18 590
Tarifliche Jahresarbeitszeit 1988 (in Stunden)	1 716	1 771	1 800	1 778	1 800	1 784	1 756	1 800	1 756	1 840	2 025	1 864
Inflation 1988 (in Prozent)	1,25	2,75	5,0	4,5	4,75	0,75	1,25	1,5	4,75	13,25	9,5	2,0
Zivile Erwerbstätige (Mio.)	26,8	21,1	20,8	25,9	11,8	–	–	–	–	–	4,3	–
Arbeitslose (Tausend)	2242	2443	2885	2341	2853	432	462	462	240	109	257	241
In Prozent der Erwerbspersonen	7,6	10,1	11,8	8,2	19,1	7,4	11,0	11,0	8,4	3,0	5,6	18,6
BIP je Einwohner in ECU[1]	16 700	14 500	12 300	12 000	7 400	13 100	13 100	14 800	17 800	4 500	3 400	6 700
PKW je 1000 Einwohner	441	369	335	312	252	341	335	439	293	127	135	206
Telefonapparate je 1000 Einwohner	641	614	448	521	381	410	414	425	783	373	166	235
Fernsehgeräte je 1000 Einwohner	377	394	244	336	256	317	303	336	392	158	140	181
Ärzte je 1000 Einwohner	2,5	2,3	3,6	0,5	3,4	2,2	2,8	1,9	2,5	2,8	1,8	1,3

1) 1 ECU = 2,0778 DM

Quelle: Europartners, BDA   © Harenberg

reichen; Einstimmigkeit wird u. a. für die Angleichung der MWSt-Sätze ver-
langt; nationale Sonderregelungen dürfen keine willkürliche Diskriminierung oder verschleierte Behinderung des innergemeinschaftlichen Handelns 10
darstellen; die Kommission und jedes Mitgliedsland können den Europäischen Gerichtshof anrufen, wenn sie glauben, daß ein Mitglied diese Voll-
machten mißbraucht. 2. Ausweitung der Zuständigkeiten der EG in Fragen
der Währung; in der Präambel erklären sich die Mitgliedsstaaten bereit, die
Konvergenz ihrer Wirtschafts- und Währungspolitik zu sichern und zu die- 15
sem Zweck zusammenzuarbeiten; dabei sollen Erfahrungen mit dem EWS
und dem ECU berücksichtigt werden; institutionelle Änderungen müssen
einstimmig beschlossen und von den Parlamenten gebilligt werden; vorher
sind die Kommission, der Währungsausschuß und die Notenbanken zu kon-
sultieren. 3. Technologie-Politik und Umweltschutz gehören künftig zu den 20
EG-Aufgaben; die Gemeinschaft kann einstimmig mehrjährige Rahmenpro-
gramme in der technologischen Forschung beschließen und mehrheitlich
Sonderprogramme mit festgelegter Dauer und feststehenden Modalitäten
verabschieden. 4. Stärkung der Rechte des Europäischen Parlaments; danach
soll der Rat fortan seine Beschlüsse dem EP zuleiten, das innerhalb von drei 25

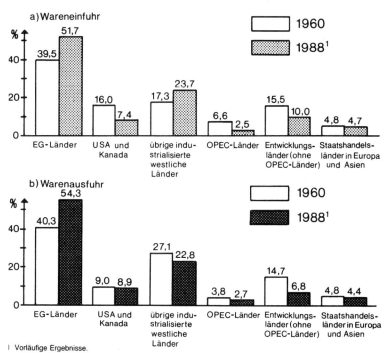

I Vorläufige Ergebnisse.

Abb. 19: Außenhandel der Bundesrepublik nach Ländergruppen. Datenreport 1989, S. 243.

Monaten dazu Stellung nehmen kann; das Parlament kann mit absoluter
Mehrheit Ratsbeschlüsse ablehnen oder Abänderungen vorschlagen; der Rat
kann solche Entscheidungen in zweiter Lesung nur einstimmig umstoßen.
5. Intensivierung der außenpolitischen Zusammenarbeit im Rahmen der
30   EPZ, wobei auch sicherheitspolitische Konsultationen vorgesehen sind; für
die Koordinierung soll ein Sekretariat in Brüssel geschaffen werden; die
Außenminister der EG sollen sich mit einem Kommissionsmitglied viermal
im Jahr zu EPZ-Sitzungen treffen. 6. Zur Frage des Zusammenhalts („Kohä-
sion") der EG heißt es: „Die Gemeinschaft entwickelt und verfolgt weiterhin
35   eine Politik zur Stärkung ihres wirtschaftlichen und sozialen Zusammenhalts, um eine harmonische Entwicklung der EG als Ganzes zu fördern. Sie
setzt sich insbesondere zum Ziel, das Gefälle zwischen den verschiedenen
Regionen und den Rückstand der am stärksten benachteiligten Gebiete zu
verringern ... Die Gemeinschaft unterstützt diese Bemühungen durch die
40   Politik, die sie mit Hilfe der Strukturfonds, der EIB und der sonstigen vorhandenen Finanzierungsinstrumente verfolgt." (BPA-Nachrichtenspiegel)

Archiv der Gegenwart, 3. 12. 1985

58   Das gemeinsame Haus Europa. Auszug aus Michail Gorbatschows Buch „Perestroika", 1987

Notwendigkeit:
Imperative für eine gesamteuropäische Politik

Man kann eine ganze Reihe von sachlichen Argumenten aufzählen, die eine
gesamteuropäische Politik notwendig machen:
1. Das dicht besiedelte und stark urbanisierte Europa ist sowohl mit Kernwaffen als auch mit konventionellen Waffen gespickt. ... Tausende von
5   nuklearen Sprengköpfen werden hier gelagert, während lediglich einige
Dutzend ausreichen würden, um Europa in eine Hölle zu verwandeln.
2. Selbst ein konventioneller Krieg hätte heute für Europa katastrophale Folgen, von einem Atomkrieg ganz zu schweigen. ... Die Zerstörung ... im
Laufe konventioneller Feindseligkeiten würde den Kontinent unbewohn-
10   bar machen.
3. Europa gehört zu den industriell am höchsten entwickelten Regionen der
Welt. Industrie und Transportwesen haben sich bis zu einem Punkt entwik-
kelt, an dem die Gefahr für die Umwelt fast schon kritisch wird. Dieses
Problem geht bereits über nationale Grenzen hinaus und erstreckt sich
15   heutzutage auf ganz Europa.
4. In beiden Teilen Europas vollziehen sich in zunehmendem Maß Integra-
tionsprozesse. ... Die Erfordernisse der wirtschaftlichen Entwicklung in

beiden Teilen Europas sowie der wissenschaftliche und technologische
Fortschritt machen es notwendig, unverzüglich nach einer Form der
Zusammenarbeit zu suchen, die für beide Seiten von Vorteil ist. Ich meine   20
damit nicht eine Art „europäische Autarkie", sondern eine bessere Nut-
zung des gesamten europäischen Potentials zum Wohle der Menschen und
in Verbindung mit der übrigen Welt.
5. Die beiden Teile Europas haben eine Menge vom eigenen Problemen, die
   unter dem Zeichen des Ost-West-Konflikts stehen, aber sie haben auch ein   25
   gemeinsames Interesse daran, das äußerst dringliche Nord-Süd-Problem
   zu lösen. Das heißt natürlich nicht, daß die Länder Osteuropas sich an der
   Verantwortung für die koloniale Vergangenheit der Westmächte beteiligen. Doch darum geht es nicht. Wenn man das Schicksal der Völker in den
   Entwicklungsländern außer acht läßt und über das vordringliche Problem   30
   der Überwindung der Kluft zwischen Industrie- und Entwicklungsländern
   hinwegsieht, dann könnte das für Europa und die übrige Welt verheerende
   Folgen haben. ...
   Dies sind im großen und ganzen die Imperative einer gesamteuropäischen
   Politik, wie sie von den Interessen und Bedürfnissen Europas als einem   35
   einheitlichen Ganzen bestimmt wird.

Möglichkeiten für Europa

Und nun zu den Möglichkeiten der Europäer und zu den notwendigen Voraussetzungen für das Zusammenleben in einem „gemeinsamen Haus".
1. Die Nationen Europas haben in den beiden Weltkriegen sehr schmerzliche
   und bittere Erfahrungen gemacht. Das Bewußtsein, daß der Ausbruch   40
   eines neuen Krieges verhindert werden muß, hat sich tief in ihr Gedächtnis
   eingeprägt. Es ist kein Zufall, daß es gerade in Europa die größte und maß-
   geblichste Antikriegsbewegung gibt und daß sie alle sozialen Schichten
   umfaßt.
2. Was die Handhabung internationaler Angelegenheiten betrifft, so ist die   45
   politische Tradition Europas die reichhaltigste der Welt. Die europäischen
   Staaten haben realistischere Vorstellungen voneinander, als dies in jeder
   anderen Region der Fall ist. Ihre gegenseitige politische „Bekanntschaft"
   ist umfassender, dauert bereits länger und ist daher enger.
3. Kein anderer Kontinent verfügt insgesamt gesehen über ein derart weitver-   50
   zweigtes Netz von bilateralen und multilateralen Handelsbeziehungen,
   Konferenzen, Verträgen und Kontakten auf nahezu jeder Ebene. Es spricht
   für Europa, daß es eine in der Geschichte der internationalen Beziehungen
   einmalige Leistung wie die Vereinbarungen von Helsinki zustande
   gebracht hat. ...   55
4. Das wirtschaftliche, wissenschaftliche und technische Potential Europas ist
   gewaltig. Es ist zwar verzettelt, und die Kraft der Abstoßung zwischen Ost
   und West ist größer als die Anziehungskraft. Dennoch sind der gegenwär-

60 tige Stand der Dinge in wirtschaftlicher Hinsicht sowohl im Westen als auch im Osten sowie die realen Aussichten so, daß sie es durchaus ermöglichen, einen Weg für eine Verknüpfung von ökonomischen Prozessen in beiden Teilen Europas zum Wohle aller zu finden.

65 So sieht der einzig vernünftige Weg zur Weiterentwicklung der materiellen Zivilisation in Europa aus. „Von Atlantik bis zum Ural" ist Europa ein kulturhistorisches Ganzes, vereint durch das gemeinsame Erbe der Renaissance und der Aufklärung sowie der großen philosophischen und sozialen Lehren des 19. und 20. Jahrhunderts. Dies sind starke Magneten, die den Politikern bei ihrer Suche nach Wegen zur gegenseitigen Verständigung und Kooperation auf der Ebene zwischenstaatlicher Beziehungen eine Hilfe sind.

70 Im kulturellen Erbe Europas liegt ein enormes Potential für eine Politik des Friedens und der gutnachbarlichen Beziehungen. Im großen und ganzen findet die neue, heilsame Perspektive in Europa einen fruchtbareren Boden als in irgendeiner anderen Region, wo die beiden Gesellschaftssysteme aufeinandertreffen. ...

Michail Gorbatschow, Perestroika. Die zweite russische Revolution. Eine neue Politik für Europa und die Welt, München 1987, S. 254 ff.

Abb. 20: Der sowjetische Parteichef Gorbatschow und US-Präsident Reagan nach der Vertragsunterzeichnung über die vollständige Vernichtung aller atomaren Mittelstreckenraketen (INF) der Supermächte 8. Dezember 1987 in Washington (Doppel-Null-Lösung).

Curt Gasteyger, Die historische Bedeutung des INF-Abkommens vom 8. **59**
Dezember 1987

Fast scheint es inmitten dieses dramatischen Wandels, daß Europa anfangs
der achtziger Jahre auf lange, vielleicht auf unabsehbare Zeit hinaus seinen
letzten Kampf um neue nukleare Rüstung ausgetragen hat. [s. Kap. III, 1.]
Vier Jahre nach der Dislozierung der amerikanischen Pershing-Raketen und
Marschflugkörper *(cruise missiles)* in Europa und nach drei Jahren Verhand- 5
lungen kam es zum ersten Durchbruch an der „Abrüstungsfront": dem
Abkommen über eine Beseitigung aller amerikanischen und sowjetischen
Raketen mittlerer und längerer Reichweite *(Internationale-Range Nuclear For-*
ces = INF). Es wurde anläßlich des Besuches von Generalsekretär Gorbatschow in Washington von ihm und Präsident Reagan am 8. Dezember 1987 10
feierlich unterzeichnet.
Das INF-Abkommen verpflichtet die beiden Weltmächte, sämtliche Raketen
mit einer Reichweite zwischen 500 und 5500 km zu beseitigen und diesen
Vorgang sowohl auf ihrem eigenen Territorium wie auf jenem der europäischen Stationierungsländer (der Bundesrepublik, Belgien, Italien, Großbri- 15
tannien und den Niederlanden auf westlicher, der DDR, Polen und der Tschechoslowakei auf östlicher Seite) zu verifizieren. Verschwinden sollen also
nicht nur die erwähnten amerikanischen Raketen vom Typ Pershing-2 und
Pershing-1A sowie die landgestützten Marschflugkörper, sondern auch die
sowjetischen Mittelstreckenraketen vom Typ SS-12 und SS.23 (500–1000 km) 20
sowie SS-4 und SS-5 (2000 km bzw. 2300 km Reichweite) und natürlich
SS-20 (bis 5500 km).
... Nicht nur werden erstmals ganze Kategorien nuklearer Waffen aus Europa
entfernt; vielmehr wird damit ein Vorhaben in Gang gesetzt, das ohne ein
erhebliches Maß an gegenseitigem Vertrauen kaum zu verwirklichen ist. Es 25
kann somit den Auftakt zu weiteren Abrüstungsabkommen bilden.
Damit wird deutlich, daß der Rüstungswettlauf nichts Zwangsläufiges an sich
hat, daß er gebremst und möglicherweise sogar rückgängig gemacht werden
kann. Michail Gorbatschow tat in seiner Rede vom 7. Dezember 1988 vor den
Vereinten Nationen in New York einen ebenso überraschenden wie willkom- 30
menen Schritt in diese Richtung: Er kündigte einen einseitigen Abbau sowjetischer Streitkräfte um eine halbe Million Mann an. Damit löste er einen Prozeß aus, der den Weg zu einer auch konventionellen Abrüstung und einem
ersten Rückzug sowjetischer und amerikanischer Streitkräfte aus Mitteleuropa öffnete.[1]   35

Curt Gasteyger, Europa zwischen Spaltung und Einigung 1945–1990, Bonn 1990, S. 386 f.

---

[1] S. Abb. 32, S. 149

2. Der Weg zur deutschen Einheit 1989–1990

Der Weg zur deutschen Einheit wurde möglich aufgrund der politisch-ökonomischen Krise der sozialistischen Staaten Osteuropas und der Sowjetunion. Sie hatte zwar in jedem dieser Staaten ihr eigenes, von den nationalen Besonderheiten geprägtes Gesicht, doch lag ihr in allen Fällen der schleichende Zusammenbruch der sozialistischen Planwirtschaft und die Reformunfähigkeit der herrschenden Parteidiktaturen zugrunde. Beider Versagen hatte auch zum Zerfall der ideologischen Hegemonie der kommunistischen Weltanschauung in diesen Ländern geführt.

Den sichtbaren Anfang einer Entwicklung, die zum Zusammenbruch der sozialistischen Ordnungen in Osteuropa führte, machte Polen, wo schon zu Anfang der achtziger Jahre in Gestalt der freien Gewerkschaftsbewegung „Solidarnosc" sich eine Gegenmacht zur kommunistischen Staatsmacht herausgebildet hatte, die durch die Verhängung des Kriegsrechts (1981) nur vorübergehend an ihrer weiteren Ausbreitung gehindert werden konnte. Einen zusätzlichen Impuls erhielt die Entwicklung in Osteuropa seit 1985 durch die Einsetzung Gorbatschows als neuen Generalsekretär der KPdSU, und zwar nicht nur durch sein Reformprogramm der Perestroika (Umgestaltung) und Glasnost (Offenheit), sondern auch durch die von ihm veranlaßte Aufhebung der Breschnew-Doktrin, wodurch den osteuropäischen Ländern die gesellschaftspolitische Gestaltungsfreiheit zurückgegeben wurde.

Wiederum anders als in Polen oder der Sowjetunion lagen die Dinge in der DDR. Hier waren die Gorbatschowschen Reformforderungen bei der politischen Führung auf taube Ohren gestoßen, obwohl auch in der DDR eine autoritäre Gesellschafts- und verfehlte Wirtschaftspolitik schwer auf den Menschen lastete. Der positiven Resonanz, auf die die Parolen von Perestroika und Glasnost bei den Bürgern der DDR stießen, suchte die Führung durch repressive Maßnahmen zu begegnen. Andererseits sah sie sich bald immer weniger in der Lage, die oppositionellen Kräfte, die ihre umwelt-, friedens- und gesellschaftspolitischen Anliegen vor allem im Schutz der Kirche diskutierten, bedingungslos zu unterdrücken. Nach der Fälschung der Kommunalwahlen im März 1989 stellte daher die offizielle Glorifizierung der DDR-Verhältnisse aus Anlaß der Feier des 40jährigen Gründungstages der DDR eine Provokation der Bevölkerung dar, auf die diese mit Massendemonstrationen reagierte, während zur gleichen Zeit Zehntausende über Ungarn, das seine Grenzen nach Österreich geöffnet hatte, in die Bundesrepublik flüchteten.

Angesichts dieser Lage versuchte zwar eine parteiinterne Fronde durch den Sturz des starrsinnigen Generalsekretärs, Erich Honecker, den Systemerhalt zu sichern, doch scheiterte dieser Versuch an der Dynamik, die die oppositionelle Bewegung inzwischen überall in der DDR angenommen hatte. Sehr bald verwandelte sich auch der Ruf auf den Straßen „Wir sind das Volk" in die Forderung „Wir sind ein Volk".

Nach dem Fall der Mauer am 9. November 1989 ergriff Bundeskanzler Kohl mit seinem Zehn-Punkte-Plan zur Entwicklung konföderativer Strukturen zwischen der Bundesrepublik und der DDR die politische Initiative und bereitete, auch gedrängt von der Entwicklung in der DDR selbst, zielstrebig die Einigung der beiden deutschen Staaten vor. Eine entscheidende innenpolitische Wegmarke in diesem Prozeß war der in dieser Form unerwartet klare Wahlsieg der konservativen „Allianz für Deutschland" bei den Volkskammerwahlen in der DDR am 18. März 1990, der die Voraussetzungen dafür schuf, daß die Bundesregierung und die erste frei gewählte DDR-Regierung mit Lothar de Maizière als Ministerpräsidenten sich rasch über die Schaffung einer Währungs-, Wirtschafts- und Sozialunion zum 1. Juli 1990 und die Modalitäten des Beitritts der DDR zum Geltungsbereich des Grundgesetzes am 3. Oktober 1990 verständigen konnten.

Zur außenpolitischen Absicherung des Einigungsprozesses waren Verhandlungen mit der Sowjetunion ebenso wie mit den eigenen Verbündeten erforderlich. Nachdem Gorbatschow im Februar 1990 der staatlichen Einheit Deutschlands die grundsätzliche sowjetische Einwilligung erteilt hatte, wurden die Modalitäten der Eingliederung eines geeinten Deutschlands in die internationale Staatengemeinschaft auf der Grundlage sogenannter 2 + 4-Gespräche, also von Gesprächen zwischen den vier Hauptsiegermächte des Zweiten Weltkriegs und den beiden deutschen Staaten, ausgehandelt. Mit einer gemeinsamen Erklärung der Staats- und Regierungschefs der NATO- und der Warschauer-Pakt-staaten im November 1990 wurde zugleich das Ende des Kalten Krieges verkündet und zeitgleich von der Pariser KSZE-Konferenz eine „Charta von Europa" verabschiedet, die die Rückkehr Osteuropas und der Sowjetunion zu den Grundsätzen der Demokratie und der Menschenrechte bekräftigte.

Hans-Peter Schwarz: Auf dem Weg zum post-kommunistischen Europa. Auszüge aus einem im Mai 1989 publizierten Aufsatz des Bonner Politikwissenschaftlers   **60**

Das europäische Staatensystem befindet sich in einer Phase des Umbruchs. Viele Anzeichen sprechen für tektonische Verschiebungen, die die seit den fünfziger Jahren vertraute Geschichtslandschaft stark verändern könnten – vielleicht bis zur Unkenntlichkeit verändern. Immer in der Vergangenheit, wenn sich das europäische Staatensystem fundamental verändert hat, ist es 5 auch zu fundamentalen Neugestaltungen in Deutschland gekommen. Daher stellt sich die Frage: In welchem europäischen Koordinatensystem wird die Bundesrepublik Deutschland in absehbarer Zukunft ihren Weg suchen müssen?

Drei große Veränderungen für Europa   10
Drei objektive Entwicklungen in Europa erscheinen derzeit als die wichtigsten:
1. Europa erlebt den inneren Zusammenbruch des Kommunismus als Idee und als Praxis zur Organisation von Großgesellschaften. Das ist ein welthistorischer Vorgang erster Ordnung, dessen mittelfristige und langfristige 15 Auswirkungen sich erst in Umrissen erahnen lassen. Was aus dem Zusammenbruch entsteht, ist noch nicht absehbar; aber die 40 Jahre ostmitteleuropäischer Abkoppelung von der Moderne gehen zu Ende. In der einen oder anderen Form wird es zu einer Wiedervereinigung Europas kommen.

20 2. Der Prozeß der europäischen Integration im EG-Rahmen hat eine Qualität erreicht, in der die beteiligten Staaten ihre Wirtschafts- und Sozialpolitik –
die Zentralelemente moderner Souveränität – nicht mehr autonom bestimmen können. Westeuropa befindet sich inmitten eines Entwicklungsprozes-
ses, aus dem eine neuartige politische und wirtschaftliche Einheit entstehen
25 muß – man kann diese nun Föderation, Union oder Konföderation nennen.
3. Parallel dazu geht das amerikanische Jahrhundert zu Ende. Die Vereinigten Staaten werden zwar weiter die stärkste Macht in der Gemeinschaft nord-
atlantischer Demokratien bleiben. Doch die Tage, da sie als Hegemonial-
macht und alleinige Schutzmacht Westeuropas begriffen werden konnten,
30 sind gezählt.
Die drei eben knapp skizzierten Entwicklungstrends wirken dialektisch auf-
einander ein. Die Bundesrepublik Deutschland wird darauf nur dann die
angemessenen Antworten finden, wenn sie diese Veränderungen in den Teil-
bereichen als Herausforderung eines großen, einmaligen Wandlungsprozes-
35 ses begreift, in dem sich die Konturen der europäischen Staatenwelt in den
Anfängen des 21. Jahrhunderts herauszuformen beginnen. ...
Zusammenbruch des Kommunismus
Der innere Zusammenbruch des ost- und ostmitteleuropäischen Kommunismus, der sich heute vor aller Augen abspielt, stellt den dramatischsten Vor-
40 gang dar, den Europa seit den fünfziger Jahren erlebt hat.
Zusammenbruch des Kommunismus, was heißt das? In Polen und in Ungarn
ist das marxistisch-leninistische System in allen Dimensionen zusammengebrochen: ideologisch, als wirtschaftliches Steuerungssystem, als System tota-
litärer Gesellschaftskontrolle durch die Staatspartei, auch als System indirek-
45 ter Kontrolle zum Zweck der Sicherung sowjetischer Herrschaft. Dies heißt
noch nicht, daß die kommunistische Nomenklatura ihre entscheidenden
Machtpositionen geräumt hat. Aber sie ist nicht mehr in der Lage, Wirtschaft,
Gesellschaft und die politischen Prozesse zu steuern. Die Länder sind mit
den spezifisch kommunistischen Methoden nicht mehr regierbar. Und die
50 Führungscliquen der Nomenklatura müssen das offen zugeben.
... Aller Wahrscheinlichkeit nach wird der Pluralismus nicht mehr zu unterdrücken sein, welche Rückschläge es auch immer geben wird. Und was noch
wichtiger ist: Von Reformkommunismus ist kaum mehr die Rede. Hoffnung
auf Reformen innerhalb des sozialistischen Systems gibt es nicht mehr. Was
55 auf der Tagesordnung steht, ist der Aufbau post-kommunistischer Systeme.
Alle Augen richten sich auf die westlichen Modelle: westlicher Rechtsstaat,
westliche Menschen- und Bürgerrechte, politischer Pluralismus in vielen Formen, Marktwirtschaft in vielerlei Formen, nationale Selbstbestimmung.
In der Sowjetunion liegen die Verhältnisse viel komplizierter. Das Macht-
60 monopol der Nomenklatura ist noch ungebrochen. Wie lange das Experiment *Gorbatschow* dauert und wie es gegebenenfalls nach ihm weitergeht,
weiß niemand. Dennoch ist der Marxismus-Leninismus auch dort aus einer
Phase der Stagnation in die Phase offener Dekadenz geraten. ...

Es ist eine Konsequenz dieser inneren Schwäche, daß die Sowjetunion derzeit nicht mehr in der Lage ist, den tiefgreifenden Wandel in Ostmitteleuropa 65
zu kontrollieren. Während die Führung um Michail *Gorbatschow* alle Hände
voll zu tun hat, um mit den fast unlösbaren Problemen im eigenen Innern fer-
tigzuwerden, verändert sich das frühere Satellitenreich in Polen und in
Ungarn bis zur Unkenntlichkeit – und Moskau muß das zulassen. ... Doch
wenn die Bewegung auch auf die DDR übergreift – wird sich dann die deut- 70
sche Frage nicht wieder neu stellen, und zwar, wie seit Jahren formuliert, als
Teil einer grundlegenden Umgestaltung Europas? ...

Europa-Archiv, 1990, Folge 11, S. 319 ff.

**Direkte und indirekte Gewalt als entscheidende Wirkungsprinzipien des „rea- 61
len Sozialismus".** Eine Analyse von Hans-Joachim Maaz, seit 1980 Chefarzt der
Psychotherapeutischen Klinik im Evangelischen Diakoniewerk Halle (1990)

Das entscheidende Wirkungsprinzip des „real existierenden Sozialismus"
war Gewalt: Es gab die direkte offene Gewalt durch Mord, Folter, Schießbefehl, Inhaftierung und Ausbürgerung, und es gab die indirekte Gewalt durch
Rechtsunsicherheit, Repressalien, Drohungen, Beschämungen, durch Indok-
trination und durch ein System von Nötigung, Einschüchterung und Angst. 5
Mit „demokratischem Zentralismus" war ein gnadenlos autoritäres Herrschaftssystem verharmlosend umschrieben, das als ständige Einbahnstraße
nur von oben nach unten Maßnahmen und Entscheidungen „durchstellte". In
der Gegenrichtung lief gar nichts. Die Parole „Plane mit, arbeite mit, regiere
mit!" war der blanke Hohn, denn jede Initiative von unten blieb nicht nur 10
ohne sinnvollen Effekt, sondern hat den eigenständig Mitdenkenden und
Handelnden fast automatisch zum Provokateur, Unruhestifter, „Weltverbes-
serer" (konnte ein einzelner denn bessere Erkenntnisse haben als die all-
mächtige Partei?) gestempelt. So lief man sich mit innovativer Aktivität und
Kreativität nicht nur wund, sondern wurde regelmäßig diffamiert, belehrt 15
und eingeschüchtert. ...
Die errichtete Diktatur ... ergoß sich als ein System von Nötigungen über den
Alltag der DDR-Bürger: Gehorchen, Lippenbekenntnisse liefern, sich an
Kundgebungen, Veranstaltungen, Initiativen, Wettbewerben, Programmen
beteiligen, Massenorganisationen beitreten, Losungen, Parolen und ver- 20
zerrte Wahrheiten über sich ergehen lassen und wenn es ganz schlimm kam,
nachplappern. Jeder Widerstand wurde systematisch gebrochen. War man
noch Kind, dann durch Belehrung, Beschämung, Ausgrenzen und Distanzie-
ren. War man erwachsen, dann durch Behinderung, Bedrohung und Bestra-
fung. Die ganz einfachen Rechte eines jeden Menschen, die Rechte auf unver- 25
stelltes Dasein, auf eine eigene Meinung, auf Verstanden- und Angenom-
mensein in den persönlichen Eigenarten, auf Individualität, waren in dieser
Gesellschaft nirgendwo gesichert. Die Rechte auf Gemeinschaft, auf Bildung,

auf Förderung und Entwicklung, auf Anerkennung wurden nur gewährt bei
30 Wohlverhalten und Unterwerfung unter die Normen der Macht. Wohnungen, Reisen, Auszeichnungen, berufliche Karriere waren Privilegien für die
Meister der Verstellung und Anpassung.

In diesem System konnte nur halbwegs unbehelligt leben, wer sich anpaßte
und das heißt, wer seine spontane Lebendigkeit, seine Offenheit und Ehrlich-
35 keit, seine Kritikfähigkeit dem öden und einengenden, aber relativ ungefähr-
lichen Leben eines Untertanen opferte. Wer ehrgeizig war und zur Geltung
kommen wollte, mußte „mit den Wölfen heulen" und der Preis für seinen
Erfolg war unvermeidbar der Verlust an moralischer Würde und persönlicher
Integrität. . . .

Hans-Joachim Maaz, Der Gefühlsstau – Ein Psychogramm der DDR, Berlin 1990, S. 13 ff.

*Abb. 21: Karikatur von Horst Haitzinger in München zu einem Ausspruch des SED-
Generalsekretärs Erich Honecker in Erfurt, August 1989. Ähnliche Realitätsblindheit
verriet u. a. auch seine Reaktion auf kritische westliche Fragen nach der „miesen Stimmung" in der DDR während der Leipziger Frühjahrsmesse 1989. Honecker entgegnete:
„Die Einheit der Massen mit der Partei war noch nie so stark wie heute. Das Volk steht
hinter der Partei."*

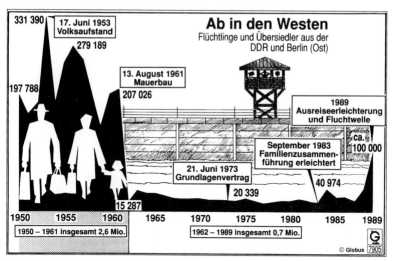

Ab in den Westen
Flüchtlinge und Übersiedler aus der
DDR und Berlin (Ost)

331 390

17. Juni 1953
Volksaufstand

279 189

197 788

13. August 1961
Mauerbau

207 026

1989
Ausreiseerleichterung
und Fluchtwelle

September 1983
Familienzusammen-
führung erleichtert

ca.
100 000

21. Juni 1973
Grundlagenvertrag

20 339

40 974

15 287

1950   1955   1960   1965   1970   1975   1980   1985   1989

1950 – 1961 insgesamt 2,6 Mio.

1962 – 1989 insgesamt 0,7 Mio.

© Globus 7905

*Abb. 22: Die Massenflucht von DDR-Bürgern gen Westen in den 50er Jahren wurde
durch den Mauerbau 1961 abrupt beendet. Erst die Öffnung der ungarischen Westgrenze
führte erneut zu einer Übersiedler- und Fluchtwelle aus der DDR (August/Sept. 1989).*

9. November 1989:   **62**

Die DDR öffnet ihre Grenze nach Westen. Mauer und Stacheldraht trennen
nicht mehr. Für die Menschen in beiden Teilen Deutschlands beginnt eine
neue Ära. Stationen einen historischen Tages:

18.57 Uhr
Schabowski informiert Presse
Gelangweilt einen Zettel hervorkramend, beantwortet SED-Politbüromit-
glied Günter Schabowski in einer vom DDR-Fernsehen live übertragenen
Pressekonferenz die Frage nach Maßnahmen der Regierung gegen die Aus-
reisewelle: „Etwas haben wir ja schon getan. Ich denke, Sie kennen das. Nein?
Oh, Entschuldigung. Dann sage ich es Ihnen." Darauf verliest Schabowski
stockend jenen Beschluß des DDR-Ministerrats, der wenige Minuten später
von der Nachrichtenagentur ADN verbreitet wird und in aller Welt wie eine
Bombe einschlägt.
*„Privatreisen nach dem Ausland können ohne Voraussetzungen (Reiseanlässe
und Verwandtschaftsverhältnisse) beantragt werden ... Die zuständigen Abtei-
lungen Paß und Meldewesen der Volkspolizeikreisämter in der DDR sind angewiesen, Visa zur ständigen Ausreise unverzüglich zu erteilen ... Ständige Ausrei-
sen können über alle Grenzübergangsstellen der DDR zur BRD beziehungsweise
zu Berlin (West) erfolgen."* (Beschluß des DDR-Ministerrats vom 9. 11. 1989)

Abb. 23: Nach dem Fall der Mauer: Besucher aus dem Osten werden von Westdeutschen begeistert begrüßt.

20.00 Uhr
Gerüchte kursieren in Ost-Berlin

In Ost-Berlin scheint niemand so recht zu begreifen, was diese Mitteilung tatsächlich bedeutet. Die Grenzübergänge nach West-Berlin sind zu dieser Stunde fast so menschenleer wie sonst auch. Allmählich breiten sich jedoch Gerüchte aus, der Übergang an der Bornholmer Straße sei offen.

21.00 Uhr
Andrang an den Kontrollstellen

Das Bild hat sich völlig gewandelt. Eine unüberschaubare Menschenmenge wartet vor den Kontrollstellen in der Invalidenstraße, der Sonnenallee und der Bornholmer Straße darauf, nach Westen durchgelassen zu werden. Einige von ihnen werden abgefertigt, sofern sie Reisepapiere besitzen.

22.00 Uhr
Sternfahrt zur Grenze

Wie bei einer Sternfahrt steuern Tausende von DDR-Bürgern in ihren Trabis und Wartburgs auf die Grenzübergänge zu. Der Druck wächst. Viele Ost-Berliner strecken ihre Personalausweise durch die Eisengitter den Wachtposten entgegen und verlangen den Ausreisestempel. Nur schleppend vollzieht sich die Abfertigung.

21.45 Uhr

Die Schlagbäume öffnen sich

Die Grenztruppen sind dem Ansturm nicht mehr gewachsen. Ein Hauptmann gibt den Befehl, die Schlagbäume zu öffnen. Tausende stürmen auf West-Berliner Gebiet.

An den Sektorenübergängen spielen sich bewegende Szenen ab. Fremde Menschen fallen einander in die Arme und weinen. DDR-Autos fahren durch ein Spalier von jubelnden West-Berlinern. Die meisten können noch gar nicht begreifen, was sie erleben: Immer wieder sind die Rufe „Es ist unfaßbar", „Daß ich das noch erleben darf" oder schlicht berlinisch „Ick gloob, ick spinne" zu hören.

Auf beiden Seiten des Brandenburger Tores versammeln sich Tausende von Menschen. Unbehelligt von den Grenzpolizisten überwinden sie die Absperrungen und klettern auf die Mauerkrone. Viele haken sich unter und singen „So ein Tag, so wunderschön wie heute".

Chronik '89, S. 88

Der Zehn-Punkte-Plan von Bundeskanzler Helmut Kohl über die Entwicklung 63 konföderativer Strukturen zwischen der Bundesrepublik Deutschland und der DDR vom 28. November 1989

Erstens: ... Die Bundesregierung ist zu sofortiger konkreter Hilfe dort bereit, wo diese Hilfe jetzt benötigt wird ... Wir wissen auch, daß das Begrüßungsgeld, das wir jedem Besucher aus der DDR einmal jährlich zahlen, keine Lösung für die Finanzierung von Reisen sein kann ... Wir sind ... bereit, für eine Übergangszeit einen Beitrag zu einem Devisenfonds zu leisten. Voraus- 5 setzung dafür ist allerdings, daß der Mindestumtausch bei Reisen in die DDR entfällt ...

Zweitens: Die Bundesregierung wird die bisherige Zusammenarbeit mit der DDR in allen Bereichen fortsetzen, die den Menschen auf beiden Seiten unmittelbar zugute kommen ... Besonders wichtig ist eine Intensivierung 10 der Zusammenarbeit im Bereich des Umweltschutzes ...

Drittens: Ich habe angeboten, unsere Hilfe und unsere Zusammenarbeit umfassend auszuweiten, wenn ein grundlegender Wandel des politischen und wirtschaftlichen Systems in der DDR verbindlich beschlossen und unumkehrbar in Gang gesetzt wird. ‚Unumkehrbar' heißt für uns, daß sich 15 die DDR-Staatsführung mit den Oppositionsgruppen auf eine Verfassungsänderung und auf ein neues Wahlgesetz verständigt ... Das Machtmonopol der SED muß aufgehoben werden ... Die bürokratische Planwirtschaft muß abgebaut werden ... Wirtschaftlichen Aufschwung kann es nur geben, wenn sich die DDR für westliche Investitionen öffnet, marktwirtschaftliche Bedin- 20 gungen schafft und privatwirtschaftliche Betätigungen ermöglicht ...

Viertens: Ministerpräsident Modrow hat in seiner Regierungserklärung von einer Vertragsgemeinschaft gesprochen. Wir sind bereit, diesen Gedanken aufzugreifen...

25 **Fünftens:** Wir sind aber auch bereit, noch einen entscheidenden Schritt weiterzugehen, nämlich konföderative Strukturen zwischen beiden Staaten in Deutschland zu entwickeln mit dem Ziel, danach eine Föderation, das heißt eine bundesstaatliche Ordnung in Deutschland zu schaffen. Das setzt zwingend eine demokratisch legitimierte Regierung in der DDR voraus... [Dann]

30 eröffnen sich völlig neue Perspektiven. Stufenweise können neue Formen institutioneller Zusammenarbeit entstehen und ausgeweitet werden. Ein solches Zusammenwachsen liegt in der Kontinuität deutscher Geschichte. Staatliche Organisation in Deutschland hieß immer Konföderation und Föderation ... Wie ein wiedervereinigtes Deutschland aussehen wird, weiß heute

35 niemand. Daß aber die Einheit kommen wird, wenn die Menschen in Deutschland sie wollen – dessen bin ich sicher.

Sechstens: ... Die künftige Architektur Deutschlands muß sich einfügen in die künftige Architektur Gesamteuropas...

Siebtens: Die Europäische Gemeinschaft ist jetzt gefordert, mit Offenheit

40 und Flexibilität auf die reformorientierten Staaten Mittel-, Ost- und Südosteuropas zuzugehen ... Hierbei ist die DDR selbstverständlich eingeschlossen ... Wir können uns für die Zukunft bestimmte Formen der Assoziierung vorstellen...

Achtens: Der KSZE-Prozeß ist und bleibt Herzstück dieser gesamteuropäi-

45 schen Architektur und muß energisch vorangetrieben werden...

Neuntens: Die Überwindung der Trennung Europas und der Teilung Deutschlands erfordert weitreichende und zügige Schritte in der Abrüstung und Rüstungskontrolle...

Zehntens: ... Die Wiedervereinigung, das heißt, die Wiedergewinnung der

50 staatlichen Einheit Deutschlands, bleibt das politische Ziel der Bundesregierung...

Chronik '89, Dortmund 1989, S. 104

64 **Für unser Land. Aufruf von DDR-Intellektuellen vom 26. November 1989**

Unser Land steckt in einer tiefen Krise. Wie wir bisher gelebt haben, können und wollen wir nicht mehr leben. Die Führung einer Partei hatte sich die Herrschaft über das Volk und seine Vertretungen angemaßt, vom Stalinismus geprägte Strukturen hatten alle Lebensbereiche durchdrungen. Gewaltfrei,

5 durch Massendemonstrationen hat das Volk den Prozeß der revolutionären Erneuerung erzwungen, der sich in atemberaubender Geschwindigkeit vollzieht. Uns bleibt nur wenig Zeit, auf die verschiedenen Möglichkeiten Einfluß zu nehmen, die sich als Auswege aus der Krise anbieten.

Entweder:

können wir auf der Eigenständigkeit der DDR bestehen und versuchen, mit
allen unseren Kräften und in Zusammenarbeit mit denjenigen Staaten und
Interessengruppen, die dazu bereit sind, in unserem Land eine solidarische
Gesellschaft zu entwickeln, in der Frieden und soziale Gerechtigkeit, Freiheit des einzelnen, Freizügigkeit aller und die Bewahrung der Umwelt
gewährleistet sind.

Oder:

wir müssen dulden, daß, veranlaßt durch starke ökonomische Zwänge und
durch unzumutbare Bedingungen, an die einflußreiche Kreise aus Wirtschaft
und Politik in der Bundesrepublik ihre Hilfe für die DDR knüpfen, ein Aus-
verkauf unserer materiellen und moralischen Werte beginnt und über kurz
oder lang die Deutsche Demokratische Republik durch die Bundesrepublik
vereinnahmt wird.

Laßt uns den ersten Weg gehen. Noch haben wir die Chance, in gleichberech-
tigter Nachbarschaft zu allen Staaten Europas eine sozialistische Alternative
zur Bundesrepublik zu entwickeln. Noch können wir uns besinnen auf die
antifaschistischen und humanistischen Ideale, von denen wir einst ausgegan-
gen sind. Alle Bürgerinnen und Bürger, die unsere Hoffnung und unsere
Sorge teilen, rufen wir auf, sich diesem Appell durch ihre Unterschrift anzuschließen.

Berlin, den 26. November 1989
Zu den Erstunterzeichnern gehören u. a. *Frank Beier,* Regisseur; *Götz Berger,*
Rechtsanwalt; *Volker Braun,* Schriftsteller; *Tamara Danz,* Rocksängerin;
Sieghard Gille, Maler; *Stefan Heym,* Schriftsteller; *Uwe Jahn,* Konstruktions-
leiter; *Dieter Klein,* Gesellschaftswissenschaftler; *Günter Krusche,* General-
superintendent; *Sebastian Pflugbeil,* Physiker; *Ulrike Poppe,* Hausfrau;
Friedrich Schorlemmer, Pfarrer; *Konrad Weiß,* Filmemacher; *Christa Wolf,*
Schriftstellerin.
Blätter für deutsche und internationale Politik 1/1990, S. 123

**Für Euer Land, für unser Land. Erklärung westdeutscher Intellektueller vom 65
2. Dezember 1989**

Nicht nur Euer Land, die Deutsche Demokratische Republik, steckt in einer
tiefen Krise. Entgegen allem Schein des Wohlstandes weiß auch der „Westen"
nicht die Zukunftsprobleme zu lösen. Immer mehr, immer schneller, immer
naturzerstörerischer – das sind keine Antworten, die zu Hoffnung auf Überleben berechtigen.
In dem entstehenden großmächtigen Wirtschaftskoloß, der Europäischen
Gemeinschaft, wird gegenwärtig zum verschärften weltweiten Konkurrenz-
kampf gerüstet. So werden die ökologischen und die enormen sozialen Pro-

bleme immer erneut weiter produziert. Das Wettrüsten und die Konzentra-
10 tion der Rüstungsindustrie werden vorangetrieben, trotz aller Friedensworte
der Politiker. Nicht nur Euer Land, Ost und West stecken, wenn auch sehr
unterschiedlich, in einer tiefen Krise.

In dieser Situation werden bewußt nationalistische Gefühle angeheizt. Bundeskanzler Kohl hat mit seinem „Zehn-Punkte-Plan" die „Wiedervereini-
15 gung" zu westdeutschen Bedingungen zum Programm erhoben. Schon heute
ist die Bundesrepublik Deutschland in Europa ökonomisch eindeutig überle-
gen. Eine Vereinigung beider Staaten würde Deutschland zur europäischen
Vormacht werden lassen. Damit würde nicht nur Euer Versuch, einen Weg
sozialistischer Demokratie aus der Krise Eurer Gesellschaft zu finden, ver-
20 schüttet. Auch das reformerische Bemühen der sozialen Bewegungen in
unserem Lande würde einen schweren Rückschlag erleiden, wenn sich die
Kräfte des Kampfes um den Weltmarkt und nicht die für eine humane Gestaltung menschlichen Lebens durchsetzten.

Deshalb stellen wir uns gegen alle Versuche der Vereinnahmung der DDR
25 durch die Bundesrepublik an Eure Seite.

Auf einen realen Pluralismus, der Wege in eine friedliche, ökologische und
gerechte Gesellschaft erlaubt, nicht auf ein Europa unbegrenzten Konsums
kommt es an. Heute scheint eine Chance hierzu gegeben zu sein: Nicht
zuletzt auch dank Eurer gewaltfreien Revolution gegen bürokratische Herr-
30 schaft, polizeiliche und politisch-juristische Staatswillkür.

An den Bürgerinnen und Bürgern in West und Ost liegt es nun, die basisde-
mokratisch-menschenrechtliche Einmischung fortzusetzen. Jede und jeder
im eigenen Land, in enger Zusammenarbeit.

Otl Aicher, Designer, Schriftsteller; *Inge Aicher-Scholl,* Publizistin; *Heinrich*
35 *Albertz,* Pastor, ehem. Regierender Bürgermeister von Berlin; *Prof. Ulrich*
Albrecht, Friedensforscher; *Dr. Hans-Georg Backhaus,* Politikwissenschaftler;
Georg Benz, Gewerkschafter; *Karin Benz-Overhage,* Gewerkschafterin; *Dr.*
Karola Bloch, Publizistin; *Dr. Annemarie Böll,* Schriftstellerin; *Prof. Karl*
Bonhoeffer, Arzt; *Prof. Heinz Brakemeier,* Politikwissenschaftler; *Prof.*
40 *Margherita von Brentano,* Philosophin, Publizistin; *Dr. Andreas Buro,* Politik-
wissenschaftler; *Prof. Walter Dirks,* Publizist; *Prof. Helga Einsele,* Kriminolo-
gin; *Annemarie und Prof. Walter Fabian,* Publizisten; *Prof. Ossip K. Flechtheim,*
Futurologe; *Prof. Helmut Gollwitzer,* Theologe; *Prof. Martin Hirsch,* ehem.
Richter am Bundesverfassungsgericht; *Prof. Robert Jungk,* Zukunftsforscher;
45 *Prof. Arno Klönne,* Politikwissenschaftler, Historiker; *Dieter Lattmann,*
Schriftsteller; *Prof. Margarethe Mitscherlich,* Psychoanalytikerin; *Prof. Wolf-*
Dieter Narr, Politikwissenschaftler; *Hinrich Oetjen,* Gewerkschafter; *Prof.*
Joachim Perels, Politikwissenschaftler; *Prof. Helmut Ridder,* Rechtswissen-
schaftler; *Luise Rinser,* Schriftstellerin; *Prof. Dorothee Sölle,* Theologin,
50 Schriftstellerin; *Dr. Martin Stöhr,* Dozent; *Hanne und Klaus Vack; Werner Vitt,*
Gewerkschafter.   Blätter für deutsche und internationale Politik 1/1990, S. 124–125

„Für die Einheit auf die Straße". Zu den Zielen und Motiven der Leipziger Mon- **66**
tags-Demonstrationen nach dem Fall der Mauer im November 1989 schreibt
Fritz Ulrich Fack in einem Leitartikel der Frankfurter Allgemeinen Zeitung am
14. Dezember 1989

Leipzig ist der Seismograph der politischen Beben, die die DDR seit dem
Frühherbst erschüttern. Sie sind nicht abgeklungen, sondern werden jetzt
von einem Motiv vorangetrieben, das die Politiker in Ost und West frösteln
macht: Der Ruf nach der Einheit Deutschlands wird auf den Demonstrationen von Woche zu Woche lauter.   5
Nicht die Lust am Protest ist es, was die Menschen mit dieser Forderung auf
die Straße treibt, sondern die Sorge, die Wiedervereinigung könne unter dem
Druck nationaler und internationaler Gegenkräfte auf Sankt Nimmerlein ver-
tagt werden. Daß die Politik in beiden deutschen Staaten dazu neigt – im
einen mehr, im anderen weniger –, ist unverkennbar. Die amtierende Füh-   10
rung der DDR unter Ministerpräsident Modrow und Parteichef Gysi hat nie
ein Hehl daraus gemacht, daß sie die deutsche Einheit nicht nur nicht
anstrebt, sondern ablehnt. Und der Bundeskanzler äußert sich zu seinem
Mehrstufenplan nur noch verhalten. Er weigert sich, irgendeinen Zeithori-
zont anzugeben, seitdem Verbündete und Nachbarn ihn haben spüren lassen,   15
wie sehr ihnen seine Pläne mißfallen. Die verbrieften Zusagen der Westmächte von einst, die deutsche Einheit zu unterstützen, sind brüchig geworden.
Die Menschen auf den Straßen der DDR besitzen ein durch lange Jahre der
Diktatur geschärftes politisches Bewußtsein. Sie wissen die Erklärungen auch
der neuen Politiker, einschließlich der jäh zu politischem Leben erwachten   20
ehemaligen Blockparteien und der Opposition, richtig zu deuten: Nicht nur
sozialistisch soll der Staat der Zukunft sein, sondern auch eigenständig und
unabhängig. Wenig Aussicht also, die bedrückenden Lebensverhältnisse
grundlegend zu verbessern. Wenig Hoffnung auch, den reichen Nachbarn im
Westen stärker in Anspruch nehmen zu können. Denn jeder kann sich aus-   25
rechnen, daß die Landsleute in der Bundesrepublik wenig geneigt sein werden, dauerhaft einen Staat zu alimentieren, der sich selbst als „sozialistische
Alternative" zur Gesellschaftsordnung des Nachbarn begreift.
Die Menschen auf den Straßen Leipzigs haben erkannt, daß nur ein gesamtdeutscher Staat sich ihrer Bedrängnisse wirksam annehmen könnte, ja   30
müßte, wenn er denn – nach dem Verfassungs-Vorbild der Bundesrepublik –
für halbwegs gleiche Lebensverhältnisse in allen Landesteilen zu sorgen
gehalten wäre. Nur auf diese Weise könnten der große Ressourcen-Transfer
und ein Strom von privatem Kapital, Wissen, Organisationstalent und Unter-
nehmungsgeist in Richtung DDR in Bewegung kommen. Mit ein paar Her-   35
mes-Milliarden oder Staatskrediten und einigen inmitten der Staatswirt-
schaft dahindümpelnden Gemeinschaftsunternehmen (Zauberwort: Joint
ventures) ist hingegen angesichts des gigantischen Ausmaßes der Misere so
gut wie nichts zu bewirken.

40 Das alles haben die Menschen vor Augen, die heute im Osten nach der deutschen Einheit rufen. Sie wissen um die unheilige Allianz in- und ausländischer Kräfte, die sich zum Ziel gesetzt hat, jeden Schritt in diese Richtung zu
verhindern. Sie wissen um das Bestreben auch der neuen Führungsschicht
der DDR, quer durch fast alle Parteien und Gruppen, die entstehende Staats-
45 struktur zu sichern und zu befestigen. Ist das erst einmal geschehen, wird es
die dringlichste Sorge der neuen Amtsinhaber und Würdenträger sein, die
Zweistaatlichkeit zu konservieren.

Den zweiten Pfeiler der Allianz bilden die vier Siegermächte, die sich Schrit-
ten zur deutschen Einheit entweder offen widersetzen, wie die Sowjetunion,
50 oder mit verdeckten Karten spielen, wie die drei Westmächte. Moral und
rechtliche Bindungen, zum Beispiel aus dem Deutschlandvertrag, sagen
ihnen zwar, daß sie der Selbstbestimmung der Deutschen nichts in den Weg
legen dürfen. Irrationale Ängste vor dem entstehenden „Koloß" und höchst
rationale Konkurrenzängste vor einer effizienten gesamtdeutschen Wirt-
55 schaft lassen sie aber zögern und zu allerlei Vorbehalten und Einwänden
Zuflucht nehmen. Die Rückzugsformel lautet, es dürfe „nichts überstürzt
werden".

Als Dritter im Bunde wirkt seit langem die westdeutsche Linke, beheimatet
vor allem bei Grünen und Alternativen sowie auf dem linken Flügel der SPD.
60 Sie kann nicht verwinden, daß der erste Probelauf des Sozialismus auf deutschem Boden – das Experiment mit dem Realsozialismus – kläglich gescheitert ist. Ihr Ziel ist es, einen zweiten Probelauf unter günstigeren Bedingungen ins Werk zu setzen. Deshalb plädieren Politiker wie Lafontaine so vehe-
ment für die Zweistaatlichkeit.

65 Unter diesen Umständen und angesichts des wirksamen Drucks, der auf die
politische Führung der Bundesrepublik ausgeübt wird, halten tatsächlich die
Menschen in Leipzig, Dresden oder Ost-Berlin das künftige Schicksal der
Nation in ihren Händen. Nur wenn wenigstens ein Teil der Gegenkräfte
davon überzeugt werden kann, daß die Stimmung der geschundenen Halb-
70 nation in der DDR explosiv werden könnte, falls die Einigung weiterhin so
rigoros blockiert wird, besteht Hoffnung auf Einsicht und vielleicht auch auf
Umkehr. Daß dazu Geduld nötig ist, daß der Prozeß der Einigung nicht von
heute auf morgen zum Ziele führt und die mißtrauischen Nachbarn geduldig
von seiner Richtigkeit überzeugt werden müssen, wird niemand bezweifeln.
75 Es geht allein darum, den Deutschen die Gewißheit zu geben, daß ihr
Wunsch nach staatlicher Einheit definitiv Gehör finden wird – morgen und
nicht erst an Sankt Nimmerlein.

Frankfurter Allgemeine Zeitung vom 14. 12. 1989

1989: Eine Revolution im klassischen Verständnis. Aus einem Leitartikel des **67** Journalisten Gustav Seibt in der Frankfurter Allgemeinen Zeitung vom 29. Dezember 1989

Was bedeuten die Ereignisse dieses Jahres im Zusammenhang der europäischen Geschichte? Jedenfalls handelt es sich um eine Revolution, wenn man darunter den Zusammenbruch von alter Legitimität und die dadurch notwendige Neubegründung von Staatsordnungen versteht ... Es handelt sich um Revolutionen im klassischen Verständnis.   5
Die osteuropäische Revolution ist keine Revolution im marxistischen Sinne. Nirgendwo ist sie Ausdruck von Klassenkonflikten, auch wenn soziale und ökonomische Probleme eine bedeutende Rolle spielen ... Es geht nicht um Utopien und ferne Geschichtsziele, sondern um Ziele, die, wie unvollkommen auch immer, an einigen Stellen der Welt längst verwirklicht sind: die 10 selbstverständliche Achtung der grundlegenden Menschen- und Bürgerrechte, die im Jahre 1789 endgültig formuliert wurden. Es geht um die Abschaffung der Folter, um Rede- und Versammlungsfreiheit, um Rechtsstaat, um Freizügigkeit, um all jene Sicherungen, die den einzelnen vor dem Terror von Staat und Kollektiv bewahren. Und es geht um die nationale 15 Selbstbestimmung ...
Trotzdem ist die politisch-bürgerliche Revolution des Jahres 1989 in einem Punkt wesentlich verschieden von ihrer Vorläuferin von 1789. Niemand kann mehr an ihre geschichtliche Gesetzmäßigkeit glauben. 1789 meinten die Revolutionäre, die Bewegung der Zeit, die historische Notwendigkeit selbst, 20 trage sie voran; sie waren der Zukunft gewiß. Revolution, das hieß zwangsläufiger Fortschritt. Wer dagegen war, durfte als Reaktionär ausgeschaltet werden. Revolution wurde zum aktivistischen Pflichtbegriff, der seinen Inhaber ins Recht setzte, auch wenn er geltendes Recht brach ...
Nach dem zwanzigsten Jahrhundert weiß man: Das Rad kann überall und zu 25 jedem Zeitpunkt wieder zurückgedreht werden. Der Rückfall in die Barbarei kann sich immer als geschichtlicher Fortschritt maskieren. Es gibt keine Sicherheit und deshalb kein Recht mehr, das Recht zu brechen. Jetzt zählt nur noch, was hier und heute Wirklichkeit ist, ob Menschen in den Folterkammern sterben müssen oder ob sie frei atmen können.   30

Frankfurter Allgemeine Zeitung vom 29. Dezember 1989

**68 Das Recht des deutschen Volkes auf staatliche Einheit: Erklärung von Bundes-
kanzler Kohl über das Ergebnis des Treffens mit dem sowjetischen Partei- und
Staatschef, Michail Gorbatschow, in Moskau,** 10. Februar 1990

Meine Damen und Herren!
Ich habe heute abend an alle Deutschen eine einzige Botschaft zu übermit-
teln. Generalsekretär Gorbatschow und ich stimmen darin überein, daß es
das alleinige Recht des deutschen Volkes ist, Entscheidung zu treffen, ob es in
5 einem Staat zusammenleben will.
Generalsekretär Gorbatschow hat mir unmißverständlich zugesagt, daß die
Sowjetunion die Entscheidung der Deutschen, in einem Staat zu leben,
respektieren wird, und daß es Sache der Deutschen ist, den Zeitpunkt und
den Weg der Einigung selbst zu bestimmen.
10 Generalsekretär Gorbatschow und ich waren uns ebenfalls einig, daß die
deutsche Frage nur auf der Grundlage der Realitäten zu lösen ist; das heißt,
sie muß eingebettet sein in die gesamteuropäische Architektur und in den
Gesamtprozeß der West-Ost-Beziehungen.
Wir müssen die berechtigten Interessen unserer Nachbarn und unserer
15 Freunde und Partner in Europa und in der Welt berücksichtigen.
Es liegt jetzt an uns Deutschen in der Bundesrepublik und in der DDR, daß
wir diesen gemeinsamen Weg mit Augenmaß und Entschlossenheit gehen.
Generalsekretär Gorbatschow und ich haben ausführlich darüber gesprochen, daß auf dem Wege zur deutschen Einheit die Fragen der Sicherheit in
20 Europa herausragende Bedeutung haben. Wir wollen die Frage der unterschiedlichen Bündniszugehörigkeit in enger Abstimmung auch mit unseren
Freunden in Washington, Paris und London sorgfältig beraten, und ich bin
sicher, daß wir eine gemeinsame Lösung finden.
Ich danke Generalsekretär Gorbatschow, daß er dieses historische Ergebnis
25 ermöglicht hat.
Wir haben vereinbart, im engsten persönlichen Kontakt zu bleiben.
Meine Damen und Herren, dies ist ein guter Tag für Deutschland und ein
glücklicher Tag für mich persönlich.

Bulletin (Presse- und Informationsamt der Bundesregierung), Nr. 24, 13. 2. 1990.

69 Deutsche Wirtschafts-, Währungs- und Sozialunion vom 1. Juli 1990

Nachdem die Volkskammerwahl in der DDR am 18. März 1990 ein eindeuti-
ges Votum für die möglichst rasche Vereinigung der beiden deutschen Staaten erbracht hatte, verständigten sich die Regierungen in Bonn und Ost-Berlin innerhalb weniger Wochen über die ersten großen Schritte auf dem Weg
5 zur deutschen Einheit. Die zwischen ihnen getroffenen Vereinbarungen bil-
deten den Inhalt eines Staatsvertrags, der am 18. Mai 1990 unterzeichnet und
am 21./22. Juni 1990 von Bundestag, Bundesrat und Volkskammer gebilligt

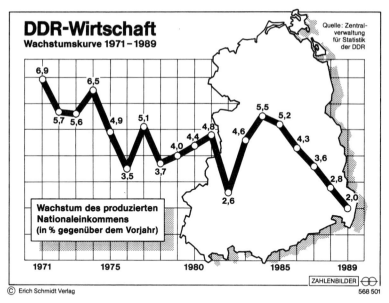

Abb. 24: Wachstumskurve der DDR-Wirtschaft 1971–1989.

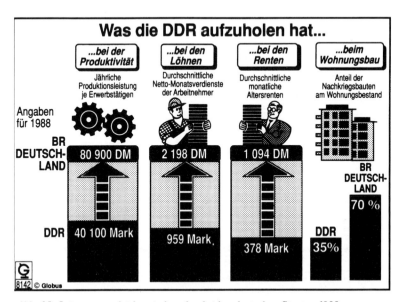

Abb. 25: Leistungsvergleich zwischen den beiden deutschen Staaten 1988.

wurde. Am 1. Juli 1990 trat der *Vertrag über die Schaffung einer Währungs-,*
Wirtschafts- und Sozialunion zwischen der DDR und der Bundesrepublik
10 *Deutschland* in Kraft. Das umfangreiche Vertragswerk regelt den Zusammenschluß zweier Volkswirtschaften, die sich in den vierzig Jahren deutscher
Teilung weit auseinanderentwickelt hatten. Für die DDR geht es dabei im
Kern um die Übernahme des westlichen Wirtschafts- und Sozialsystems,
während sich die Bundesrepublik bereit erklärt, mit massiven Finanzhilfen
15 zur Überwindung der Anpassungsprobleme in der DDR beizutragen.

Seit dem 1. Juli 1990 bilden die beiden deutschen Staaten ein *einheitliches*
Währungsgebiet mit der D-Mark als gemeinsamer Währung und der Deutschen Bundesbank als alleiniger Währungs- und Notenbank. Sämtliche Ost-
mark-Forderungen und -Verbindlichkeiten wurden auf DM umgestellt. Alle
20 Einwohner der DDR konnten – je nach Alter – 2000, 4000 oder 6000 Mark im
Verhältnis 1 : 1 in DM eintauschen. Die Umwandlung sonstiger Guthaben
und Schulden erfolgte im Verhältnis 2 : 1. Laufende Zahlungen wie Löhne
und Gehälter, Stipendien, Renten, Mieten und Pachten wurden 1 : 1 fortge-
führt.

25 Grundlage der vereinbarten *Wirtschaftsunion* ist die Soziale Marktwirtschaft,
die vor allem durch privates Eigentum, freien Leistungswettbewerb, freie
Preisbildung und Freizügigkeit für Menschen, Kapital, Güter und Dienstleistungen bestimmt wird. Um die Voraussetzungen dafür zu schaffen, mußte
die DDR zahlreiche Regelungen aus dem Wirtschafts- und Arbeitsrecht der

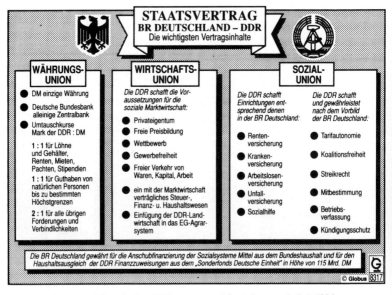

Abb. 26: Deutsche Wirtschafts-, Währungs- und Sozialunion. 1. Juli 1990.

Bundesrepublik übernehmen und die Relikte der sozialistischen Planwirt- ³⁰
schaft außer Kraft setzen. Auch im Finanz- und Steuerwesen erfolgte eine
Anpassung an die in der Bundesrepublik geltenden Grundsätze. Die Reorga-
nisation und Privatisierung des volkseigenen Vermögens wurde einer Treu-
handanstalt übertragen.

Zur Verwirklichung der *Sozialunion* führte die DDR eine gegliederte Sozial- ³⁵
versicherung (mit Renten-, Kranken-, Arbeitslosen- und Unfallversicherung)
und ein System der Sozialhilfe nach westdeutschen Vorbild ein. Im Rahmen
der neuen Arbeitsrechtsordnung wurden Koalitionsfreiheit, Tarifautonomie,
Arbeitskampfrecht, Mitbestimmungsrechte und Kündigungsschutz für die
DDR übernommen. ⁴⁰

„Eine eminente Fehlentscheidung". Spiegel-Gespräch mit SPD-Kanzlerkandi- **70**
dat Lafontaine über die Währungs- und Wirtschaftsunion mit der DDR, 24. Mai
1990

Spiegel: Sie haben mit Ihrem Rücktritt gedroht, falls die SPD nicht beim Nein
zum Staatsvertrag bleibt. ... Die SPD läßt sich auf Dauer nicht erpressen,
Rücktrittsdrohungen nutzen sich ab.
Lafontaine: Das Wort Erpressung ist unangebracht ... Es geht bei dem Staatsvertrag um die wichtigste wirtschaftspolitische, sozialpolitische und finanzpo- ⁵
litische Entscheidung der letzten Jahrzehnte. Man muß schon, wenn man die
Position des Kanzlerkandidaten kennt, versuchen, die Entscheidung der Partei mit ihm abzustimmen. Ich habe vor meiner Nominierung unmißverständlich gesagt, was ich von der überhasteten Einführung der D-Mark in der DDR
halte. ¹⁰
Spiegel: Sie haben ein vorläufiges Nein zum Vertrag in der jetzt vorliegenden
Form durchgesetzt. Reicht das, um den Wählern klarzumachen, Kandidat
und SPD tragen keine Verantwortung für die Folgen?
Lafontaine: Die Diskussion der nächsten Wochen muß deutlich machen, daß
wir keine Verantwortung für jene Teile des Vertrages tragen, die ich für nicht ¹⁵
verantwortbar halte. Ich halte die Ausdehnung des Geltungsbereichs der
D-Mark zum 1. Juli in der DDR nach wie vor für einen schweren Fehler, weil
sie Massenarbeitslosigkeit zur Folge hat. Das habe ich schon vor der Volkskammerwahl in der DDR gesagt, obwohl es damals nicht populär war.
Spiegel: Mit entsprechender Quittung für die Ost-SPD. ²⁰
Lafontaine: Ein Sieg auf der Grundlage falscher Versprechungen ist ein Pyr-
rhus-Sieg. Ohne das Wahlergebnis in der DDR zu kennen, sagte ich, wer die
erste Wahl in der DDR gewinnt, verliert die zweite. Wer glaubt, die Volkskammerwahl sei ein echtes Bild der politischen Kräfteverhältnisse in der
DDR, irrt sich. ²⁵
Spiegel: Was mißfällt Ihnen außerdem am Staatsvertrag?

Abb. 27: Der stellvertretende SPD-Vorsitzende und Kanzlerkandidat der Partei für die Bundestagswahl 1990, Oskar Lafontaine, und sein Versuch, die unterschiedlichen Erwartungen der Menschen in West und Ost anzusprechen, aus Sicht des Karikaturisten. Lafontaine und Teile der SPD lehnten die Schaffung einer Währungs-, Wirtschaft- und Sozialunion mit der DDR zum 1. Juli 1990 und die schnelle Herbeiführung der deutschen Einheit ab.

Lafontaine: Wir wurden nicht beteiligt. Er ist mit heißer Nadel gestrickt und daher mit erheblichen Mängeln behaftet. Die wirklichen Kosten des Staatsvertrages kennt niemand, und die zeitlichen Vorgaben zum Aufbau der not-
30 wendigen Verwaltung sind unrealistisch.
... Im Vertrag wird außerdem die Spaltung Deutschlands in zwei Sozialstaatsbereiche festgeschrieben, in denen es auf längere Zeit unterschiedliche Renten, Arbeitslosengelder und Sozialhilfen gibt. Die Regierungsparteien werden sich ihrer Worte erinnern müssen, daß dies eine Politik der Herzlosigkeit,
35 der sozialen Kälte sei, daß hier eine neue Mauer in Deutschland gezogen werde. ...
Spiegel: Man kann sich des Eindrucks nicht erwehren, daß Ihnen nach wie vor die Einheit suspekt ist, nicht nur das Tempo, mit dem Kohl sie anstrebt. Sie haben stets gesagt, die europäische Integration sollte Priorität haben.

Lafontaine: Es gibt Leute, die unter Einheit nur die staatliche Einheit verste- 40
hen. Die Sozialdemokraten verstehen darunter aber auch die Herstellung der
Einheitlichkeit der Lebensverhältnisse. Die abrupte Einführung der D-Mark
ist der teuerste Weg für beide Teile Deutschlands. Den richtigen Weg haben
Sachverständigenrat, Bundesbank, Bundeswirtschafts- und Bundesfinanzmi-
nisterium vor dem 7. Februar gewiesen: Konvertibilität der Ost-Mark herstel- 45
len und einen festen Wechselkurs anpeilen, um sich des marktwirtschaftlichen Instruments – und dies ist das Entscheidende – der außenwirtschaftlichen Anpassung nicht zu begeben. Was machen die ganzen Helden in Bonn,
die den falschen Weg befürworten, wenn die Produktivität und die Löhne
auseinanderdriften? Dann haben sie keine Antwort außer der, den deutschen 50
Steuerzahler ständig zur Kasse zu bitten.

Spiegel: Das Modell des behutsamen Angleichens der Währungen ist durch
den Druck aus der DDR-Bevölkerung überrollt worden.

Lafontaine: Was ökonomisch falsch ist, kann politisch nicht richtig sein. Der
Bundeskanzler hat gegen die eigenen Ministerien und gegen den Rat der 55
Sachverständigen und der Bundesbank entschieden. Auf welcher Grundlage,
frage ich. . . .

Spiegel: In der DDR sind alle Parteien, auch die SPD, für die Radikalkur.

Lafontaine: Ich kann eine Radikalkur nicht akzeptieren. Sie kann jemand vorschlagen, der hier in sicheren Verhältnissen lebt und keinerlei Sorge hat, 60
einen Arbeitsplatz oder eine Wohnung zu finden. Sicherlich gibt es in der
DDR große Erwartungen in die Einführung der D-Mark, die im Wahlkampf
leichtfertig geschürt wurden. Man kann einer Bevölkerung, die jahrzehnte-
lang nicht im marktwirtschaftlichen System gelebt hat, nicht abverlangen,
daß sie die Auswirkungen auf die Wettbewerbsfähigkeit ihrer eigenen Wirt- 65
schaft und damit ihrer Arbeitsplätze überblickt. Das wäre Aufgabe der ver-
antwortlichen Politiker gewesen, die hier eklatant versagt haben.

Der Spiegel Nr. 22, 28. Mai 1990, S. 26–29

Bundestag: Debatte und Abstimmung über den Staatsvertrag. Bundeskanzler **71**
Helmut Kohl (CDU) in seiner Regierungserklärung zu Beginn der Debatte vom
21. 6. 1990

Die Bundesregierung will jetzt die Voraussetzungen dafür schaffen, daß bald
alle Deutschen gemeinsam in Frieden, Freiheit und Wohlstand leben können. Wir stehen damit vor einer der größten Gestaltungsaufgaben der Nach-
kriegsgeschichte. . . .
Ich bin mir bewußt, daß der Weg, den wir jetzt einschlagen, schwierig sein 5
wird. Das wissen auch die Menschen in der DDR. Aber sie sagen uns allen
auch unmißverständlich: Der Staatsvertrag muß kommen. . . .
Wer jetzt behauptet, man hätte sich doch mehr Zeit lassen können, der ver-
kennt die Realitäten in Deutschland, und er verdrängt die Erfahrungen der

10 letzten Monate. Es sind die Menschen in der DDR, die das Tempo der Entwicklung bestimmt haben und im übrigen weiter bestimmen werden.
(Beifall bei der CDU/CSU und der FDP)
Hunderttausende von Übersiedlern sind in die Bundesrepublik gekommen,
weil sie in der DDR keine Zukunftsperspektive mehr sahen, Menschen, die
15 für den Aufbau in der DDR dringend gebraucht werden. Erst die Aussicht auf
die Währungs-, Wirtschafts- und Sozialunion hat viele unserer Landsleute
wieder Hoffnung schöpfen lassen.
Ein Hinauszögern des Staatsvertrages – mit welchen Argumenten auch
immer – hätte den Zusammenbruch der DDR bedeutet. Die Übersiedlerzah-
20 len wären erneut sprunghaft angestiegen – wie wir alle wissen, mit verheeren-
den Folgen. Wer wollte dafür die Verantwortung übernehmen?
Es wird harte Arbeit, auch Opfer, erfordern, bis wir Einheit und Freiheit,
Wohlstand und sozialen Ausgleich für alle Deutschen verwirklichen können.
Viele unserer Landsleute in der DDR werden sich auf neue und ungewohnte
25 Lebensbedingungen einstellen müssen und auch auf eine gewiß nicht ein-
fache Zeit des Übergangs. Aber niemandem werden dabei unbillige Härten
zugemutet. Den Deutschen in der DDR kann ich sagen, was auch Ministerpräsident de Maizière betont hat: Es wird niemandem schlechter gehen als
zuvor – dafür vielen besser.
Das Parlament Nr. 27 v. 29. 6. 1990, S. 1–6

**72 Die Zustimmung der Sowjetunion zur deutschen Einheit: Erklärung von Bun-
deskanzler Helmut Kohl über die Ergebnisse seines Besuches in der Sowjetunion,** abgegeben vor der Presse in Schelesnowodsk im Kaukasus am 16. Juli
1990

Ich kann heute mit Genugtuung und in Übereinstimmung mit Präsident Gorbatschow feststellen:
1. Die Einigung Deutschlands umfaßt die Bundesrepublik, die DDR und
Berlin.
5 2. Wenn die Einigung vollzogen wird, werden die Vier-Mächte-Rechte und
-Verantwortlichkeiten vollständig abgelöst. Damit erhält das vereinigte
Deutschland zum Zeitpunkt seiner Vereinigung seine volle und uneinge-
schränkte Souveränität.
3. Das vereinte Deutschland kann in Ausübung seiner uneingeschränkten
10 Souveränität frei und selbst entscheiden, ob und welchem Bündnis es angehören will. Das entspricht der KSZE-Schlußakte. Ich habe als die Auffassung
der Regierung der Bundesrepublik Deutschland erklärt, daß das geeinte
Deutschland Mitglied des Atlantischen Bündnisses sein möchte, und ich bin
sicher, dies entspricht auch der Ansicht der Regierung der DDR.
15 4. Das geeinte Deutschland schließt mit der Sowjetunion einen zweiseitigen
Vertrag zur Abwicklung des Truppenabzuges aus der DDR, der innerhalb von
drei bis vier Jahren beendet sein soll. Gleichzeitig soll mit der Sowjetunion

Abb. 28: Bundeskanzler Helmut Kohl in fröhlicher Runde mit Staatspräsident Michail Gorbatschow und Bundesaußenminister Hans-Dietrich Genscher bei einer Rast während eines Spaziergangs in Gorbatschows Heimat im Kaukasus 15. 7. 1990.

ein Überleitungsvertrag über die Auswirkung der Einführung der D-Mark in der DDR für diesen Zeitraum von drei bis vier Jahren abgeschlossen werden.
5. Solange sowjetische Truppen noch auf dem ehemaligen DDR-Territorium 20 stationiert bleiben, werden die NATO–Strukturen nicht auf diesen Teil Deutschlands ausgedehnt. Die sofortige Anwendung von Artikel 5 und 6 des NATO-Vertrages bleibt davon von Anfang an unberührt. Nicht integrierte Verbände der Bundeswehr, das heißt Verbände der territorialen Verteidigung, können ab sofort nach der Einigung Deutschlands auf dem Gebiet der heuti- 25 gen DDR und in Berlin stationiert werden. Für die Dauer der Präsenz sowjetischer Truppen auf dem ehemaligen DDR-Territorium sollen nach der Vereinigung nach unserer Vorstellung die Truppen der drei Westmächte in Berlin verbleiben. Die Bundesregierung wird die drei Westmächte darum ersuchen und die Stationierung mit den jeweiligen Regierungen vertraglich regeln. 30
7. Die Bundesregierung erklärt sich bereit, noch in den laufenden Wiener Verhandlungen eine Verpflichtungserklärung abzugeben, die Streitkräfte eines geeinten Deutschlands innerhalb von drei bis vier Jahren auf eine Personalstärke von 370 000 Mann zu reduzieren. Die Reduzierung soll mit dem Inkrafttreten des ersten Wiener Abkommens begonnen werden. 35
8. Ein geeintes Deutschland wird auf Herstellung, Besitz und Verfügung über ABC-Waffen verzichten und Mitglied des Nichtverbreitungsvertrages bleiben.

Europa-Archiv 1990, D 480

73 „Vertrag über die abschließende Regelung in bezug auf Deutschland" zwischen der Bundesrepublik Deutschland, der Deutschen Demokratischen Republik, Frankreich, Großbritannien, der UdSSR und den Vereinigten Staaten, unterzeichnet in Moskau am 12. September 1990

Die Bundesrepublik Deutschland, die Deutsche Demokratische Republik, die Französische Republik, das Vereinigte Königreich von Großbritannien und Nordirland, die Union der Sozialistischen Sowjetrepubliken und die Vereinigten Staaten Amerikas ... sind wie folgt übereingekommen:

5   Artikel 1

(1) Das vereinte Deutschland wird die Gebiete der Bundesrepublik Deutschland, der Deutschen Demokratischen Republik und ganz Berlins umfassen. Seine Außengrenzen werden die Grenzen der Deutschen Demokratischen Republik und der Bundesrepublik Deutschland sein und werden am Tage des
10 Inkrafttretens dieses Vertrages endgültig sein. Die Bestätigung des endgültigen Charakters der Grenzen des vereinten Deutschland ist ein wesentlicher Bestandteil der Friedensordnung in Europa.

(2) Das vereinte Deutschland und die Republik Polen bestätigen die zwischen ihnen bestehende Grenze in einem völkerrechtlich verbindlichen Ver-
15 trag.

(3) Das vereinte Deutschland hat keinerlei Gebietsansprüche gegen andere Staaten und wird solche auch nicht in Zukunft erheben. ...

Artikel 2

Die Regierungen der Bundesrepublik Deutschland und der Deutschen
20 Demokratischen Republik bekräftigen ihre Erklärung, daß von deutschem Boden nur Frieden ausgehen wird. Nach der Verfassung des vereinten Deutschland sind Handlungen, die geeignet sind und in der Absicht vorgenommen werden, das friedliche Zusammenleben der Völker zu stören, insbesondere die Führung eines Angriffskrieges vorzubereiten, verfassungswidrig
25 und strafbar. Die Regierungen der Bundesrepublik Deutschland und der Deutschen Demokratischen Republik erklären, daß das vereinte Deutschland keine seiner Waffen jemals einsetzen wird, es sei denn in Übereinstimmung mit seiner Verfassung und der Charta der Vereinten Nationen.

Artikel 3

30 (1) Die Regierungen der Bundesrepublik Deutschland und der Deutschen Demokratischen Republik bekräftigen ihren Verzicht auf Herstellung und Besitz von und auf Verfügungsgewalt über atomare, biologische und chemische Waffen. Sie erklären, daß auch das vereinte Deutschland sich an diese Verpflichtungen halten wird. Insbesondere gelten die Rechte und Vepflich-
35 tungen aus dem Vertrag über die Nichtverbreitung von Kernwaffen vom 1. Juli 1968 für das vereinte Deutschland fort.

(2) Die Regierung der Bundesrepublik Deutschland hat in vollem Einvernehmen mit der Regierung der Deutschen Demokratischen Republik am 30. August 1990 in Wien bei den Verhandlungen über Konventionelle Streitkräfte in Europa folgende Erklärung abgegeben: 40
„Die Regierung der Bundesrepublik Deutschland verpflichtet sich, die Streitkräfte des vereinten Deutschland innerhalb von drei bis vier Jahren auf eine Personalstärke von 370 000 Mann (Land-, Luft- und Seestreitkräfte) zu reduzieren. Diese Reduzierung soll mit dem Inkrafttreten des ersten KSE-Vertrags beginnen. Im Rahmen dieser Gesamtobergrenze werden nicht mehr als 45 345 000 Mann den Land- und Luftstreitkräften angehören, die gemäß vereinbartem Mandat allein Gegenstand der Verhandlungen über konventionelle Streitkräfte in Europa sind. Die Bundesregierung sieht in ihrer Verpflichtung zur Reduzierung von Land- und Luftstreitkräften einen bedeutsamen deutschen Beitrag zur Reduzierung der konventionellen Streitkräfte in Europa. 50 Sie geht davon aus, daß in Folgeverhandlungen auch die anderen Verhandlungsteilnehmer ihren Beitrag zur Festigung von Sicherheit und Stabilität in Europa, einschließlich Maßnahmen zur Begrenzung der Personalstärken, leisten werden." Die Regierung der Deutschen Demokratischen Republik hat sich dieser Erklärung ausdrücklich angeschlossen. ... 55

Artikel 4
(1) Die Regierungen der Bundesrepublik Deutschland, der Deutschen Demokratischen Republik und der Union der Sozialistischen Sowjetrepubliken erklären, das das vereinte Deutschland und die Union der Sozialistischen Sowjetrepubliken in vertraglicher Form die Bedingungen und die Dauer des 60 Aufenthalts der sowjetischen Streitkräfte auf dem Gebiet der heutigen Deutschen Demokratischen Republik und Berlins sowie die Abwicklung des Abzugs dieser Streitkräfte regeln werden, der bis zum Ende des Jahres 1994 im Zusammenhang mit der Verwirklichung der Verpflichtungen der Regierungen der Bundesrepublik Deutschland und der Deutschen Demokrati- 65 schen Republik, auf die sich Absatz 2 des Artikels 4 dieses Vertrags bezieht, vollzogen sein wird. ...

Artikel 5
(1) Bis zum Abschluß des Abzugs der sowjetischen Streitkräfte vom Gebiet der heutigen Deutschen Demokratischen Republik und Berlins in Überein- 70 stimmung mit Artikel 4 dieses Vertrags werden auf diesem Gebiet als Streitkräfte des vereinten Deutschland ausschließlich deutsche Verbände der Territorialverteidigung stationiert sein, die nicht in die Bündnisstrukturen integriert sind, denen deutsche Streitkräfte auf dem übrigen deutschen Territorium zugeordnet sind. Unbeschadet der Regelung in Absatz 2 dieses Artikels 75 werden während dieses Zeitraums Streitkräfte anderer Staaten auf diesem Gebiet nicht stationiert oder irgendwelche andere militärische Tätigkeiten dort ausüben.

(2) Für die Dauer des Aufenthalts sowjetischer Streitkräfte auf dem Gebiet
80 der heutigen Deutschen Demokratischen Republik und Berlins werden auf
deutschen Wunsch Streitkräfte der Französischen Republik, des Vereinigten
Königreichs Großbritannien und Nordirland und der Vereinigten Staaten von
Amerika auf der Grundlage entsprechender vertraglicher Vereinbarung zwischen der Regierung des vereinten Deutschland und den Regierungen der
85 betreffenden Staaten in Berlin stationiert bleiben. Die Zahl aller nichtdeutschen in Berlin stationierten Streitkräfte und deren Ausrüstungsumfang werden nicht stärker sein als zum Zeitpunkt der Unterzeichnung dieses Vertrags.
Neue Waffenkategorien werden von nichtdeutschen Streitkräften dort nicht
eingeführt. Die Regierung des vereinten Deutschland wird mit den Regierun-
90 gen der Staaten, die Streitkräfte in Berlin stationiert haben, Verträge zu
gerechten Bedingungen unter Berücksichtigung der zu den betreffenden
Staaten bestehenden Beziehungen abschließen.
(3) Nach dem Abschluß des Abzugs der sowjetischen Streitkräfte vom
Gebiet der heutigen Deutschen Demokratischen Republik und Berlins kön-
95 nen in diesem Teil Deutschlands auch deutsche Streitkräfteverbände stationiert werden, die in gleicher Weise militärischen Bündnisstrukturen zugeordnet sind wie diejenigen auf dem übrigen deutschen Hoheitsgebiet, allerdings
ohne Kernwaffenträger. Darunter fallen nicht konventionelle Waffensysteme, die neben konventioneller andere Einsatzfähigkeiten haben können,
100 die jedoch in diesem Teil Deutschlands für eine konventionelle Rolle ausge-
rüstet und nur dafür vorgesehen sind. Ausländische Streitkräfte und Atomwaffen oder deren Träger werden in diesem Teil Deutschlands weder stationiert noch dorthin verlegt.

Artikel 6

105 Das Recht des vereinten Deutschland, Bündnissen mit allen sich daraus ergebenden Rechten und Pflichten anzugehören, wird von diesem Vertrag nicht
berührt.

Artikel 7

(1) Die Französische Republik, das Vereinigte Königreich Großbritannien
110 und Nordirland, die Union der Sozialistischen Sowjetrepubliken und die Vereinigten Staaten von Amerika beenden hiermit ihre Rechte und Verantwort-
lichkeiten in bezug auf Berlin und Deutschland als Ganzes. Als Ergebnis werden die entsprechenden, damit zusammenhängenden vierseitigen Vereinbarungen, Beschlüsse und Praktiken beendet und alle entsprechenden Einrich-
115 tungen der Vier Mächte aufgelöst.
(2) Das vereinte Deutschland hat demgemäß volle Souveränität über seine
inneren und äußeren Angelegenheiten. ...

Artikel 9

Dieser Vertrag tritt für das vereinte Deutschland, die Französische Republik, das Vereinigte Königreich Großbritannien und Nordirland, die Union der [120] Sozialistischen Sowjetrepubliken und die Vereinigten Staaten von Amerika am Tag der Hinterlegung der letzten Ratifikations- oder Annahmeurkunde durch diese Staaten in Kraft. ...

Moskau am 12. September 1990

Für die Bundesrepublik Deutschland   Für die Deutsche Demokratische [125]
            Hans-Dietrich Genscher   Republik
                                                Lothar de Maizière

   Für die Französische Republik   Für das Vereinigte Königreich
            Roland Dumas   Großbritannien und Nordirland
                                                  Douglas Hurd   [130]

          Für die Union der   Für die Vereinigten Staaten
   Sozialistischen Sowjetrepubliken   von Amerika
         Eduard Schewardnadse   *James Baker*

Europa-Archiv, 1990, D 509

**Rückkehr nach Europa. Am Ende zweier Sonderwege? Aus einem Gespräch 74
mit Prof. Wjatscheslaw Daschitschew** einem der führenden sowjetischen Deutschlandexperten und zeitweiligen Berater von Präsident Gorbatschow, am Vorabend der Vereinigung der beiden deutschen Staaten, September/Oktober 1990

„Es gab einen Sonderweg der Sowjetunion"

Daschitschew: Vieles wird von den inneren Entwicklungen in der Sowjetunion abhängen. Mein Gedanke ist, daß wir jetzt vielleicht das schwierigste Problem in unserer Entwicklung lösen: die Überwindung der Unvereinbarkeit unseres politischen, wirtschaftlichen Systems mit den westlichen demo- [5] kratischen Systemen. Das ist das politische Problem Nummer Eins. Diese Inkompatibilität entstand 1917. Die Entwicklung der Sowjetunion ging in ganz andere Bahnen, es gab einen Sonderweg der Sowjetunion ... Ohne Überwindung dieser Unvereinbarkeit können wir keine normalen, zivilisierten Beziehungen zwischen der Sowjetunion und einem geeinten [10] Deutschland organisieren. Das ist meine feste Überzeugung und ich denke, daß die Sowjetunion und einzelne Republiken in diese Richtung gehen werden. Darin besteht die Voraussetzung für neue Beziehungen zwischen der Bundesrepublik und der Sowjetunion und für die Entstehung eines gesamteuropäischen Hauses, eines gesamteuropäischen politischen, wirtschaft- [15]

lichen, rechtlichen Raumes. Alles hängt von uns ab; wir müssen uns ändern.
Natürlich wird auch die Bundesrepublik bestimmte Änderungen zu durch-
laufen haben, aber nicht in einem so großen Ausmaß, wie wir das tun müssen.

20   *„Die Bundesrepublik wurde zu einem demokratischen, friedliebenden Staat"*

„Blätter": Wieweit hat die Bundesrepublik, die ja kein Nationalstaat im alten
Sinn war, mit Traditionslinien deutscher Geschichte gebrochen? Konkret:
Kann man ihr einen Vertrauensvorschuß einräumen, wie das in Schelesnowodsk bei den Gesprächen zwischen Präsident Gorbatschow und Bundes-
25   kanzler Kohl geschehen ist?
Daschitschew: Zweifellos. Die Bundesrepublik wurde zu einem demokratischen, friedliebenden Staat mit einer gänzlich veränderten Mentalität der
Bürger, mit einer hocheffizienten Wirtschaft, mit großem Wohlstand, einem
entwickelten geistigen Leben und einer hohen politischen Kultur der Elite.
30   Das muß man zugestehen. Aus meiner Sicht kann von der Bundesrepublik
keine Gefahr für den Frieden oder für die Demokratie ausgehen. Die Außen-
politik nicht nur gegenüber der Sowjetunion, sondern auch in Verhältnis zu
Polen, wurde geschickt gehandhabt, mit großem Verständnis, mit Toleranz,
Geduld, Umsicht und Vorsicht . . .
35   *„Blätter":* Einspruch!
Daschitschew: . . . abgesehen vielleicht von der Diskussion über die Oder-
Neiße-Grenze. Aber das war durch innerpolitische Überlegungen bestimmt.
Im großen und ganzen meine ich, daß die Politik der Bundesregierung auf die
Zukunft gerichtet und besorgt ist um die Verständigung mit den Nachbarvöl-
40   kern, um die Aufrechterhaltung der politischen und wirtschaftlichen Stabili-
tät und die Stärkung der Sicherheit. . . .

„Die DDR war ein künstliches Gebilde"

„Blätter": Sie haben vom außenpolitischen Einfühlungsvermögen der Bundesrepublik gesprochen. Für die Art und Weise, wie der Vereinigungsprozeß
45   betrieben wurde, trifft diese Vokabel wohl kaum zu.
Daschitschew: Die DDR war ein künstliches Gebilde, ein künstliches Staats-
gefüge, aufgezwungen, vom Volk nicht getragen. Die Herrschaft der SED war
nicht legitim, basierte nicht auf dem Prinzip der Souveränität des Volkswil-
lens, sondern auf Gewalt. Deswegen hat m. E. der vor einigen Monaten ent-
50   brannte Streit, aufgrund welchen Grundgesetz-Artikels die DDR in den
Bestand eines zukünftigen Deutschland eingehen sollte, keine Bedeutung.
Denn wir können nicht von einer vollständigen Souveränität der DDR sprechen, einer Souveränität, die vom Volk ausgeht. Mir scheint die Vereinigung
der beiden deutschen Staaten in einem Nationalstaat durch Beitritt der DDR
55   ein Weg zu sein, der ganz normal ist.

„Blätter": Der Beitritt war sicherlich eine der vorhandenen Möglichkeiten. Die Frage ist nur: Mußte man ihn so abwickeln? Die schnelle Angleichung der DDR um den Preis der Zerstörung der vorhandenen Infrastruktur – schneidet das nicht Lernmöglichkeiten ab, die es bei einer schrittweisen Transformation der DDR gegeben hätte?   60

Daschitschew: Die Notwendigkeit, so bald wie möglich das administrative Kommandosystem durch einen anderen Wirtschaftsmechanismus abzulösen, hat das Tempo des Einigungsprozesses bestimmt. Sie müssen im Auge behalten, wie gefährlich und wie kostspielig die langwierigen Prozesse der Überführung unserer Wirtschaft in eine Marktwirtschaft sind, welche Unko-   65
sten, materielle, soziale und menschliche, dabei entstehen. Ich denke, daß dieser Prozeß so kurz wie möglich sein muß. Die schrittweise Vereinigung, die sich in die Länge zöge, würde mehr soziale Kosten verursachen als eine rasche. ...

„Ohne Überwindung der deutschen Teilung kann die Sowjetunion nicht in die   70
Familie der europäischen Völker zurückkehren"

„Blätter": Wie bewerten Sie das Ergebnis von 2 + 4?

Daschitschew: Das Hauptproblem in den 2 + 4-Verhandlungen bestand darin, die Vorbehalte der Sowjetunion gegenüber der Vereinigung Deutschlands zu überwinden. In unserem Land offenbarten sich in den letzten Jahren zwei   75
Linien in der Deutschlandpolitik: Die alte, die sich an den Status quo klammerte, das waren meist die Anhänger von Gromyko, die darauf bestanden, zwei deutsche Staaten in Europa als konstante Erscheinung zu betrachten ...

„Blätter": Das gab es doch auch z. B. in England und Frankreich, wie sich bei 2 + 4 und im Vorfeld der Verhandlungen gezeigt hat.   80

Daschitschew: Nicht in so starkem Maße wie bei uns. Denn die Träger der alten Politik waren im Außenministerium und im ZK stark vertreten. Ihrer Ansicht nach diente die Teilung Deutschlands den nationalen Interessen der Sowjetunion. Sie konnten nicht begreifen, daß diese Teilung die eigentliche Quelle der Konfrontation der Sowjetunion mit dem ganzen Westen war.   85
Diese Konfrontation im Verbund mit den Unzulänglichkeiten unseres wirtschaftlichen und politischen Systems wurde zu einer unerträglichen Bürde für das Volk, für die Wirtschaft, für die ganze Gesellschaft in unserem Land. Aus diesem Zustand mußte man so schnell wie möglich herauskommen.

„Blätter": Das war das Ziel der anderen Linie, zu deren herausragenden Ver-   90
fechtern Sie zählen.

Daschitschew: Ja. Die Widerstände gegen das neue Denken in der Deutschlandpolitik waren sehr stark. Deswegen war auch unsere politische Führung so unentschlossen, waren die Äußerungen unserer Spitzenpolitiker ziemlich widersprüchlich. ... Erst in diesem Sommer kam es zu einer richtigen   95
Wende in der Deutschlandpolitik.

„Blätter": Wodurch?

Daschitschew: Aus meiner Sicht, weil unsere Führung endlich verstand, daß die Wiedervereinigung unseren Interessen entspricht, daß es zweitens unrea-
100 listisch gewesen wäre, sich dem Prozeß der Wiedervereinigung entgegenstel-
len zu wollen, und drittens, daß ohne die Überwindung der Teilung der Kalte
Krieg nicht hätte enden können. An vierter Stelle muß man die Änderungen
in der politischen Philosophie und in der Strategie der NATO nennen. Man
hat sich vergewissert, daß von seiten der NATO keine Gefahr ausgeht. Diese
105 Bedrohungsvorstellungen wurden künstlich, durch die Propaganda, ins
Leben gerufen und in einem großen Maße wurden unsere Politiker und
unsere Bevölkerung zum Opfer dieser Propaganda.
„Blätter": Warum soll die NATO denn ihre Strategie ändern?
Daschitschew: Die NATO hat ihre Strategie geändert, weil auch unsererseits
110 wichtige Schritte in Richtung Entspannung getan wurden; die Aufgabe unserer Herrschaft über Osteuropa, die Änderung unserer außenpolitischen Konzeption. Für den Westen stellt die Sowjetunion keine Gefahr mehr dar,
anders als unter Beschnew. Daß früher eine Gefahr von der sowjetischen Politik ausging, haben Afghanistan, die ganze Affäre um die SS 20 Raketen und
115 die Hochrüstung der Sowjetunion, die mit den Verteidigungsaufgaben und
Sicherheitsbedürfnissen unseres Landes nichts gemein hatte gezeigt. ...

*„Die Europäische Gemeinschaft kann als Vorbild für das zukünftige Europa
dienen"*

„Blätter": Von der NATO abgesehen: Treten Polen, die Tschechoslowakei,
120 Ungarn, auch die Sowjetunion, in absehbarer Zeit der EG bei?
Daschitschew: Die Europäische Gemeinschaft kann als ein Vorbild für das
zukünftige Europa dienen. Denn sie hat sich als sehr effektivere Form der
Zusammenarbeit mehrerer Staaten bewährt, nicht nur im wirtschaftlichen,
sondern auch im politischen Bereich, bei der Organisation der menschlichen
125 Kontakte usw. Wenn in den osteuropäischen Ländern und in der Sowjetunion
der Prozeß der Aufhebung der Unvereinbarkeit, von dem ich gesprochen
habe, abgeschlossen ist, wird die Frage über den Beitritt dieser Länder in die
Europäische Gemeinschaft gestellt. Zuerst als assoziierte Mitglieder, dann als
Vollmitglieder. Das entspricht den Zielen der sowjetischen Politik, den sowje-
130 tischen Interessen, die die Rückkehr der Sowjetunion in die europäische Völ-
kerfamilie beinhalten.
„Blätter": Sie reden von einer Rückkehr. Andersherum könnte man die Frage
stellen: Besteht nicht die Gefahr einer dauerhaften Abkoppelung, weil in
Westeuropa, insbesondere auch in der deutschen Abteilung die exzessiv
135 betriebene Beschäftigung mit sich selbst Interessen und Kräfte weitgehend
absorbiert? Osteuropa könnte an seinen inneren Schwierigkeiten unter-
gehen ...
Daschitschew: Eine Abkoppelung kann in Anbetracht der inneren Prozesse in
der Sowjetunion natürlich passieren – wenn wir nicht schnell einen Rechts-

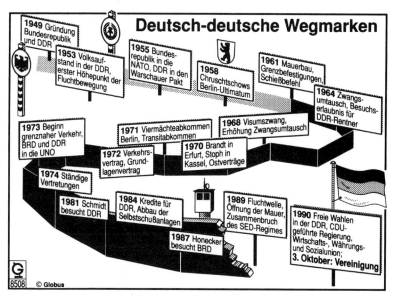

Deutsch-deutsche Wegmarken

1949 Gründung Bundesrepublik und DDR

1953 Volksaufstand in der DDR, erster Höhepunkt der Fluchtbewegung

1955 Bundesrepublik in die NATO, DDR in den Warschauer Pakt

1958 Chruschtschows Berlin-Ultimatum

1961 Mauerbau, Grenzbefestigungen, Schießbefehl

1964 Zwangsumtausch, Besuchserlaubnis für DDR-Rentner

1973 Beginn grenznaher Verkehr, BRD und DDR in die UNO

1971 Viermächteabkommen Berlin, Transitabkommen

1968 Visumszwang, Erhöhung Zwangsumtausch

1972 Verkehrsvertrag, Grundlagenvertrag

1970 Brandt in Erfurt, Stoph in Kassel, Ostverträge

1974 Ständige Vertretungen

1981 Schmidt besucht DDR

1984 Kredite für DDR, Abbau der Selbstschußanlagen

1989 Fluchtwelle, Öffnung der Mauer, Zusammenbruch des SED-Regimes

1990 Freie Wahlen in der DDR, CDU-geführte Regierung, Wirtschafts-, Währungs- und Sozialunion; **3. Oktober: Vereinigung**

1987 Honecker besucht BRD

G 8508 © Globus

Abb. 29: Wegmarken der beiden Hälften Deutschland 1945–1990.

Abb. 30: Willy Brandt, Hans-Dietrich Genscher, Hannelore und Helmut Kohl, Richard von Weizsäcker und Lothar de Maizière am 3. Oktober 1990 vor dem Berliner Reichstagsgebäude.

140 staat, basierend auf der freien Marktwirtschaft schaffen. Das wäre tragisch,
nicht nur für die Sowjetunion, sondern auch für Westeuropa, denn in einem
solchen Fall kann sich in der Sowjetunion oder in Rußland eine Macht entwickeln, die zu dem Rest Europas feindselig eingestellt ist. ...

Blätter für deutsche und internationale Politik. 11/1990, S. 134 ff.

75 Der Vertrag zur deutschen Einheit vom 20. September 1990 – Erläuterungen

Über den Inhalt dieses Vertrages, ist gemessen an der Schwierigkeit der Materie, extrem kurz verhandelt worden. Zwar füllt der Vertrag mit seinen 45 Artikeln, drei Anlagen und einer Protokollnotiz mehr als tausend Schreibmaschi-
nenseiten, aber das sagt wenig über die Regelungsintensität im Einzelfall. ...
5 Mit dem ersten Staatsvertrag war die Währungs-, Wirtschaft- und Sozialunion mit der DDR hergestellt worden. Der zweite Staatsvertrag – „Eini-
gungsvertrag" genannt – überträgt das gesamte rechtliche System, einschließlich des Verwaltungsaufbaus der Bundesrepublik, auf die fünf noch zu grün-
denden Länder der vergehenden DDR, „Mit dem Wirksamwerden des Bei-
10 tritts der Deutschen Demokratischen Republik zur Bundesrepublik Deutschland gemäß Artikel 23 des Grundgesetzes am 3. Oktober 1990", so heißt es in
Artikel 1 des Vertrages, „werden die Länder Brandenburg, Mecklenburg-Vor-
pommern, Sachsen, Sachsen-Anhalt und Thüringen Länder der Bundesrepublik Deutschland." ...
15 Wegen des Beitritts der DDR zum Grundgesetz mußte dieses – teils aus for-
malen Gründen, teils aber auch wegen der zu erwartenden Übergangsschwie-
rigkeiten – in mehreren Artikeln ergänzt oder geändert werden. ... In der
Präambel werden künftig auch die neuen (DDR-)Länder erwähnt. Der Pas-
sus, das deutsche Volk bleibt aufgefordert, die Einheit und Freiheit Deutsch-
20 lands zu vollenden, soll ersetzt werden durch den Satz: „Damit gilt das
Grundgesetz für das gesamte deutsche Volk." Der Artikel 23 wird gestrichen.
... Im Artikel 143 ... soll künftig, aber nur übergangsweise, festgelegt werden, daß es im beigetretenen Teil Deutschlands zu Abweichungen vom
Grundgesetz kommen kann. ...
25 Auch das Recht der Europäischen Gemeinschaften nebst Änderungen und
Ergänzungen wird nun auf dem Gebiet der DDR in Kraft gesetzt. Grundsätzlich gelten völkerrechtliche Verträge und Vereinbarungen, denen die Bundesrepublik angehört, nun auch dort; die Ausnahmen, zu denen etwa die NATO-
Mitgliedschaft gehört, finden sich in den Anlagen. Hingegen heißt es zu den
30 Verträgen, die die DDR abgeschlossen hat, es sei mit deren Vertragspartnern
zu erörtern, „um ihre Fortgeltung, Anpassung oder ihr Erlöschen zu regeln
beziehungsweise festzustellen." ...
Mit dem neu eingefügten Artikel 143 des Grundgesetzes wird nicht nur
bestimmt, daß Recht in der ehemaligen DDR bis Ende 1995 vom Grundge-
35 setz ... abweichen kann. Der neue Artikel soll vielmehr zugleich sicherstel-

len, daß in den Jahren 1945 bis 1949 vorgenommene Enteignungen nicht
rückgängig gemacht werden. Enteignungen, die nach 1949 stattgefunden
haben, sollen grundsätzlich und wo immer es möglich erscheint, rückgängig
gemacht werden.

Zit. nach Der Vertrag zur deutschen Einheit. Ausgewählte Texte und Erläuterungen,
Frankfurt a. M. 1990, S. 9, 15 ff.

Die erste gesamtdeutsche Bundestagswahl am 2. 12. 1990   **76**

Bei den ersten Wahl zum gesamtdeutschen Bundestag am 2. Dezember 1990
wurde die in Bonn regierende CDU-CSU-FDP-Koalition durch das Wäh-
lervotum klar bestätigt. Während die Liberalen (mit 11,0 % der Zweitstim-
men) einen ihrer größten Wahltriumphe feiern konnten, erfüllte sich die
Hoffnung der Unionsparteien auf einen deutlichen Stimmenzuwachs mit 5
43,8 % jedoch nicht. Die Sozialdemokraten rutschten bundesweit auf nur
noch 33,5 % ab. Noch schlimmer traf es die im alten Bundesgebiet angetrete-
nen Grünen, die an der 5 %-Hürde scheiterten. Die im Osten erfolgreiche
Listenverbindung Bündnis 90/Grüne und die SED-Nachfolgepartei PDS
schafften dagegen den Sprung in den 12. Bundestag.   10

Zweitstimmen in %	CDU/CSU	SPD	FDP	Grüne	B '90/Grüne	REP	PDS	Übrige
Schleswig-Holstein	43,5	38,5	11,4	4,0	–	1,2	0,3	1,1
Hamburg	36,6	41,0	12,0	5,8	–	1,7	1,1	1,8
Niedersachsen	44,3	38,4	10,3	4,5	–	1,0	0,3	1,2
Bremen	30,9	42,5	12,8	8,3	–	2,1	1,1	2,3
Nordrhein-Westfalen	40,5	41,1	11,0	4,3	–	1,3	0,3	1,5
Hessen	41,3	38,0	10,9	5,6	–	2,1	0,4	1,7
Rheinland-Pfalz	45,6	36,1	10,4	4,0	–	1,7	0,2	2,0
Baden-Württemberg	46,5	29,1	12,3	5,7	–	3,2	0,3	2,9
Bayern	51,9	26,7	8,7	4,6	–	5,0	0,2	2,9
Saarland	38,1	51,2	6,0	2,3	–	0,9	0,2	1,3
Berlin	39,3	30,5	9,2	3,9	3,3	2,5	9,7	1,6
Mecklenburg-Vorp.	41,2	26,6	9,1	–	5,9	1,4	14,2	1,6
Brandenburg	36,3	32,9	9,7	–	6,6	1,7	11,0	1,8
Sachsen-Anhalt	38,6	24,7	19,7	–	5,3	1,0	9,4	1,3
Thüringen	45,2	21,9	14,6	–	6,1	1,2	8,3	2,7
Sachsen	49,5	18,2	12,4	–	5,9	1,2	9,0	3,8
Wahlgebiet West*	**44,3**	**35,7**	**10,6**	**4,8**	**–**	**2,3**	**0,3**	**2,0**
Wahlgebiet Ost**	**41,8**	**24,3**	**12,9**	**–**	**6,0**	**1,3**	**11,1**	**2,6**
Bundesgebiet	**43,8**	**33,5**	**11,0**	**3,8**	**1,2**	**2,1**	**2,4**	**2,1**

Erich Schmidt Verlag

* westliche Bundesländer + West-Berlin
** östliche Bundesländer + Ost-Berlin

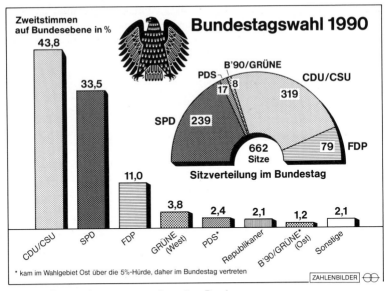

Abb. 31: Sitzverteilung im gesamtdeutschen Bundestag.

3. Das vereinte Deutschland im internationalen System nach dem Ende des Kalten Krieges

Mit dem Bekenntnis Gorbatschows zur Schaffung einer pluralistischen Demokratie auch in der Sowjetunion, mit der Entlassung der osteuropäischen Staaten
aus der sowjetischen Hegemonie in eine nichtsozialistische Selbstbestimmung
und mit der Wiedervereinigung Deutschlands waren die Voraussetzungen für
ein völlig neues Verhältnis der westlichen und östlichen Staaten Europas zueinander geschaffen worden. In gemeinsamen Erklärungen von NATO und Warschauer Pakt (noch vor seiner Auflösung) am 19. November sowie der nunmehr
34 KSZE-Staaten (nach dem Ausscheiden der DDR) am 21. November 1990 in
Paris konnten die dort versammelten Staats- und Regierungschefs daher versi-
chern, daß sie nunmehr nicht mehr Gegner, sondern Partner sein und ein neues
Europa der Demokratie, des Friedens und der Einheit aufbauen wollen. Die Epoche des Kalten Krieges, durch die seit 1945 die Weltpolitik bestimmt worden war,
hatte damit ein unerwartet rasches Ende gefunden.

Auch für die Bundesrepublik machte der Prozeß der Wiedervereinigung und der
Erlangung der vollen Souveränität eine neue Bestimmung ihrer Aufgabe im Rahmen des internationalen Systems erforderlich. Die erste Regierungserklärung
einer Bundesregierung nach der gesamtdeutschen Wahl vom 2. Dezember 1990
versuchte unter dem Motto „Es darf für Deutschland keine Flucht aus der Verantwortung geben" die Grundlinien dieser neuen Verantwortung des vereinten
Deutschlands aufzuzeigen.

Das Ende des Kalten Krieges: Gemeinsame Erklärung von Nato und Warschauer Pakt vom 19. 11. 1990 und die „Charta für ein neues Europa" der KSZE-Konferenz vom 21. 11. 1990, beschlossen auf dem Gipfeltreffen der Staats- und Regierungschefs der 34 Teilnehmerstaaten in Paris. (Chronik '90, S. 100) **77**

Ehemalige Gegner reichen sich die Hand

Dokument

Die Pariser Gewaltverzichtserklärung der Mitgliedstaaten von NATO und Warschauer Pakt beendet den kalten Krieg zwischen den beiden militärischen Bündnissystemen und soll als Grundlage dienen für das künftige politische Verhältnis (Auszüge):

»Die Unterzeichnerstaaten erklären feierlich, daß sie in dem anbrechenden neuen Zeitalter europäischer Beziehungen nicht mehr Gegner sind, sondern neue Partnerschaften aufbauen und einander die Hand zur Freundschaft reichen wollen.
Sie . . . bekräftigen alle ihre Verpflichtungen gemäß der Schlußakte von Helsinki . . . In diesem Zusammenhang bekräftigen sie ihre Verpflichtung, sich der Androhung oder Anwendung von Gewalt zu enthalten, die gegen die territoriale Integrität oder die politische Unabhängigkeit irgendeines Staates gerichtet ist, sowie des Versuchs, bestehende Grenzen durch Androhung oder Anwendung von Gewalt zu ändern . . . Keine ihrer Waffen wird jemals eingesetzt werden, außer zur Selbstverteidigung oder in anderer Weise, die mit der Charta der Vereinten Nationen in Einklang stehen.
. . . Sie verpflichten sich, nur solche militärischen Potentiale aufrechtzuerhalten, die zur Kriegsverhütung und für eine wirksame Verteidigung notwendig sind. Sie werden die Beziehung zwischen Militärpotential und Doktrinen im Auge behalten. Sie bekräftigen erneut das Recht jedes Staates, Vertragspartei eines Bündnisses zu sein oder nicht zu sein . . .«

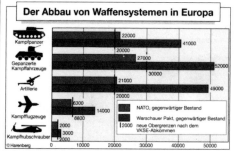

Der Abbau von Waffensystemen in Europa

Kampfpanzer — 22000 / 41000
Gepanzerte Kampffahrzeuge — 20000 / 27000 / 52000
Artillerie — 30000 / 21000 / 49000
Kampfflugzeuge — 6300 / 14000 / 20000 / 8800
Kampfhubschrauber — 2000 / 3000 / 2000

NATO, gegenwärtiger Bestand
Warschauer Pakt, gegenwärtiger Bestand
neue Obergrenzen nach dem VKSE-Abkommen

© Harenberg 0 10000 20000 30000 40000 50000

»Zeitalter des Friedens und der Einheit«

Dokument

Der KSZE-Prozeß wurde 1973 in der finnischen Hauptstadt Helsinki in Gang gesetzt. Folgetreffen fanden u. a. in den 80er Jahren in Madrid, Belgrad und Wien statt. Die von allen 34 Teilnehmerstaaten unterzeichnete »Charta für ein neues Europa« im Wortlaut (Auszüge):

»Wir, die Staats- und Regierungschefs der Teilnehmerstaaten der Konferenz über Sicherheit und Zusammenarbeit in Europa, sind in einer Zeit tiefgreifenden Wandels und historischer Erwartungen in Paris zusammengetreten. Das Zeitalter der Konfrontation und der Teilung Europas ist zu Ende gegangen. Wir erklären, daß sich unsere Beziehungen künftig auf Achtung und Zusammenarbeit gründen werden.
Europa befreit sich vom Erbe der Vergangenheit. Durch den Mut von Männern und Frauen, die Willensstärke der Völker und die Kraft der Ideen der Schlußakte von Helsinki bricht in Europa ein neues Zeitalter der Demokratie, des Friedens und der Einheit an . . .
Das nun ungeteilte und freie Europa fordert einen Neubeginn. Wir rufen unsere Völker dazu auf, sich diesem großen Vorhaben anzuschließen.
Wir nehmen mit großer Genugtuung Kenntnis von dem am

US-Präsident George Bush unterzeichnet die »Charta von Paris«.

12. September 1990 in Moskau unterzeichneten Vertrag über die abschließende Regelung in bezug auf Deutschland und begrüßen aufrichtig, daß das deutsche Volk sich in Übereinstimmung mit den Prinzipien der Schlußakte der Konferenz über Sicherheit und Zusammenarbeit in Europa und in vollen Einvernehmen mit seinen Nachbarn in einem Staat vereinigt hat. Die Herstellung der staatlichen Einheit Deutschlands ist ein bedeutsamer Beitrag zu einer dauerhaften und gerechten Friedensordnung für ein geeintes demokratisches Europa, das sich seiner Verantwortung für Stabilität, Frieden und Zusammenarbeit bewußt ist . . .
Wir betonen, daß die wirtschaftliche Zusammenarbeit auf der Grundlage der Marktwirtschaft ein wesentliches Element unserer Beziehungen darstellt und einen entscheidenden Beitrag zum Aufbau eines prosperierenden und geeinten Europa leisten wird . . .«

78 „Der neuen Verantwortung gerecht werden." Aus der ersten Regierungserklärung von Bundeskanzler Helmut Kohl nach der gesamtdeutschen Wahl vom
2. Dezember 1990, abgegeben vor dem Deutschen Bundestag am 30. Januar 1991

Mit der Wiedergewinnung der vollen Souveränität wächst uns Deutschen
nicht nur mehr Handlungsfreiheit, sondern auch mehr Verantwortung zu. So
sehen es auch unsere Partner in der Welt. Sie erwarten vom vereinten
Deutschland, daß es dieser neuen Rolle gerecht wird. Es geht dabei über-
5 haupt nicht um nationale Alleingänge oder gar Machtambitionen; denn für
uns gibt es auf dieser Welt nur einen Platz: in der Gemeinschaft der freien
Völker. Gefordert sind jetzt mehr denn je Vernunft und Augenmaß und vor
allem auch das Festhalten an den Zielen, die wir uns vorgenommen haben.
Wir alle wissen, wir stehen am Beginn eines langen und auch beschwerlichen
10 Weges:
– Wir wollen Deutschland zusammenführen, und zwar in jeder Hinsicht:
   geistig, kulturell, wirtschaftlich und sozial.
– Wir wollen mitwirken am Bau einer dauerhaften und gerechten Friedensordnung für Europa, die alle Völker unseres so lange geteilten Kontinents
15   in gemeinsamer Freiheit zusammenführt.
– Wir wollen an einer Weltfriedensordnung mitarbeiten, die auf die Herrschaft des Rechts gegründet ist: auf die Achtung der Menschenrechte und
   des Selbstbestimmungsrechts aller Völker sowie auf den gemeinsamen
   Willen zur Bewahrung der dem Menschen anvertrauten Schöpfung...
20 Über vier Jahrzehnte hinweg mußten die Deutschen in Ost und West ihr
Leben unter ganz unterschiedlichen Bedingungen gestalten. Wohlverhalten
und offener Widerspruch, Anpassung und innere Emigration, Selbstverleug-
nung aus Angst vor Gefährdung der eigenen Zukunft, der Zukunft der Familie und im Beruf, dies alles waren Verhaltensweisen und Erfahrungen unter
25 dem SED-Regime. Jene Deutschen, die das Glück hatten, in dieser Zeit auf
der Sonnenseite unseres Landes und unserer Geschichte in Freiheit in der
Bundesrepublik leben zu dürfen, haben diese bitteren Erfahrungen nicht
machen müssen. Sie sollten sich vor Überheblichkeit und Selbstgerechtigkeit
hüten. Wir müssen gerade vor denjenigen Landsleuten höchsten Respekt
30 bezeugen, die ihren unbeugsamen Freiheitswillen bekundeten und oft
Schlimmes erdulden mußten.
Wir müssen aber auch Verständnis dafür haben, daß manche in über 40 Jahren Diktatur ohne große Hoffnung auf Veränderungen versuchten, im Privaten ihr Glück zu finden. Wir alle wissen, daß dies oft nur unter Kompromis-
35 sen möglich war. Die Diktatur der SED hat gerade auch in den Herzen der
Menschen Wunden geschlagen. Gezielt versuchten die kommunistischen
Machthaber, Menschen gegeneinander auszuspielen, Vertrauen zu zerstören
und Haß zu säen. Wir dürfen jetzt nicht zulassen, daß noch im nachhinein die
Saat der SED aufgeht. Wir müssen unbeirrt den Weg des Rechtsstaates
40 gehen; auch wenn mancher aus seiner bitteren Erfahrung dies nicht sofort

versteht. Denn nur im Rechtsstaat verbindet sich die Forderung nach Gerechtigkeit mit dem Willen zum inneren Frieden ...

Dabei bleibt unser Kernziel die politische Einigung Europas. Natürlich wissen wir alle, daß die Europäische Gemeinschaft nicht das ganze Europa ist. Deshalb muß die Gemeinschaft grundsätzlich für andere europäische Länder 45 offen sein. ...

Die Gemeinschaft wird auf diese Weise zum Kristallisationspunkt für das Europa der Freiheit, für die Vereinigten Staaten von Europa. ...

Unverzichtbarer Sicherheitsverbund zwischen Europa und Nordamerika ist und bleibt die Nordatlantische Allianz. Zwar hat der politische Wandel in 50 Europa die Konfrontation zwischen Ost und West abgebaut, und die Sicherheitslage auf unserem Kontinent hat sich trotz verbleibender Risiken spürbar verbessert; gleichwohl ist das Bündnis, dem gerade wir, die Deutschen, so viel verdanken, in keiner Weise überflüssig geworden. Man kann nicht oft genug daran erinnern: Es war nicht zuletzt das Bündnis, das den Wandel in 55 Europa und in Deutschland entscheidend mit herbeigeführt hat. ...

Der neuen Verantwortung gerecht zu werden, erfordert Abkehr von manchen bequemen Denkschablonen der Vergangenheit. Es erfordert Mut zur Zukunft. Mit der Vereinigung unseres Vaterlandes ist Deutschland in eine neue Epoche eingetreten. Nach fast 200 Jahren hat das Ringen um die politi- 60 sche Gestalt unseres Vaterlandes, um seine innere Ordnung und seinen Platz in Europa zu einem glücklichen Ende gefunden. Zum ersten Mal in der deutschen Geschichte gehen Einheit, Freiheit und friedliches Einvernehmen mit unseren europäischen Nachbarn eine untrennbare Verbindung ein, und dafür sind wir dankbar. Ganz Deutschland hat jetzt die Chance, sein inneres 65 Gleichgewicht, seine Mitte zu finden. Dazu gehört, daß sich auch in Deutschland entfalten kann, was in anderen Nationen selbstverständlich ist: gelebter Patriotismus - ein Patriotismus in europäischer Perspektive, ein Patriotismus, der sich der Freiheit verpflichtet.

Es geht jetzt darum, daß das vereinte Deutschland seine Rolle im Kreis der 70 Nationen annimmt - mit allen Rechten und mit allen Pflichten. Dies wird zu Recht von uns erwartet - und wir müssen dieser Erwartung gerecht werden. Es gibt für uns Deutsche keine Nische in der Weltpolitik. Es darf für Deutschland keine Flucht aus der Verantwortung geben. Wir wollen unseren Beitrag leisten zu einer Welt des Friedens, der Freiheit und der Gerechtigkeit. Das ist 75 unsere Vision: eine neue Ordnung für Europa und die Welt, die auf dem Selbstbestimmungsrecht der Völker, der Unantastbarkeit der Menschenwürde und der Achtung der Menschenrechte beruht. Der Weg dorthin wird beschwerlich sein und - wie wir heute mehr denn je wissen - voller Risiken, ja Gefahren. Aber es lohnt sich, ihn zu gehen - zum Wohle der Menschen in 80 Deutschland und in Europa und im Bewußtsein unserer Verantwortung für den Frieden in der Welt. Wir sind dazu bereit!

Bulletin (Presse- und Informationsamt der Bundesregierung), Nr. 11, 31. 1. 1991

79 **Ansprache des tschechoslowakischen Staatspräsidenten, Václav Havel, am Sitz der Nordatlantischen Verteidigungsorganisation (NATO) in Brüssel** am 21. März 1991

Als die totalitären Systeme in Mittel- und Osteuropa zusammenbrachen und die Demokratie dort die Oberhand gewann, und als dann, als Konsequenz hieraus, der Eiserne Vorhang, der Europa geteilt hatte, ebenfalls fiel, in diesen ersten Wochen und Monaten der Freiheit – Wochen und Monate voller
5 Enthusiasmus – erschien uns alles klar und einfach: Der Warschauer Pakt, ein Relikt des Kalten Krieges und formeller Ausdruck unserer Satellitenposition und Unterordnung unter Stalins und später Breschnews Sowjetunion – dieser Warschauer Pakt würde friedlich aufgelöst werden, während die NATO ihre Umwandlung weiter schnell vorantreiben würde, um so möglicherweise in
10 einer völlig neuen Sicherheitsstruktur aufzugehen, die ganz Europa abdecken und es auf der einen Seite mit dem Nordamerikanischen Kontinent und auf der anderen Seite mit der ehemaligen Sowjetunion verbinden würde. Es schien uns, daß die angemessenen politischen Rahmenbedingungen für die Schaffung einer solchen Sicherheitsstruktur durch die KSZE geboten werden
15 könnten, die notwendigerweise neue Impulse und eine neue Ordnung erhalten würde. Es schien uns, daß ein so weitreichendes System von Sicherheitsgarantien einen guten Hintergrund und zugleich eine Garantie liefern könnte für ein Europa auf dem Weg zur Integration. Wir wußten von Anfang an, daß die NATO, jetzt das einzige funktionierende und zeiterprobte Verteidigungs-
20 bündnis auf europäischem Boden, eine wichtige Rolle in diesem Prozeß spielen würde. Wir glaubten, daß die NATO ein solider Kern, Eckstein oder Stützpfeiler einer solchen zukünftigen paneuropäischen Sicherheitsunion sein könnte. Wir in der Tschechoslowakei waren mit solchen Gedanken nicht alleine – die Überlegungen einiger anderer europäischer Politiker und eines
25 beachtlichen Teils der Öffentlichkeit gingen in ähnliche Richtungen. ... Dennoch, wie ich schon sagte, wird der Fortschritt hin zu dieser Vision wahrscheinlich komplizierter sein als es ursprünglich schien, und die Umstände verlangen von uns, daß wir bei all unseren kühnen Gedanken an eine zukünftige Ordnung nicht versäumen sollten, die Probleme und Gefahren des
30 Augenblicks zu berücksichtigen und angemessene Konsequenzen zu ziehen. Ich möchte die gewichtigeren dieser Probleme nur kurz erwähnen.
1. Es ist offensichtlich geworden, daß der Aufbau demokratischer Systeme und der Übergang zu Marktwirtschaft in den Ländern Mittel- und Osteuropas von mehr Hindernissen betroffen sind, als ursprünglich erwartet wurde und
35 daß das unselige Vermächtnis, das diese Länder zu bewältigen haben, tiefer geht und weiter verzweigt ist als irgendjemand sich vorstellen konnte. Die allgemeine Demoralisierung, die das kommunistische Regime hinterlassen hat, ist tief verwurzelt, und der Schock für die Gesellschaft, ausgelöst durch die plötzliche Invasion ihres Lebens durch die Freiheit, war unerwartet stark.
40 Unsere Länder sehen sich der Bedrohung politischer und sozialer Unruhe,

materieller Entbehrungen, krimineller Aktivitäten, zunehmend intensiver Gefühle der Hoffnungslosigkeit in der Gesellschaft und folglich auch der Gefahr des Populismus gegenüber. Die dort errichteten Demokratien sind sehr zerbrechlich und deswegen leicht zu verletzen, da jedes ihrer Elemente eine fundamentale Veränderung durchmacht. Die Wirtschaften dieser Län- 45 der werden kaum fähig sein, sich in absehbarer Zukunft ohne massive ausländische Hilfe zu erholen. Der völlig unnatürliche Markt, basierend auf dem Zwangsaustausch von Waren schlechter Qualität, der über Jahre innerhalb des Rates für Gegenseitige Wirtschaftshilfe aufrechterhalten wurde, ist zusammengebrochen und die Unternehmen sehen sich unter den neuen Vor- 50 aussetzungen bei der Suche nach neuen Märkten für ihre Produkte in Schwierigkeiten.
2. Der lange unterdrückte Wunsch nach Selbstbestimmung der Völker Mittel- und Osteuropas hat sich plötzlich in all seiner nicht bedachten Dringlichkeit bemerkbar gemacht, einige Male als Nationalismus, Xenophobie und 55 Intoleranz gegenüber anderen Nationalitäten.
3. Einige Aspekte der Entwicklungen in der Sowjetunion geben uns triftige Gründe zur Beunruhigung. Der Fortschritt in Richtung Demokratie, Selbstbestimmung der Völker und einer funktionierenden Wirtschaft in der Sowjetunion wird von ernsten Komplikationen behindert. ... 60

Dem Westen, dessen Zivilisation auf universellen Werten basiert, kann das Schicksal des Ostens nicht gleichgültig sein, aus Prinzip-, aber auch aus praktischen Gründen. Instabilität, Armut, Unglück und Unordnung in den Ländern, die sich von despotischer Herrschaft befreit haben, können für den Westen genauso bedrohlich werden wie die Waffenarsenale der ehemaligen 65 despotischen Regierungen. Was die Menschen im Osten aus gutem Grunde fürchten, sollte auch dem Westen ein Grund zur Furcht sein. Ich weiß, daß Ihnen das alles wohl bewußt ist und daß Sie uns deshalb eine helfende Hand entgegenstrecken. ...

NATO Information Service. Brüssel, Übersetzung aus dem Englischen: Europa-Archiv 1991. D 243 ff.

„Prager Thesen", vereinbart vom Bundesminister des Auswärtigen der Bundesrepublik Deutschland, Hans-Dietrich Genscher, und dem Außenminister der ČSFR, Jiří Dienstbier, in Prag am 11. April 1991

1. Es entspricht der Bedeutung der Europäischen Gemeinschaft für die Zukunft Europas, daß sie den neuen Demokratien in Mittel- und Osteuropa zur Mitgliedschaft offensteht.
2. Die Sicherheit und Stabilität der Staaten Westeuropas ist eng verbunden mit dem Erfolg der demokratischen und wirtschaftlichen Veränderungen der 5 Staaten in Mittel- und Osteuropa.

3. Für das ganze Europa ist es wichtig, den KSZE-Prozeß auf der Grundlage der Charta von Paris für ein neues Europa auszubauen und mit neuen Institutionen zu versehen.

10 4. Es ist unser gemeinsames Ziel, Stabilität in Europa im umfassenden Sinne zu gewährleisten, das heißt auch ökonomisch, ökologisch und sicherheitspolitisch.

5. Für die Stabilität in Europa sind die Europäische Gemeinschaft und der Europarat von großer Bedeutung. NATO und WEU werden auch in Zukunft

15 eine wichtige Rolle spielen.

6. Für die Sicherheit Europas wird auch in der Zukunft die transatlantische Dimension, das heißt die enge Zusammenarbeit mit den USA und Kanada, unerläßlich sein.

7. Die europäische Friedensordnung, die wir anstreben, bezieht die Sowjet-

20 union ein, die auch in der Zukunft für die Entwicklung auf unserem Kontinent eine wichtige Rolle zu erfüllen hat. Die Grenze, die Europa geteilt hat, darf nicht an die sowjetische Westgrenze verlegt werden.

8. Die Staaten Mittel- und Osteuropas sollen im Rahmen gesamteuropäischer Institutionen und aufgrund bilateraler Vereinbarungen ihre Stabilität

25 und ihren Platz in Europa finden.

...

Der Bundesminister des Auswärtigen, Mitteilung für die Presse, 12. 4. 1991

Anhang

Staatsorgane der Bundesrepublik Deutschland

Die Bundesrepublik Deutschland ist ein demokratischer und sozialer Bundesstaat (Art. 20 Grundgesetz). Das demokratische Prinzip besagt, daß die politische Willensbildung vom Volk ausgeht; dies geschieht der Form nach vor allem durch die Wahl von Abgeordneten zum Parlament. Aus dem Sozialstaatsprinzip ergibt sich die Verpflichtung des Staates, zu einer gerechten Sozialordnung beizutragen. Das föderative Prinzip gibt den Bundesländern das Recht, ihr staatliches Leben im Rahmen der verfassungsmäßigen Ordnung frei zu gestalten; es verpflichtet sie zugleich, die gesamtstaatlichen Belange zu wahren und an der Erfüllung zentraler Aufgaben mitzuwirken. Das Rechtsstaatsprinzip bindet die Staatsgewalt an Recht und Gesetz und unterwirft sie der Überprüfung durch unabhängige Gerichte.

Nach dem Grundsatz der Gewaltenteilung werden die verschiedenen Funktionen der Staatsgewalt durch mehrere voneinander unabhängige Staatsorgane ausgeübt. Oberstes gesetzgebendes Organ ist der Bundestag, dessen Abgeordnete alle vier Jahre in allgemeiner, freier, gleicher und geheimer Wahl unmittelbar vom Volk gewählt werden. Durch den Bundesrat, der das föderative Element im Staatsaufbau verkörpert, wirken die Länder an der Gesetzgebung des Bundes mit. Im Gesetzgebungsverfahren ist je nach dem Gegenstand des Gesetzes die Zustimmung des Bundesrats erforderlich oder doch zumindest sein Einspruch möglich.

Die völkerrechtliche Vertretung des Bundes liegt beim Bundespräsidenten, der von der Bundesversammlung auf jeweils fünf Jahre gewählt wird. Die Bundesversammlung besteht aus den Bundestagsabgeordneten und einer gleichen Anzahl von Mitgliedern, die von den Parlamenten der Bundesländer entsandt werden. Auf Vorschlag des Bundespräsidenten wählt der Bundestag mit den Stimmen der Mehrheit seiner Mitglieder den Bundeskanzler. Die vom Bundeskanzler ausgewählten Mitglieder der Bundesregierung werden auf seinen Vorschlag von Bundespräsidenten ernannt und entlassen. Der Bundeskanzler bestimmt die Richtlinien der Politik. Er kann nur durch ein sogenanntes konstruktives Mißtrauensvotum abgewählt werden, dann nämlich, wenn der Bundestag mit der erforderlichen Mehrheit einen neuen Bundeskanzler wählt.

Die Ausübung der rechtsprechenden Gewalt liegt beim Bundesverfassungsgericht, den Bundesgerichten und den Gerichten der Länder. Das Bundesverfassungsgericht als Hüter des Grundgesetzes besteht aus zwei Senaten mit je acht Richtern. Sie werden je zur Hälfte vom Bundestag und vom Bundesrat gewählt.

Erich Schmidt Verlag, 11/1990

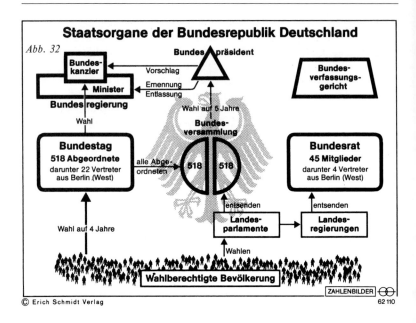

Abb. 32

Staatsorgane der Bundesrepublik Deutschland

© Erich Schmidt Verlag

ZAHLENBILDER

62 110

Die 16 Bundesländer im vereinten Deutschland

Am 3. Oktober 1990 ist die Deutsche Demokratische Republik gemäß Artikel 23 des Grundgesetzes der Bundesrepublik Deutschland beigetreten. Die neugebildeten fünf ostdeutschen Länder sind von diesem Zeitpunkt an in den föderativen Aufbau des vereinten Deutschland eingebunden. Gleiches gilt für das Land Berlin, das aus der Vereinigung von West- und Ost-Berlin hervorgegangen ist.

Die gesamtdeutsche Bundesrepublik besteht damit aus 16 Bundesländern mit einer Fläche von 357 000 qkm und einer Bevölkerung von rund 78,7 Mio. Menschen. Das frühere Bundesgebiet (einschließlich West-Berlin) hat 248 700 qkm und 62,4 Mio. Einwohner, die ehemalige DDR (einschließlich Ost-Berlin) 108 300 qkm und 16,4 Mio. Einwohner in das vereinte Deutschland eingebracht.

Wegen ihrer geringen Wirtschafts- und Steuerkraft werden die ostdeutschen Länder noch auf Jahre hinaus eine finanz- und wirtschaftspolitische Sonderstellung einnehmen. So findet vorerst kein gesamtdeutscher Länderfinanzausgleich statt. Vielmehr erhalten die Ost-Länder neben einem Umsatzsteueranteil, der 1991–94 stufenweise von 55 auf 70 % des westdeutschen Niveaus steigt, besondere Zuweisungen aus dem Fonds „Deutsche Einheit".

Im Bundesrat, der als Länderkammer an der Bundesgesetzgebung mitwirkt, sind die ostdeutschen Länder mit jeweils vier Stimmen vertreten. Die großen

westdeutschen Länder, die ihre Position gegenüber den kleineren, finanz-
schwächeren Ländern gefährdet sahen, konnten eine Grundgesetzänderung
zu ihren Gunsten durchsetzen. So verfügen Nordrhein-Westfalen, Bayern,
Baden-Württemberg und Niedersachsen nunmehr über sechs Stimmen im
Bundesrat. Die Gesamtzahl der Stimmen erhöht sich auf 69 (früher 45).

Bundesland	Fläche In 1000 qkm	Bevölkerung In Mio.	Stimmen im Bundesrat
Nordrhein-Westfalen	34,1	17,0	6
Bayern	70,6	11,2	6
Baden-Württemberg	35,8	9,5	6
Niedersachsen	47,4	7,2	6
Hessen	21,1	5,6	4
Sachsen	18,3	4,9	4
Rheinland-Pfalz	19,8	3,7	4
Berlin	0,9	3,4	4
Sachsen-Anhalt	20,4	3,0	4
Thüringen	16,3	2,7	4
Brandenburg	29,1	2,6	4
Schleswig-Holstein	15,7	2,6	4
Mecklenburg-Vorpommern	23,8	2,0	4
Hamburg	0,8	1,6	3
Saarland	2,6	1,1	3
Bremen	0,4	0,7	3
Zusammen	357,0	78,7	69

Erich Schmidt Verlag, 10/1990

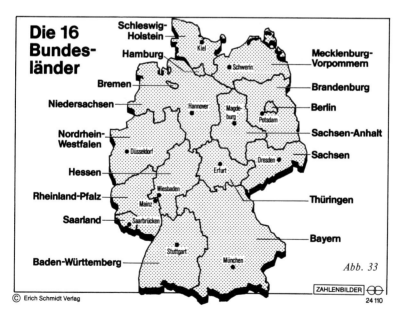

Abb. 33

Entwicklung wirtschaftlicher Grunddaten 1961–1975 (alle Angaben in Prozent)

Art der Daten	1961	1962	1963	1964	1965	1966	1967	1968	1969	1970	1971	1972	1973	1974	1975
Bruttosozialprodukt = BSP[1]	+ 4,4	+ 4,7	+ 2,8	+ 6,6	+ 5,4	+ 3,0	− 0,1	+ 5,8	+ 7,5	+ 5,0	+ 3,0	+ 4,2	+ 4,7	+ 0,2	− 1,4
Anlageinvestitionen[2]	+ 6,7	+ 4,0	+ 1,8	+11,4	+ 4,7	+ 1,2	− 6,9	+ 3,6	+ 9,8	+ 9,4	+ 6,1	+ 2,3	− 0,3	− 9,6	− 5,3
Arbeitslosenquote[3]	0,9	0,7	0,9	0,8	0,7	0,7	2,1	1,5	0,8	0,7	0,8	1,1	1,2	2,5	4,6
Erwerbstätige – Veränderung (in Tsd.)[4]	+ 354	+ 99	+ 54	+ 9	+ 134	− 86	− 851	+ 18	+ 388	+ 312	+ 84	+ 103	+ 285	− 331	− 719
Verbraucherpreise[5]	+ 2,3	+ 3,0	+ 3,2	+ 2,1	+ 3,2	+ 3,6	+ 1,7	+ 1,5	+ 2,1	+ 3,3	+ 5,4	+ 5,5	+ 7,0	+ 7,0	+ 5,9
Langfristige Zinssätze[6]	5,9	6,0	6,1	6,2	6,8	7,8	7,2	6,8	7,0	7,2	8,0	7,9	9,3	10,4	8,5
Arbeitseinkommensquote[7]	80,1	81,0	81,6	80,4	80,7	81,7	81,5	79,3	79,6	81,5	82,6	82,7	83,5	86,0	86,2
Gewinn-Erlös-Relation[8]	12,3	11,1	10,0	10,8	10,3	8,7	8,1	9,0	8,5	7,8	6,6	5,7	4,5	2,2	1,0
Außenbeitrag in vH des BSP[9]	2,2	1,2	1,5	1,4	0,1	1,5	3,5	3,7	2,9	2,1	2,0	2,2	3,1	4,5	2,9
Leistungsbilanz in vH des BSP[10]	1,2	− 0,2	0,5	0,4	− 1,1	0,4	2,3	2,5	1,5	0,7	0,4	0,5	1,5	2,7	1,0
Jährl. Staatsverschuldung in vH des BSP	1,3	1,9	1,8	1,6	2,2	1,9	3,1	1,7	0,1	1,2	1,9	1,9	1,3	2,4	6,2
Staatl. Gesamtverschuldung in vH des BSP	17,2	16,7	17,6	17,6	18,3	19,1	21,9	21,9	19,7	19,6	18,6	18,9	18,3	19,5	24,9
Zinsquote in vH des BSP[11-12]	0,7	0,7	0,7	0,7	0,7	0,8	1,1	1,0	1,0	1,0	1,0	1,0	1,1	1,2	1,4

Entwicklung wirtschaftlicher Grunddaten 1976–1990 (alle Angaben in Prozent)

Art der Daten	1976	1977	1978	1979	1980	1981	1982	1983	1984	1985	1986	1987	1988	1989	1990
Bruttosozialprodukt = BSP[1]	+ 5,6	+ 2,6	+ 3,3	+ 4,0	+ 1,4	0,0	− 1,0	+ 1,9	+ 3,3	+ 1,9	+ 2,3	+ 1,6	+ 3,7	+ 3,9	+ 4,5
Anlageinvestitionen[2]	+ 3,6	+ 3,6	+ 4,7	+ 7,2	+ 2,8	− 4,2	− 5,3	+ 3,2	+ 0,8	+ 0,1	+ 3,3	+ 1,6	+ 2,3	+ 7,2	+ 8,2
Arbeitslosenquote[3]	4,5	4,3	4,1	3,6	3,6	5,1	7,2	8,8	8,8	8,9	8,5	8,5	8,4	7,6	6,9
Erwerbstätige − Veränderung (in Tsd.)[4]	− 136	+ 34	+ 211	+ 433	+ 407	− 26	− 308	− 378	+ 46	+ 196	+ 367	+ 194	+ 214	+ 371	+ 699
Verbraucherpreise[5]	+ 4,3	+ 3,7	+ 2,7	+ 4,1	+ 5,5	+ 6,2	+ 5,2	+ 3,3	+ 2,4	+ 2,0	− 0,1	+ 0,2	+ 1,3	+ 2,8	+ 2,7
Langfristige Zinssätze[6]	7,8	6,2	5,7	7,4	8,5	10,4	9,0	8,0	7,8	6,9	5,9	5,8	6,1	7,0	8,7
Arbeitseinkommensquote[7]	84,2	84,5	83,3	83,2	85,8	86,8	87,0	84,4	82,9	82,4	81,3	81,6	80,3	78,9	78,4
Gewinn-Erlös-Relation[8]	2,5	2,9	4,0	4,2	1,8	0,1	− 0,8	1,0	1,5	2,2	3,8	4,0	5,1	4,8	4,5
Außenbeitrag in vH des BSP[9]	2,6	2,4	3,0	1,1	− 0,1	1,1	2,5	2,4	3,2	4,1	5,7	5,6	5,8	6,4	6,4
Leistungsbilanz in vH des BSP[10]	0,8	0,8	1,4	− 0,7	− 1,7	− 0,5	0,8	0,8	1,6	2,6	4,4	4,1	4,2	4,8	3,2
Jährl. Staatsverschuldung in vH des BSP	3,6	2,6	3,3	3,1	3,7	5,0	4,3	3,4	2,6	2,3	2,1	2,4	2,5	1,1	5,1
Staatl. Gesamtverschuldung in vH des BSP	26,4	27,4	28,4	29,6	31,6	35,5	38,5	40,0	40,6	41,2	41,8	42,1	42,5	41,1	43,4
Zinsquote in vH des BSP[11]	1,6	1,7	1,7	1,7	1,9	2,3	2,8	3,0	3,0	3,0	2,9	2,9	2,8	2,7	2,7

Alle Daten sind berechnet nach den entsprechenden Zahlen aus dem Jahresgutachten 1990/91 und 1991/92 des Sachverständigenrates zur Begutachtung der gesamtwirtschaftlichen Entwicklung, Stuttgart, Bonn 1990 bzw. 1991, S. 85, 90, 328, 344, 360, 361, 367, 379, 404, 423 bzw. S. 92, 94, 314, 338

1 Ausgenommen die Zahlen über die Erwerbstätigen-Veränderung
2 Anlageinvestitionen = Ausrüstungsinvestitionen + gewerblicher Bau + Wohnungsbau + öffentliche Investitionen
3 Arbeitslosenquote = Anteil der (registrierten) Arbeitslosen an den abhängigen Erwerbspersonen (beschäf. + arbeitsl. Arbeitnehmer)
4 Erwerbstätigen-Veränderung = jährliche Veränderung der Anzahl der Erwerbstätigen
5 Verbraucherpreise = Preisindex für die Gesamtlebenshaltung aller privaten Haushalte.
6 Langfristige Zinssätze = Umlaufsrendite festverzinslicher Staatsschuldpapiere mit einer Restlaufzeit von mindestens 3 Jahren
7 Arbeitseinkommensquote = das Verhältnis aus dem durchschnittlichen Bruttoeinkommen je beschäftigten Arbeitnehmer zum durchschnittlichen Volkseinkommen je Erwerbstätigen. Bei einer Gleichverteilung der Einkommen ist ihr Wert 100 bzw. 100 %.
8 Gewinn-Erlös-Relation = das Verhältnis der Gewinne des privaten Unternehmenssektor zu den Gesamterlösen dieses Sektors. Sie ist ein Maß für die Gewinnsituation der Unternehmen.
9 Außenbeitrag = Saldo (Differenz) aus der jährlichen Ausfuhr und Einfuhr von Waren und Dienstleistungen
10 Leistungsbilanz = Außenbeitrag + Übertragungsbilanz (Saldo der unentgeltlichen Leistungen im zwischenstaatl. Leistungsaustausch)
11 Zinsquote = Anteil der jährlichen Zinszahlungen auf die Staatsschuld am Bruttosozialprodukt

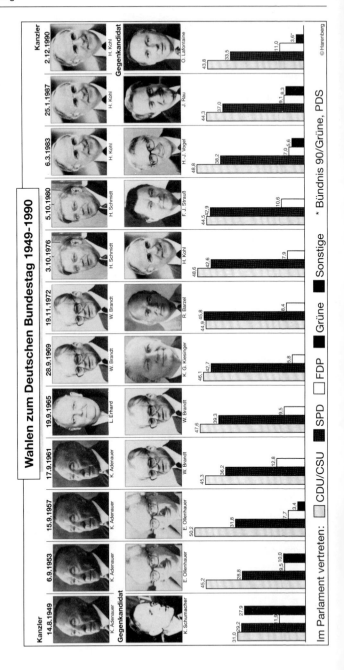

Wahlen zum Deutschen Bundestag 1949–1990

Kanzler												
14.8.1949	6.9.1953	15.9.1957	17.9.1961	19.9.1965	28.9.1969	19.11.1972	3.10.1976	5.10.1980	6.3.1983	25.1.1987	2.12.1990	
K. Adenauer	K. Adenauer	K. Adenauer	K. Adenauer	L. Erhard	W. Brandt	W. Brandt	H. Schmidt	H. Schmidt	H. Kohl	H. Kohl	H. Kohl	

Gegenkandidat

K. Schumacher · E. Ollenhauer · E. Ollenhauer · W. Brandt · W. Brandt · K. G. Kiesinger · R. Barzel · H. Kohl · F. J. Strauß · H.-J. Vogel · J. Rau · O. Lafontaine

Im Parlament vertreten: ☐ CDU/CSU ■ SPD ☐ FDP ■ Grüne ■ Sonstige * Bündnis 90/Grüne, PDS

© Harenberg

Abkürzungsverzeichnis

APO   Außerparlamentarische Opposition
ECU   European Currency Unit (europäische Währungseinheit)
EIB   Europäische Investitionsbank
EPC/EPZ   Europäische politische Zusammenarbeit
EWG/EG   Europäische Wirtschaftsgemeinschaft/
           Europäische Gemeinschaften
EWS   Europäisches Währungssystem
INF   Intermediate-Range Nuclear Forces
           (Nukleare Mittelstreckensysteme)
KSE/VKSE   Konventionelle Streitkräfteverhandlungen für Europa
KSZE   Konferenz über Sicherheit und Zusammenarbeit in Europa
NATO   North Atlantic Treaty Organization
OPEC   Organization of Petroleum Exporting Countries
RAF   Rote Armee Fraktion
SALT   Strategic Arms Limitation Talks (Verhandlungen über eine
           Begrenzung strategischer Waffen)
SDI   Strategic Defense Initiative (Programm einer strategischen
           Raketenabwehr)
SDS   Sozialistischer Deutscher Studentenbund
SED/PDS   Sozialistische Einheitspartei Deutschlands/Partei des
           demokratischen Sozialismus
START   Strategic Arms Reduction Talks (Verhandlungen über eine
           Verminderung strategischer Waffen)
UNO/UN   United Nations Organization
WEU   Westeuropäische Union

Literatur- und Quellenverzeichnis

Abelshauser, Werner, Wirtschaftsgeschichte der Bundesrepublik Deutschland
    1945–1980, Frankfurt a. M. 1983

Archiv der Gegenwart, 1966 ff.

Ash, Timothy Garton, Ein Jahrhundert wird abgewählt – Aus den Zentren Mittel-
    europas 1980–1990, München 1990

Atzerodt, Albin u. a., Die Sicherheitspolitik der Bundesrepublik Deutschland im
    Rahmen des Ost-West-Konflikts, München 1988

Backes, Uwe/Jesse, Eckard, Politischer Extremismus in der Bundesrepublik,
    Köln 1988

Baring, Arnulf, Machtwechsel. Die Ära Brandt-Scheel, 3. Aufl., Stuttgart 1982

Benz, Wolfgang (Hg.), Die Geschichte der Bundesrepublik Deutschland – Politik,
    Wirtschaft, Kultur, Neuausgabe in 4 Bänden, Frankfurt a. M. 1989

Ders., Deutschland seit 1945. Entwicklungen in der Bundesrepublik und in der
    DDR, München 1990

Beck, Ulrich, Risikogesellschaft, Frankfurt a. M. 1986

Bickerich, Wolfram (Hg.), Die 13 Jahre – Bilanz der sozial-liberalen Koalition, Reinbek 1982

Biedenkopf, Kurt H., Zeitsignale – Parteienlandschaft im Umbruch, München 1989

Borowsky, Peter, Deutschland 1969–1982, Hannover 1987

Bracher, K. D./Eschenburg, Th./Fest, J./Jäckel, E. (Hg.), Geschichte der Bundesrepublik Deutschland, 5 Bände, Stuttgart 1989

Capra, Fritjof, Wendezeit. Bausteine für ein neues Weltbild, München 1988

Brandt, Willy, Erinnerungen, 3. Aufl., Frankfurt a. M. 1989

Bredow, Wilfried/Brocke, Rudolf H., Krise und Protest – Ursprünge und Elemente der Friedensbewegung in Westeuropa, Opladen 1989

Brundtland-Report, Our Common Future, Oxford 1987; deutsch: *Volker Hauff* (Hg.), Unsere gemeinsame Zukunft – Der Brundtland-Bericht der Weltkommission für Umwelt und Entwicklung, Greven 1987

Claessens, D./Klönne, A./Tschoepe, A., Sozialkunde der Bundesrepublik Deutschland – Grundlagen, Strukturen, Trends in Wirtschaft und Gesellschaft, Neuausgabe Reinbek 1989

Chronik '82 ff., Dortmund 1983 ff.

Der Vertrag zur deutschen Einheit – Ausgewählte Texte, insel taschenbuch 1990, Frankfurt a. M. 1990

Deutschland, Deutschland 40 Jahre – Eine Geschichte der Bundesrepublik Deutschland und der DDR in Bild und Text, Gütersloh 1989

Dokumentation zur Deutschlandfrage, zusammengestellt von Heinrich Siegler, Bonn–Wien–Zürich, 1970 ff.

Ellwein, Thomas, Das Regierungssystem in der Bundesrepublik Deutschland. Leitfaden und Quellenbuch, 6. Aufl., Opladen 1987

Ders., Krisen und Reformen. Die Bundesrepublik seit den sechziger Jahren, München 1989

Europa-Archiv, 1966 ff.

Fuhr, Eckhard (Hg.), Geschichte der Deutschen 1949–1990. Eine Chronik zu Politik, Wirtschaft und Kultur, Frankfurt a. M. 1990

Gasteyger, Curt, Europa zwischen Spaltung und Einigung 1945–1990. Eine Darstellung und Dokumentation über das Europa der Nachkriegszeit, Bonn 1990

Giersch, Herbert (Hg.), Wie es zu schaffen ist – Agenda für die deutsche Wirtschaftspolitik, Stuttgart 1983

Glaser, Hermann, Kleine Kulturgeschichte der Bundesrepublik Deutschland, München–Wien 1991

Globus – Kartendienst, Hamburg 1966 ff.

Global 2000 – Bericht an den Präsidenten, hrsg. vom Council on Environmental Quality, Frankfurt 1980 (amerik. Original, Washington 1980)

Gorbatschow, Michail, Perestroika – Die zweite russische Revolution. Eine neue Politik für Europa und die Welt, München 1987

Hacke, Christian, Weltmacht wider Willen – Die Außenpolitik der Bundesrepublik Deutschland, Stuttgart 1988

Haftendorn, Helga, Sicherheit und Stabilität. Außenbeziehungen der Bundesrepublik zwischen Ölkrise und Nato-Doppelbeschluß, München 1986

Hamel, Hannelore (Hg.), Soziale Marktwirtschaft – sozialistische Planwirtschaft, 5. Aufl., München 1989

Hanrieder, Wolfram, F., Deutschland, Europa, Amerika. Die Außenpolitik der Bundesrepublik Deutschland 1949–1989, Paderborn 1991

Heisenberg, Wolfgang u. *Lutz, Dieter S.* (Hg.), Sicherheitspolitik kontrovers, Bonn 1990

Hettlage, Robert, Die Bundesrepublik. Eine historische Bilanz, München 1990

Hillgruber, Andreas, Deutsche Geschichte 1945–82. Die ‚deutsche Frage‘ in der Weltpolitik, 6. Aufl., Stuttgart u. a. 1987

Jahresgutachten des Sachverständigenrates zur Begutachtung der gesamtwirtschaftlichen Entwicklung, Stuttgart 1966/67 ff.

Kistler, Helmut, Bundesdeutsche Geschichte. Die Entwicklung der Bundesrepublik seit 1945, Stuttgart 1986

Linnhoff, Ursula, Die neue Frauenbewegung. USA – Europa seit 1968, Köln 1974

Maaz, Hans-Joachim, Der Gefühlsstau – Ein Psychogramm der DDR, Berlin 1990

Meadows, D. u. a., Die Grenzen des Wachstums – Bericht an den Club of Rome zur Lage der Menschheit, Stuttgart 1972

Mosler, Peter, Was wir wollten, was wir wurden – Zeugnisse der Studentenrevolte, Reinbek 1988

Nuscheler, Franz, Lern- und Arbeitsbuch Entwicklungspolitik, 3. Aufl., Bonn 1991

Petschow, U./Meyerhoff, J./Thomasberger, C., Umweltreport DDR, Frankfurt a. M. 1990

Rühl, Lothar, Zeitenwende in Europa. Der Wandel der Staatenwelt und der Bündnisse, Stuttgart 1990

Schäfers, Bernhard, Gesellschaftlicher Wandel in Deutschland, Stuttgart 1990

Scharpf, Fritz W., Sozialdemokratische Krisenpolitik in Europa, Frankfurt–New York 1989

Schmidt, Erich, Staatsbürgerkundliche Arbeitsmappe, Berlin 1966 ff.

Sontheimer, Kurt, Grundzüge des politischen Systems der Bundesrepublik Deutschland, 12. Aufl., München 1989

Statistisches Bundesamt (Hg.), Datenreport 1989f., Bonn 1989f.

Statistisches Jahrbuch für die Bundesrepublik Deutschland, 1957 ff.

Tuchfeldt, Egon, Soziale Marktwirtschaft im Wandel, Freiburg 1973

Umweltbundesamt (Hg.), Daten zur Umwelt 1988/89, Berlin 1989

Verhandlungen des Deutschen Bundestages. Stenographische Berichte, 1966 ff.

Vogelsang, Thilo, Das geteilte Deutschland, 12. Aufl., München 1983

Weber, Hermann, DDR. Grundriß der Geschichte 1945–1990, München 1991

Weidenfeld, Werner/Zimmermann, Hartmut (Hg.), Deutschland-Handbuch. Eine doppelte Bilanz 1949–1989, Bonn 1989

Weltbank (Hg.), Weltentwicklungsbericht 1990, Frankfurt 1990

Wicke, Lutz, Die ökologischen Milliarden, München 1986

Thematisches Stichwortregister

Die Ziffern beziehen sich auf die Nummern der Quellen bzw. Abbildungen *(kursiv)*